武陵研究文库
长江师范学院武陵山区特色资源开发与利用研究中心
长江师范学院武陵山片区绿色发展协同创新中心

项目成果：

国家社科基金西部项目"西南民族地区文旅融合中的文化资源陷阱及应对策略研究"（17XMZ029）。

重庆武陵山片区扶贫开发绿色发展重大委托项目"重庆武陵山片区旅游扶贫模式及体制机制创新研究"（XTCX05）。

重庆市教育委员会人文社会科学研究项目"武陵山区民族旅游就业人群就业力提升机制研究"（17SKJ057）。

旅游扶贫新视野

——以重庆武陵山片区为例

陶少华　著

中国财经出版传媒集团

经济科学出版社
Economic Science Press

图书在版编目（CIP）数据

旅游扶贫新视野：以重庆武陵山片区为例/陶少华著．
—北京：经济科学出版社，2017.11
ISBN 978－7－5141－8784－7

Ⅰ.①旅…　Ⅱ.①陶…　Ⅲ.①不发达地区-旅游业发展-
研究-重庆　Ⅳ.①F592.771.9

中国版本图书馆 CIP 数据核字（2017）第 305522 号

责任编辑：王　娟　张立莉
责任校对：郑淑艳
责任印制：邱　天

旅游扶贫新视野

——以重庆武陵山片区为例

陶少华　著

经济科学出版社出版、发行　新华书店经销
社址：北京市海淀区阜成路甲 28 号　邮编：100142
总编部电话：010－88191217　发行部电话：010－88191522
网址：www.esp.com.cn
电子邮箱：eps@esp.com.cn
天猫网店：经济科学出版社旗舰店
网址：http://jjkxcbs.tmall.com
北京季蜂印刷有限公司印装
710×1000　16 开　12.25 印张　200000 字
2017 年 12 月第 1 版　2017 年 12 月第 1 次印刷
ISBN 978－7－5141－8784－7　定价：39.00 元

目　　录

引　言

　　贫困是一个与人类历史相生相伴的亘古的经济、社会现象，对贫困群体的帮扶亦可以说是与人类的历史相伴而行。而旅游扶贫则是旅游成为产业形态之后才出现的产业扶贫方式之一。我国的旅游业是在改革开放之后才正式成长、壮大，我国的旅游扶贫是与我国的旅游产业发展相伴而生，其明显效果则是在我国的旅游业发展成熟以后才显现出来。在我国已有的旅游扶贫研究成果中，比较缺乏人类学方法的介入。

　　本书主要探讨重庆武陵山片区的旅游扶贫问题，希望通过本书进一步推动该区域的旅游产业发展和旅游产业扶贫。该区域是一个典型的"老、少、边、穷"地区，尤其是一个少数民族聚居地区，生态旅游和民族旅游业发展较好，是一个研究旅游扶贫的绝佳案例点，也是运用人类学方法研究旅游扶贫颇具代表性的区域。在研究过程中，笔者选取了该区域旅游业发展较好，同时也是旅游扶贫的典型示范区的石柱县黄水景区，以及彭水县鞍子镇罗家坨苗寨景区、酉阳县毛坝景区等为研究的具体案例，并针对上述旅游扶贫的案例点做了深入、细致的田野调查，运用的主要方法是参与观察法、深度访谈法等。在田野调查过程中，还拍摄了相关视频和照片，在论著中力图达到图文并茂的效果，增强说服力和解释力。本书试图从政府管理部门、社区中的贫困户、游客的多维利益相关者关系网络之中，探寻他们各自对旅游扶贫的利弊、政策等相关问题的看法，从对比研究中研究武陵山片区旅游扶贫的真实现状和问题的症结所在，提出相应的对策建议。本书主要运用了资本理论进行定性为主的研究，包括地理资本理论、布迪厄的资本理论等。

　　本书主要分为六个部分。绪论部分对于研究的背景、学术史、内容、思路、方法、创新等问题作了宏观的描述。第二部分对重庆武陵山片区的贫困状况、旅游资源和旅游产业状况作了纵向梳理和横向的介绍与评价。第三部分对重庆市的扶贫工作和旅游扶贫工作的历程作了研究，并分别从宏观和微观的视野对该区域旅游扶贫的现状及问题作了深入剖析。在实地田野调查的基础之上，第四、第五、第六三个部分中的每一个部分分别选取三个典型案例，对贫困户与景区融合型、比邻型、分离型旅游扶贫模式进行了比较深入地探讨，并就如何更好地发挥地理资本等资本优势来推动旅游扶贫工作提出一些对策建议。

　　本书的重要创新之处在于两个方面。一是本书运用地理资本理论，对旅游扶贫的类型进行了重新划分。贫困户与景区的距离影响到贫困户的地理资本，包括贫困户相对于景区的空间位置、地理因素、人口和文化等。以地理资本条件为依据，将旅游扶贫划分为三个类型：贫困户位于景区内即融合型，贫困户位于景区边缘到向外延伸五公里左右的距离范围之内即比邻型、贫困户位于景区边缘五公里以外到能够接受到旅游景区的间接影响的距离范围。每一种类型再划分为若干个亚类，包括因学致贫、因病致贫、因残致贫等。二是本书从旅游扶贫的第一线获取了大量生动鲜活的案例和田野调查资料，在著述中积累和展示了丰富的旅游扶贫民族志内容。这也许可以弥补本书理论方面的不足。

第一章 绪 论

一、提出问题与研究背景

本书力图以全新的地理资本等理论为指导，运用民族学的田野调查方法进行实地调查研究，探讨集中连片且深度贫困地区的旅游产业扶贫问题。本书以重庆武陵山片区为旅游扶贫研究案例，力争实现旅游扶贫研究面上的理论阐述与点上的实践支撑之完美结合。国家于 2009 年成立的武陵山经济协作区包括 2 区（黔江区、武隆区）4 县（石柱土家族自治县、秀山苗族土家族自治县、彭水苗族土家族自治县、酉阳土家族苗族自治县）共 6 个区县。国家于 2011 年制定的《武陵山片区区域发展与扶贫攻坚规划 2011～2020 年》包括重庆市的酉阳土家族苗族自治县、秀山土家族苗族自治县、黔江区、彭水苗族土家族自治县、石柱土家族自治县、武隆区和丰都县。本书选择这两个国家层面的政策、规划的并集，故本书所涉及的范围为 7 个区县。下面就本书的主要问题和不同维度的研究背景状况进行系统论述。

（一）问题的提出

从严格意义上讲，我国的旅游业发展之初即直接或者间接对扶贫产生了积极的影响。我国的旅游扶贫研究肇始于 20 世纪 80 年代，研究者从多个维度研究了旅游扶贫。但是旅游业具有其自身的特殊性，旅游扶贫也相应有其特殊性。旅游扶贫需要具有旅游资源和旅游产品基础，贫困户怎样能够更多、更好地从以旅游资源和产品为基础的旅游业中获得收益，哪些因素影响这些收益，目前的学界探讨得还不够深入细致。而且，旅游扶贫工作具有时代性、动态性、长期性和复杂性，传统的旅游扶贫方式通过社区或区域的整体旅游收益来帮扶其中的贫困户，其旅游扶贫的"漫灌"方式比较明显，其基于细致分类基础上的精准扶贫方式没有尝试或者比较罕见。

本书选取重庆武陵山片区为案例，来研究旅游扶贫的新机理、新模式。本书将从地理资本、布迪厄的资本等全新的理论视野出发，依据贫困户与旅游景区的空间距离，进而根据他们拥有的地理资本条件，来划分贫困户类型和研究其贫困特征、问题及对策。同时，本研究运用国家最新提出的精准扶贫的理念，结合重庆武陵山片区的区域特征和民族特点，结合旅游业的产业特性，借鉴国内外扶贫的先进理论和成功经验，将上述诸要素有机地融合为一体，在重庆武陵山片区旅游扶贫活动中，探索出一系列全新的旅游扶贫操作模式，以及这些模式所隐含的深层次的新机制。

（二）研究背景

本书研究背景的内涵是基于从宏观至中观、微观的思路，从面上的贫困状况分析到具体的点上旅游产业扶贫的建构过程，力图勾勒出一个点面结合、上下联动一体的旅游产业扶贫研究的全面系统的背景，为本书的整体框架设计、旅游扶贫战略的确定、实践路径的提出提供基础支撑。

1. 国外贫困与扶贫现状

从某种意义上讲，人类社会的发展历史就是一部反贫困的历史。随着人类社会生产力发展水平的不断提高，全世界的绝对贫困标准在不断提高，但是，相对贫困似乎是人类的一个永久性的问题与话题。在 1945 年，当联合国成立之时，"消除贫困"即被写进了《联合国宪章》。然而，时至今日全世界贫困人口的绝对数量和比例仍然是一组惊人的数据。据联合国发布的《千年发展目标 2015 年报告》数据称，截至 2015 年 7 月，全世界仍然有 8.36 亿人生活在极端贫困之中。据世界劳工组织估计，目前全世界每天有近 20 亿人的生活费不足 3.1 美元，而在发展中国家和新兴国家，这一比例超过 36%。虽然全世界的总体贫困率明显下降，尤其是在多数拉丁美洲地区和中国表现更为显著，但部分亚洲地区和非洲的贫困率仍然很高。妇女、儿童是受到贫困影响最为严重的两大群体。在发展中国家和新兴国家，50%以上的 15 岁以下儿童生活于中度贫困和极端贫困之中；发达国家中 36%左右的儿童生活于相对贫困线之下。

全世界不同的国家和地区一直为消除贫困而努力。为了引起国际社会对贫困现象及扶贫工作的广泛关注，动员各个国家及地区采取积极的扶贫行动，1992 年 12 月 22 日，第四十七届联合国大会将每年的 10 月 17 日确定为"国际消除贫困日"。1995 年 3 月，联合国将 1996 年确定为"国际消除贫困年"。1995 年 12 月，联合国大会又将 1997~2006 年确定为第一个"国际消除贫困十年"。2008 年 12 月，联合国大会再次将 2008~2017 年这十年确定为第二个"国际消除贫困十年"。国际社会采取的主要消除贫困措施包括着力发展农业生产，提升经济增长率；提升人口素质，加大人力资本投入；建立健全减贫制度，创设特殊就业项目。自 1990 年以来，全球极端贫困率减少了一半以上，但全球整体贫困状况仍旧不见好转。联合国已拟定了第一个在 2030 年以前竭尽所能结束贫困之可持续发展计划，但这需要国际社会每年至少投入 6 万亿美元用以消除全世界的中等贫困和极端贫困①。

2. 国内贫困与扶贫现状

国家领导人在 2015 年减贫与发展高层论坛发表主旨演讲时强调，经过中国政府、社会各界、贫困地区广大干部群众共同努力以及国际社会积极帮助，中国 6 亿多人口摆脱贫困。2015 年，联合国千年发展目标在中国基本实现。中国是全球最早实现千年发展目标中减贫目标的发展中国家，为全球减贫事业做出了重大贡献。截至 2014 年年底，全国仍有 7 000 多万农村贫困人口。

新中国成立以后，中国的扶贫开发分为以下几个阶段：第一阶段是1949~1978 年，即小规模救济式扶贫阶段，依托民政救济系统，对边远贫困地区、因灾致贫人群以及战争伤残群体进行生活救济；第二阶段是 1978~1985年，即体制改革推动扶贫阶段，以家庭联产承包责任制等多项深层次的农村经济体制改革，使中国农村经济实现跨越式发展，使中国贫困人口由 2.5 亿人减少到 1.25 亿人；第三阶段是 1986~1993 年，即大规模开发式扶贫阶段，以国务院扶贫开发领导小组成立为标志，我国的扶贫工作进入有组织、开发式、大规模扶贫阶段，贫困人口由 1.25 亿人下降为 8 000 万人；第四阶段是 1994~2000 年，即扶贫攻坚阶段，以国家颁布实施《国家八七扶贫攻坚计划（1993—2000 年）》为标志，大幅度增加扶贫开发的各项投入，实施多样化的扶贫开发举措，贫困人口由 8 000 万人下降到 3 209 万人；第五阶段是 2001~2010 年，即综合扶贫开发阶段，以国家颁布和实施《中国农村扶贫开发纲要（2001—2010 年）》为标志，以国家级贫困县为扶贫开发重点，以 15 万个贫困村为对象，全面实施以村为单位的综合扶贫开发和整村推进参与式扶贫开发，使同期的农村贫困人口由 9 422 万人下降为 2 688 万人；第六阶段是 2011 年至

---

① 全球贫困问题依旧严峻：发达国家贫困人口逆势增加［EB/OL］. http://finance.sina.com.cn/world/gjcj/2016-05-19/doc-ifxsktvr0947733.shtml，2017-9-27.

今，即片区扶贫开发新举措与精准扶贫新战略融合的扶贫攻坚新阶段，以《中国农村扶贫开发纲要（2011—2020年）》和2015年《关于打赢脱贫攻坚战的决定》两个文件的出台为标志，全面地实施精准扶贫和精准脱贫战略，限时坚决打赢扶贫脱贫攻坚战①。

我国始终坚持普惠政策和特惠政策相结合，先后出台和实施三个扶贫开发的计划、纲要，在加大对农村、农业、农民普惠政策支持的基础上，对贫困人口实施特惠政策，做到应扶尽扶、应保尽保。国家领导人在2017年新年贺词中也指出，2016年中国又有1 000多万贫困人口实现了脱贫，这是我国精准扶贫战略取得的阶段性成就。"十三五"期间脱贫攻坚的目标是，到2020年稳定实现农村贫困人口不愁吃、不愁穿，农村贫困人口义务教育、基本医疗、住房安全有保障；同时实现贫困地区农民人均可支配收入增长幅度高于全国平均水平、基本公共服务主要领域指标接近全国平均水平。

3. 武陵地区的贫困与扶贫现状

武陵山片区是我国十四个集中连片特困地区之一，武陵山片区总人口为3 600多万人，贫困发生率在10%以上，是跨省交界面大、少数民族聚集多、贫困人口分布广的连片特困地区②。国家专门针对武陵山片区，于2009年成立了武陵山经济协作区，于2011年制定了《武陵山片区区域发展与扶贫攻坚规划（2011—2020年）》。

为了推动武陵山片区的脱贫致富和经济发展，同时也为了适应武陵山片区这一跨渝、鄂、湘、黔四个省区的内地边区的地域特点，由中央层面提出该区域的经济发展与扶贫攻坚的政策框架和总体规划，成立武陵山经济协作区，以推动这一地区的经济、社会、文化全面发展为最终目标。根据国务院（国发〔2009〕3号）文件要求，协调渝、鄂、湘、黔四省市毗邻地区发展，成立国家战略层面的"武陵山经济协作区"，是加快推进以土家族、苗族、侗族等聚居主体的武陵山老、少、边、穷地区经济协作和功能互补的迫切需要，是在新的起点上进一步实施西部大开发的重要举措，是促进我国东中西部地区协调发展的战略选择，也是低碳时代生态文明建设的重大任务。协作区的范围包括重庆2区（黔江区、武隆区）4县（石柱、秀山、彭水、酉阳）、湖北省恩施州、湖南省张家界市、湘西州、怀化市、贵州省铜仁市。协作区总面积10万多平

---

① 刘娟. 我国农村扶贫开发的回顾、成效与创新［J］. 探索，2009（4）：87－90.

② 涟源市政府网站. 武陵山片区区域发展与扶贫攻坚规划2011—2020年［EB/OL］. http：//www.lianyuan.gov.cn/Item/17160.aspx，2017－9－27.

方公里，3 000 多万人口，主要是少数民族。协作区有五大功能定位：国际旅游胜地、中国生态绿心、城际中央公园、碳汇储备基地、内陆和美新区。协作区力争优化四大布局：优化城镇布局、园区布局、交通布局、生态环境布局。推进武陵山经济协作区的发展，应建立健全省际高层决策会商、专家咨询论证与地方协作共治制度，探索省（市）际参事共聘、资源开发共谋、设施配置共建、市场运营共体、生态环境保育共治等经济社会发展新机制，构建中央主导、省（市）际联动、城市引领、业界响应、大众参与的区域协作模式。

国家于 2011 年制定的《武陵山片区区域发展与扶贫攻坚规划（2011—2020 年）》依据连片特困地区划分标准及经济协作历史沿革划定，武陵山片区包括重庆、湖北、湖南、贵州四省市交界地区的 71 个县（市、区），国土总面积为 17.18 万平方公里。2010 年末，总人口为 3 645 万人，其中城镇人口853 万人，乡村人口 2 792 万人。境内有土家族、苗族、侗族、白族、回族和亿佬族等 9 个世居少数民族①。其中，重庆市的武陵山片区包括酉阳土家族苗族自治县、秀山土家族苗族自治县、黔江区、彭水苗族土家族自治县、石柱土家族自治县、武隆区和丰都县。

4. 重庆武陵山片区的贫困与扶贫现状

重庆武陵山片区是重庆市的行政版图和武陵山地区的交集部分，兼具两个地域的共同特征，享受两个地域的叠加扶贫政策。重庆武陵山片区是我国武陵山片区的四个组成部分之一，是我国的一个重要的少数民族聚居区，也是重庆市唯一的少数民族地区，其所属的 7 个区县中有 5 个少数民族自治区县，此外武隆区和丰都县也有相当数量的少数民族人口。重庆武陵山片区还是典型的革命老区、渝、鄂、湘、黔交界的边区、亚区域集中连片贫困地区。武陵山片区是重庆市贫困人口最集中、贫困人口数量最大、贫困程度最深的地区，是重庆市精准扶贫工作的主战场之一，精准扶贫和精准脱贫工作任务繁重。以重庆武陵山片区的酉阳县为例，截至 2015 年年底，该县有贫困人口 130 286 人，32 277 户；130 个贫困村，占所有建制村数量的 28%；贫困人口占农村居民总人口的 18.4%，贫困人口数量居全市第一，贫困户数量居全市第三②。

---

① 涟源市政府网站. 武陵山片区区域发展与扶贫攻坚规划 2011—2020 年［EB/OL］. http://www. lianyuan. gov. cn/Item/17160. aspx，2017－9－27.
② 2016 年 1 月 31 日访谈酉阳县扶贫办工作人员的资料整理。

二、研究进展与研究意义

国内外旅游扶贫的研究综述对于从纵向和横向的两个层面进行梳理，以作为本研究的起点和参照。本研究将从理论和实践两个维度对研究意义进行概括，以体现本研究的价值所在。

（一）文献综述

本研究通过学术史梳理，了解本研究主题目前的国内外研究进展与困境，把握学术前沿和学术最新动态，为从学术思想、学术方法和学术观点等方面提出一些新颖的见解做好铺垫和准备。从主题相关的原则，本研究将会着重探讨国内外旅游扶贫研究的历程、模式、体制与机制等方面的学术史。

1. 旅游扶贫研究历程

国外的旅游扶贫研究大致可划分为三个阶段。第一阶段是 20 世纪 80 年代。国外研究者从 20 世纪 80 年代开始关注旅游扶贫，把旅游业作为产业扶贫的方式之一，旅游产业界也十分关注这一产业的扶贫功能。早期，研究者更加关注旅游业给贫困地区带来的经济收益。最初的研究者主要关注旅游业给东道主地区带来的经济影响，旅游扶贫的研究成果是旅游经济影响研究的副产品。第二阶段是 20 世纪 90 年代。随着旅游业发展，其带给旅游目的地的负面影响日益凸显，国外研究者也开始关注旅游扶贫中的经济收益之外的旅游伦理问题和可持续发展问题。第三阶段是 1999 年至今。1999 年，英国国际发展署（DFID）提出 PPT（Pro – Poor – Tourism）的旅游扶贫新概念，更确切地说，这是一种"扶贫旅游"方式。其主要内涵包括：强调以贫困人口为目标，任何能够为贫困人口带来收益的旅游类型，强调贫困人口在旅游业发展获得的净收益，注重经济收益的同时也关注社会、文化、自然等综合收益状况，鼓励贫困人口和私营部门的旅游参与[①]。此后，西方关于旅游扶贫的学术思想、学术方法和学术观点愈益增多，学者们研究贫困地区旅游业发展的障碍，以及如何消除这些障碍以促进贫困地区旅游业的健康发展，使贫困人口摆脱贫困。2002年，世界旅游组织（WTO）和联合国贸易与发展会议首次提出 ST—EP（Sustainable Tourism and Eliminating Poverty），即可持续旅游与消除贫困，该战略强

---

① Schilcher D. Growth versus equity：The continuum of pro – poor – tourism and neoliberal governance [J]. Current Issues in Tourism, 2007, 10（2）：166 – 193.

调用可持续旅游作为减贫的一种重要手段，以应对扶贫旅游业发展出现的环境、社会和文化等负面问题，ST—EP 的主要措施包括成立专门的基金会，加强相关研究等丰富的内容，但这一战略也有少量内容不是以贫困人口为关注核心。从旅游业与减贫的关系而言，这一战略无疑将扶贫旅游向更加完善的境地推进了一步。这一战略也为旅游扶贫研究带来更多启发，先进的旅游扶贫理念、方法应运而生，促进了国际旅游扶贫的研究。

研究者对我国的旅游研究历程作了概括，国内旅游扶贫研究大致可划分为三个阶段。第一阶段是 1987～1996 年。这是我国旅游扶贫研究的起步阶段，主要特征是研究成果少、研究方法以定性研究为主。第二阶段是 1997～2001 年。这是我国旅游扶贫研究的发展时期，主要特征是研究领域有所拓展，除了关注贫困地区的扶贫效应等，还关注旅游扶贫参与的多元主体、战略、模式、融资等问题；研究方法由定性描述向简单定量研究转化。第三阶段是 2002 年至今。特点之一是研究更加细化和深化，研究焦点由贫困地区转向贫困人口；特点之二是研究方法更加多样化，数量统计、经济学模型、问卷、访谈等方法得到广泛应用①。

总体而言，国外旅游扶贫研究时间长，国内旅游扶贫研究时间相对较短；国外旅游扶贫研究的理论成果更加丰富，理论体系更加完善，理论创新更多，国内研究相对比较零散，原始创新成果尤其是理论成果缺乏。国内研究者应该更多地向国外研究者学习，尤其是研究的态度、方法和实效性。

2. 旅游扶贫模式研究

旅游扶贫模式是指旅游扶贫的一般方式，它是旅游扶贫理论和旅游扶贫实践的中间环节，它具有稳定性、结构性、可操作性等特征。旅游扶贫模式在具体运用时兼具灵活性和流变性，要将旅游扶贫模式的一般性与具体情况的特殊性结合，方能突显其效果。关于旅游扶贫的模式，研究者众多。只有科学的分类方可将如此纷繁复杂的旅游扶贫种类囊括其间。

国外的旅游扶贫模式主要有五种。第一，自然旅游，以野生生物、地质景观等为基础的自然旅游是很多自然旅游资源丰富的发展中国家（尤其是非洲）开展旅游扶贫的主要方式，效果显著。第二，遗产旅游，文化遗产旅游在提高居民生活水平、提升地区自豪感、保护当地传统文化与工艺、推动文化交流等方面具有明显的正面效应，对其负面影响的研究较少。第三，农业旅游，农业

---

① 李佳. 中国旅游扶贫研究综述［J］. 中国人口·资源与环境，2009，19（3）：156-162.

与旅游扶贫的联系十分紧密，农业旅游对当地经济和就业有一定的促进作用。当前国外研究热点与视角多从食品供应角度，而非传统的农场观光、乡村旅游。第四，住宿业，住宿业是旅游扶贫的重要组成部分，住宿业扶贫的主要渠道有：提供就业（工资、培训），采购（食品供应、建筑材料、装修、娱乐及原料等），中小企业（SMMEs）发展及外包（洗衣店、零售和娱乐）和其他伙伴关系（辅导、能力培养、捐赠和产品开发）。第五，社区旅游，社区旅游不仅促进了当地社区的发展，更促进了社会文化的发展①。

此外，南非充分利用自己的旅游资源优势和地理区位优势，发展冒险旅游和文化旅游，把它们作为重要的旅游扶贫方式。澳大利亚则发展土著文化特色鲜明的旅游，以此作为产业扶贫的重要方式。

国内关于旅游扶贫开发模式的研究尤其丰富。关于旅游扶贫的诸多著作基本将旅游扶贫的模式作了比较全面的概括。刘汉成等人的分类比较系统、科学，总共分为四类。第一类是按照旅游资源类型划分，分为自然类、文物古迹类、社会风情类、宗教文化类和现代人工吸引物类五种旅游资源扶贫开发模式；第二类是按照投资主体划分，有政府主导型、企业主导型、民间投资型、外商投资型四类旅游扶贫开发模式；第三类是按照地域划分，分为东部精品、中部特品和西部极品三类旅游扶贫开发模式；第四类是资源、区位和经济条件综合划分，根据上述三个因素的不同组合分为全方位、重点、特色和参与型游乐三种开发模式。该学者详细研究了大别山地区的红色、生态、乡村旅游扶贫模式②。

也有研究者将我国的旅游扶贫模式划分为四个主要类型。一是立体化旅游扶贫模式，强调从社会系统整体出发，多层面参与主体、多元化协作部门与多渠道旅游扶贫操作手段，形成立体化旅游扶贫作业构架的模式。二是大旅游大扶贫模式，泛指欠发达地区通过有利于贫困人口的旅游产业开发从而带来客观扶贫效果的扶贫模式，与英国的 PPT 旅游扶贫模式最为接近。三是旅游扶贫试验区模式，在一些旅游资源富集的贫困地区建立国家、省市级旅游扶贫试验区，通过发展旅游业促进经济社会发展和起到扶贫示范效应。四是对口旅游扶贫模式，旅游扶贫作为发达地区与欠发达地区对口扶贫的内容③。

国内研究者还提出社区参与模式、可持续发展模式、生态旅游扶贫模式、

---

① 李会琴等. 国外旅游扶贫研究进展 [J]. 人文地理, 2015, 141（1）：26-32.
② 刘汉成, 夏亚华. 大别山旅游扶贫开发研究 [M]. 北京：中国经济出版社, 2014：12-21.
③ 黄细嘉, 陈志军等. 旅游扶贫：江西的构想与实现途径 [M]. 北京：人民出版社, 2014：32.

立体化旅游扶贫模式、农家乐开发模式、现代农业旅游产业化开发模式、特色文化旅游开发模式、旅游景区依托开发模式、旅游扶贫联动开发模式、旅游业供应链扶贫新模式十种旅游扶贫模式①。研究者还根据外部因素如何帮扶和贫困人口如何获益两个角度提出国际合作、社会救助等旅游扶贫模式②。研究者提出了政企合作、项目推动、产业联动、大区带动等新模式③。也有研究者提出了比较折中的有限政府主导型旅游扶贫开发模式，即在政府的宏观调控下，由市场和企业运行，满足旅游者和社区居民需求的基础上形成的发展模式④。研究者新近提出比较新颖的民族地区负责任旅游扶贫开发模式，负责任旅游开发是一种全新的方式，这种方式给相关利益者带来收益的同时对生态、文化和社会环境产生较小负面影响；这也构建了民族地区负责任旅游扶贫开发的社会型旅游企业带动和旅游者驱动两种模式⑤。

纵观国内外关于旅游扶贫模式的相关研究，有几点值得关注，其一，国外的研究时间更长，经验更加丰富，理论更加成熟，成效更加显著，值得我国各界学习借鉴。其二，国内研究的理论结论与实践效果之间脱节现象明显。从理想的状态分析，旅游扶贫模式来自于两个渠道：一种是从实践中总结出来的模式，颇具推广和应用价值；另一种是基于科学的理论和方法进行推演，得出科学合理的旅游扶贫模式。这两种方法得出的结论都要能够在实践中产生实效。而现实中理论与实践的背离现象比较严重，模式在实践中的实际效果往往不佳，模式的可持续性效应难以维持，进而得到学界、业界、政府等各界公认不易。今后的研究中，需要在这方面有更多突破。

3. 旅游扶贫体制、机制研究

国外旅游扶贫的管理体制中，政府仍然在其中发挥重要的主导、引导作用，协调各利益相关者共同参与旅游扶贫，以发挥最佳的协同效应。国外既有政府主导型旅游扶贫，也有企业主导、社区自主、NGO 主导、国际组织主导等多种旅游扶贫管理体制。其管理方式是直接管理与间接管理相结合、宏观管理与微观管理相结合，政府在旅游扶贫中的管理权限趋向弱化，服务意识更加

---

① 王兆丰. 民族地区旅游扶贫研究［M］. 北京：中国社会科学出版社，2011：146－193.
② 吴晓东等. 民族地区旅游扶贫长效机制研究［M］. 北京：北京理工大学出版社，2015：25－28.
③ 李佳. 扶贫旅游理论与实践［M］. 北京：首都经济贸易大学出版社，2010：121－141.
④ 龚艳，李如友. 有限政府主导型旅游扶贫开发模式研究［J］. 云南民族大学学报（哲学社会科学版），2016：33（6）：115－121.
⑤ 杨德进，白长虹，牛会聪. 民族地区负责任旅游扶贫开发模式与实现路径［J］. 人文地理，2016：150（4）：119－126.

浓厚，服务的比例更大。作为扶贫对象的贫困人口，或者包含贫困人口在内的社区居民的选择权、自主权相对较大。

国内研究者对于我国旅游扶贫的体制探讨不多。研究者总结出我国缺乏专设的旅游扶贫管理部门的弊端，这将导致多头管理、政出多门、合作困难、推诿扯皮等负面后果。研究者建议健全旅游扶贫法律法规，明确旅游部门、扶贫部门、教育部门、财政部门等相关部门的责任、权利和义务；在健全旅游扶贫法律法规的基础上，采取措施规范旅游扶贫管理，包括建立旅游扶贫奖惩机制和改革贫困地区政绩考核方式。我国目前处于转型时期，就旅游扶贫工作而言，我国更多地倾向于把旅游扶贫归为行政任务，重"扶贫"而轻"旅游"，旅游扶贫的产业特性关注相对较弱①。

关于旅游扶贫机制问题，国外对此问题只是零星地关注，并未形成系统的理论和实践操作模式，只是在某一具体旅游扶贫项目、旅游扶贫的综合问题中涉及旅游扶贫机制问题。相比之下，我国学术界对旅游扶贫的机制探讨内容繁多。学界目前比较流行这种关于事物的模式、机制、体制、机理、路径之类的探讨，实践效果反而成为其次的关注点。国内关于旅游扶贫机制研究归纳起来主要有如下几种类型。

从旅游扶贫的系列机制构建而言，首要的是建立贫困人口的参与机制。研究者较早认识到社区参与是实现旅游扶贫的有效途径；具体举措包括建立社区参与的保障机制和合理的利益分配机制、提高社区居民的素质和旅游参与能力等；其意义在于社区参与可以提高旅游产品的质量、保护旅游资源和环境、有利于旅业业的可持续发展②。研究者关注民族贫困地区居民对旅游扶贫效应的感知和参与行为③；构建民族地区社区参与旅游扶贫的旅游规划决策咨询机制、旅游经营与利益分配机制、文化和生态保护机制、旅游教育与培训机制等长效机制④；破解财产制度"瓶颈"⑤及完善法律机制⑥等。

关于旅游扶贫中的利益保障机制，是各界尤其是贫困人口最关注的方面，

① 邓小海. 旅游精准扶贫理论与实践［M］. 北京：知识产权出版社，2016：134-136.
② 邱云美. 社区参与是实现旅游扶贫目标的有效途径［J］. 农村经济，2004（12）：43-45.
③ 李佳，钟林生，成升魁. 民族贫困地区居民对旅游扶贫效应的感知和参与行为研究——以青海省三江源地区为例［J］. 旅游学刊，2009，24（8）：71-76.
④ 杨阿莉，把多勋. 民族地区社区参与式旅游扶贫机制的构建——以甘肃省甘南藏族自治州为例［J］. 内蒙古社会科学（汉文版），2012，33（9）：131-136.
⑤ 卢丽娟，曹务坤，辛纪元. 民族村寨社区参与旅游扶贫开发的财产制度瓶颈与破解［J］. 贵州民族研究，2014，35（5）：116-119.
⑥ 曹务坤，辛纪元，吴大华. 民族村寨社区参与旅游扶贫的法律机制完善［J］. 云南社会科学，2004（6）：130-133.

贫困人口在旅游扶贫中的收益状况也是旅游扶贫的核心。研究提出了众多的旅游扶贫利益保障机制，典型的有如下几种。研究者以大别山为例，提出旅游扶贫的利益机制，包括利益表达机制；利益监督机制，包括社区监督机制和环境监控机制；利益分配机制；利益补偿和保障机制，包括观念保障、技术保障和法律保障；利益调节及议事机制①。研究者也认为旅游利益相关者主要包括旅游目的地社区、地方政府、旅游者和投资者，建立的利益相关者利益保障机制包括利益分配机制、资源分享与产权保护机制、协同机制、监督与利益调节机制②。

旅游扶贫运行机制可以界定为，在正视旅游扶贫系统各个部分的存在的前提下，协调旅游扶贫各个部分之间关系以更好地发挥旅游扶贫效用的具体运行方式。乡村旅游扶贫的运行机制代表性论述如下：乡村旅游精准扶贫是实施主体，以乡村旅游开发为媒介，通过精准扶贫识别、选择适宜的帮扶方式和运用有效的手段，对旅游项目和帮扶客体施加影响，从而实现减贫、脱贫目标。实施主体与帮扶客体、精准扶贫识别、乡村旅游开发、帮扶方式、扶贫管理手段，共同构成乡村旅游精准扶贫的有机系统，这几部分相互关联，相互作用，缺一不可。其运行是动态的、开放的和不断反馈的过程。其扶贫对象是贫困地区的贫困人口，参与主体是以政府为主导的社会各界力量，帮扶方式是依托乡村现有的良好的自然资源与人文资源，借助旅游内涵的主题，以城市居民为主要客源，以当地农民为经营主体，开发乡村特有的田园风光、农事活动、农产品加工、农耕文化、乡村风俗等旅游活动，有针对性地让贫困人口以各种形式参与到乡村旅游中增加收入，从而脱贫致富③。

旅游扶贫参与主体的协同机制有多种方式。民族地区旅游扶贫的政府协调机制是一个涉及多个层面的综合体系，既考虑框架内的协同，又要考虑协调机制的绩效问题；协调机制的方式主要包括政府协调机制、组织协调机制、市场协调机制④。研究者还提出建立多元主体协调机制，包括建立一个有效的合作平台，建立有效的协同组织，明确各参与主体的角色定位等⑤。

旅游扶贫是一项系统工程，需要各方的通力合作方能取得预期效益，故需要建立有效的合作机制以完成旅游扶贫的使命。旅游扶贫合作机制是指区域范

① 刘汉成，夏亚华. 大别山旅游扶贫开发研究 ［M］. 北京：中国经济出版社，2014：211-217.
② 王兆丰. 民族地区旅游扶贫研究 ［M］. 北京：中国社会科学出版社，2011：117-130.
③ 张春美，黄红娣，曾一. 乡村旅游精准扶贫运行机制、现实困境与破解路径 ［J］. 农林经济管理学报 2016，15（6）：625-631.
④ 王兆丰. 民族地区旅游扶贫研究 ［M］. 北京：中国社会科学出版社，2011：141-145.
⑤ 邓小海. 旅游精准扶贫理论与实践 ［M］. 北京：知识产权出版社，2016：136-137.

围内不同地区之间的旅游扶贫主体，依据一定的协议章程或合同，将资源在地区之间重新配置、组合，以获取最大的经济效益、社会效益和生态效益的旅游扶贫经济活动。旅游扶贫机制的构建原则包括：政府主导、企业经营、市场运作、社会参与；主题引领、规划先行、部门协调、注重落实；资源共享、优势互补、合作开发、互利共赢①。研究者还分析我国东西部地区旅游扶贫合作的必要性是地域关联性和发展条件的差异性；可行性是东西部旅游资源、市场、适旅期的互补性，东西部旅游交通的发展和经济社会的互动。依据旅游合作主体分类，其合作机制类型可分为政府间旅游合作扶贫机制、旅游企业间旅游合作扶贫机制、旅游行业协会间旅游合作扶贫机制②。

研究者还创造性地提出旅游扶贫的政府采购机制，即政府除在资金、项目、人才、培训等领域进行常规政策扶持外，还把贫困地区的旅游产品纳入政府采购的范畴，并作为优先选择的对象，要求相关部门将符合标准的贫困乡村作为政府采购的定点区域或单位，采购对象包括农家乐、渔家乐、乡村旅馆、会务接待、土特产、红色拓展产品等。另外，创造性地提出了生态购买机制。大部分贫困地区隶属于各级遗产保护区、自然保护区、森林公园、地质公园、风景名胜区等保护体系范围内。为保护生态环境，这些地区失去了一定的经济发展机会，牺牲了自己的发展，造成了眼前的贫困。为保证贫困地区的发展，应制定相应的生态购买机制，一方面，对贫困地区为保护生态环境而做出的牺牲进行经济补偿；另一方面，通过对生态环境保护与管理的投入，积极增加区内居民的就业机会，吸引贫困人口参与保护、管理与服务，实现就近、就便、就地就业。建立"有偿开发利用、有偿使用"制度和"谁开发谁保护、谁破坏谁恢复、谁利用谁补偿"的生态购买机制③。

研究者还分析了贫困地区旅游扶贫的动力机制和文化扶贫机制。旅游扶贫的动力要素包括政府、社区居民、非政府组织、国际扶贫机构、旅游需求和旅游供给等。旅游扶贫的动力机制划分为内源动力机制和外源动力机制。内源动力机制包括：民族地区旅游资源的丰富性和独特性；旅游者对异域、异族、异质自然景观和民族文化消费的渴求；民族贫困地区居民求富、求发展的心理；旅游业的乘数效应与关联效应；旅游业投入少，效益好，返贫率低以及劳动密集型特征等。旅游扶贫外源性动力机制包括：良好的国际国内环境与发展机

① 刘汉成，夏亚华. 大别山旅游扶贫开发研究［M］. 北京：中国经济出版社，2014：222－227.
② 王兆丰. 民族地区旅游扶贫研究［M］. 北京：中国社会科学出版社，2011：132－139.
③ 黄细嘉，陈志军等. 旅游扶贫：江西的构想与实现途径［M］. 北京：人民出版社，2014：129－130，136－137.

遇；国际政策与资金倾斜；国内旅游市场逐步成熟等。

文化扶贫是通过提高贫困主体的文化素质来达到扶贫的目的。旅游文化扶贫与文化扶贫并行不悖，比文化扶贫有更深远的意义。旅游文化扶贫的概念主要有两种界定。第一种观点，旅游文化扶贫是将民族贫困地区独特的少数民族文化作为一种旅游资源，加以开发和组织并出售给旅游者，在开发过程中注重保留本土文化的延续性，使文化旅游成为改善贫困地区经济结构的先导性产业。第二种观点，通过扶贫式旅游开发和旅游活动的开展，吸引旅游者的进入，旅游者携带的新思想、新观念等异质文化通过人—人文化交流，加速贫困地区和贫困人口社会化和再社会化的进程，其本质是通过文化激励，形成当地文化发展的内在发展机制（李文兵等，2002）。民族地区旅游文化扶贫机制主要包括三个方面的内容：居民参与机制；保护、传承和发展机制；激励机制①。

研究者还提出旅游精准扶贫动态监控机制。旅游精准扶贫动态监控机制是旅游精准扶贫系统有效运行的保障。它通过及时反馈旅游精准扶贫系统运行过程中所生成的信息来纠正偏差，从而确保旅游精准扶贫目标的实现。旅游精准扶贫动态监控机制主要包括三个方面的内容：加强旅游扶贫目标对象监控；加强旅游扶贫项目及扶贫资源监控；加强旅游扶贫效果监控②。

研究者提出了众多的旅游扶贫的机制和体制模型，从中也可以得到诸多的启发和借鉴，这些理论成果对于旅游扶贫理论建设和旅游扶贫实践活动都具有重要的推动作用。但是，旅游扶贫是一种扶贫方式，其核心和关键是贫困人口及其受益状况，以及扶贫效果的持续性。这方面的创新性理论成果及其实践效果的测度和持续性，仍然是一个亟待突破的难点。

（二）研究意义

本书以重庆武陵山片区为案例，在旅游扶贫的相关理论指导下，在借鉴国内外旅游扶贫的经验和反思国内外旅游扶贫的不足基础上，探讨旅游扶贫的路径创新问题。

本书具有重要的理论意义。在研究过程中，将会与现有的旅游扶贫理论进行对话、反思、提升和创新，尤其是将精准扶贫理论具体运用于旅游扶贫事业之中，结合旅游产业的行业特征，综合考量扶贫事业的既有理论和成就，催生

① 王兆丰. 民族地区旅游扶贫研究［M］. 北京：中国社会科学出版社，2011：97 - 117.
② 邓小海. 旅游精准扶贫理论与实践［M］. 北京：知识产权出版社，2016：137 - 140.

出新的旅游扶贫理论创新成果，推动扶贫理论向前迈进。

本书也具有重要的实践意义。其一，本书的研究结论将会对重庆武陵山片区的后续旅游扶贫工作具有精准的指导意义，在旅游发展与贫困减轻的互动发展过程中，促进该区域的旅游业发展，吸引更多的游客，增加更多的旅游综合收入。同时，在这一良性发展的过程中，旅游业可以解决更多的贫困人口就业，增加贫困户的收入，助力贫困户增收脱贫，从而促进扶贫事业进步。其二，本书所总结出的旅游扶贫的模式和机制，也会对类似民族地区、贫困地区的旅游产业发展和扶贫事业推进具有重要的参考借鉴意义。

三、研究内容与思路方法

（一）内容框架

总共分为七个部分。首先是绪论部分，主要回答三个问题。一是本研究的问题是什么，即是旅游扶贫的创新问题。二是为什么要以重庆武陵山片区为例研究旅游扶贫的创新问题，即本研究的背景、意义等方面的依据和缘由。三是怎么样以重庆武陵山片区为例研究旅游扶贫的创新问题，着重探讨本研究所运用的方法和思路，以更好地进行旅游扶贫研究，提高研究的效用。

其次是研究的基础部分，即为后续的旅游扶贫创新研究的核心内容研究做好铺垫。这部分分为两章来进行论述，主要内容包括重庆武陵山片区的贫困现状以及旅游业发展状况研究、重庆武陵山片区的旅游扶贫发展历程和现状研究，着重分析研究重庆武陵山片区旅游扶贫的现状，以及存在哪些主要类型的问题，包括产生这些问题与困境的深层次原因，为随后的旅游扶贫对策创新研究奠定基础和条件。

再次，本研究的核心部分，共分为三章进行论述，即重庆武陵山片区旅游扶贫的三种主要模式研究。着重探讨重庆武陵山片区这一以生态、民俗、民族文化为核心的旅游地区进行旅游扶贫工作，能够根据地理资本理论、布迪厄的资本理论等众多理论为旅游扶贫模式的划分依据，将旅游扶贫模式全新地划分为贫困户与景区融合型、贫困户与景区比邻型和贫困户与景区分离型三种旅游扶贫模式，为本区域的扶贫、脱贫工作与旅游业发展提供可资借鉴的研究成果，也可作为其他地区发展旅游业和开展扶贫工作的借鉴。

最后，用一章的内容对本书研究的主要内容进行了总结，通过本书的研究能够得到一些主要的结论，同时本书运用民族学、人类学的方法进行旅游扶贫研究所存在的哪些不足之处，而后将会从哪几个方面进行进一步创新、拓展、研究进行了展望。

（二）研究思路

本书按照提出问题——理论基础——调查分析——对策建议的思路对旅游扶贫问题进行创造性研究。现代意义的旅游业发展已经有近两个世纪，而扶贫也有悠久的历史，将上述二者结合于一起，尤其是结合我国的具体国情、重庆武陵山片区的具体区情，以及我国当下推行的精准扶贫战略，如何更好地实施新时代背景下的旅游扶贫尤其是旅游精准扶贫，需要在扶贫模式等方面探索出一些全新的研究成果，这就是本书所要达到的目标。

本书还将紧紧围绕所要研究的重点问题，对贫困、扶贫、产业扶贫、旅游扶贫、精准扶贫等概念的内涵与内在关联，对旅游扶贫的模式和机制等相关主题进行文献述评。同时，本书将会对案例点——重庆武陵山片区的旅游扶贫工作的现状进行面上调查，对其中的典型个案进行深入调查剖析，总结其中的成功经验。本书还将对其中的诸多问题进行类型学研究，找准问题的关键点，探究其根本原因。随后将会从旅游扶贫模式等维度探讨如何实现旅游扶贫创新，提出科学性、可行性对策建议，以期助力扶贫事业和旅游产业发展。

（三）研究方法

本书所研究的旅游扶贫问题以及案例点——重庆武陵山片区均具有复杂性特征，这就决定了本书所运用的研究方法的多样性和综合性。本书的研究对象是老、少、边、穷地区的旅游扶贫，主要运用民族学、人类学的方法进行研究。

访谈法是运用有目的、有计划、有方向的口头交谈方式向被调查者了解社会事实的方法。其基本性质包括明显的目的性、计划性和方向性，以现场的口头交谈作为了解社会事实的主要方式。访谈法运用于本研究具有诸多优势，可以提高访谈问题回答率，增强访谈互动过程的适应性，机动灵活且可以随时扩展访谈的广度和深度，能够对资料的收集过程进行有效地控制[1]。本书将会对案例点重庆武陵山片区旅游扶贫工作的利益相关者进行全方位的访谈，具体操作方式是选择各相关方的典型代表进行深度访谈，如政府工作人员、景区社区居民、贫困户、相关企业、帮扶组织和个人等，体现本研究的严谨性和科

---

① 涂经泽主编．社会调查理论与方法［M］．北京：高等教育出版社，2006：187－193.

学性。

案例研究方法（case study method）是一种常用的定性研究方法，这种方法适合对现实中某一复杂和具体的问题进行深入和全面的考察。通过案例研究，人们以对某些现象、事物进行描述和探索。案例研究还使人们能建立新的理论，或者对现存的理论进行检验、发展或修改。案例研究还是找到对现存问题解决方法的一个重要途径。罗伯特（Robert Yin）把案例研究定义为对当代某一处于现实环境中的现象进行考察的一种经验性的研究方法。案例研究的主要特征是，当要回答"怎么样"和"为什么"的问题的时候，当研究者对研究事物不予控制或不能控制时，当研究的对象是当代某一处于现实环境现象的时候，案例研究是一种合适的研究方法。案例研究分为两大类：规范性案例研究（nomativism）和实证性案例研究（positivism）。规范性案例研究的内涵包括，规范性的哲学观点回答的是"应该是什么"的问题，存在明显的客观价值的判断。基于建立理论而进行的案例研究就属于规范性这一哲学基础。实证性案例研究的内涵包括，实证性的哲学观点强调只有通过观察或感觉获得的知识才是可以信赖的，"纯"实证性的哲学观点甚至不相信理论和推理在获得可靠知识上的有效性。基于检验理论而进行的案例研究就属于实证性这一哲学基础。本书将充分利用案例研究法的优点，对重庆武陵山片区旅游扶贫的典型景区、贫困户、贫困社区、相关企业、帮扶组织和个人等进行案例剖析，以探寻全新的旅游扶贫模式和体制机制。本书既有规范性案例研究，以探索如何建立旅游扶贫的长效政策法规，以及保障机制。本书也包括实证性案例研究，以实现实践——理论——实践的旅游扶贫的两个飞跃，即从旅游扶贫实践中总结出新颖的、科学的模式，用成功的旅游扶贫模式指导未来的旅游扶贫工作。本书在进行案例研究时将力争做到：在数据搜集前后寻根究底的精神，并不断地问自己事情为什么会发生或正在发生；用心地聆听、观察和感受，并能无偏见地接受大量的信息；能适应无法预见的事件的出现，并能根据实际情况的变化，随时改变数据搜集的方法；能准确和全面地理解正在研究的问题，以便在搜集时对应该记录什么，是否要调整数据搜集的策略等问题作出最优的判断；能不带偏见地解释搜集到的数据①。

文献法在严格意义上并不是一种资料收集方法，而是一种研究方式——既包括资料的收集方法，也包括对这些资料的分析方法。它与其他方法有一个显著的不同——资料的来源不同。它不是直接从研究对象，即人那里获取研究所

---

① 孙海法，朱莹楚. 案例研究法的理论与应用 [J]. 科学管理研究，2004，22（1）：116-120.

需要的资料，而是去收集和分析现存的、以文字形式为主的文献资料。文献可以分为个人文献、官方文献和大众传播媒介三类。文献具体包括自传、回忆录和日记、信件、报刊、官方统计资料、历史文献等几个具体类别。文献研究法具有无反应性、费用较低、研究那些无法接触的研究对象、适于作纵贯分析等优点①。本研究将会从个人、官方和大众传媒三个渠道收集文献资料，充分利用所能够收集到的文献资料，包括与重庆武陵山片区各地旅游扶贫相关的报纸、刊物、官方网站文章、电视报道、政府文件、统计报表、网友留言等文献资料，从多角度收集更多的相关文献资料，使这些资料与访谈资料等笔者在田野调查中亲自收集的资料共同运用于本研究，这些资料相互配合、佐证，提升本研究的信度和效度。

四、重点难点与创新之处

本书主要是传统的旅游发展与最新的精准扶贫思想相结合，其涉及的面比较广泛，故需要突出研究的重点和难点所在。而学术研究最为重要的就是切忌原地踏步、简单重复，需要不断地在学术思想、学术方法和学术观点方面进行创新。

（一）重点难点

本书的重点主要表现在，案例点重庆武陵山片区是属于集中连片特困地区，通过田野调查、案例研究法、文献法等研究方法的运用，找准其现有旅游扶贫工作中存在的不足及其深层次原因，为后续提出针对性对策建议做好铺垫，是本书的研究重点。

扶贫工作在新中国成立之后即不断深入地开展，旅游扶贫工作开展也具有十年时间。本书主要对案例点重庆武陵山片区旅游扶贫工作，进行系统地调查研究，提出具有普适性、针对性、实效性和时效性的旅游扶贫新模式，是本书研究的难点。

（二）创新之处

第一，学术思想的创新。本书认为，旅游扶贫是扶贫这一系统工程的组成部分之一，主要表现为产业扶贫的性质，它不仅仅是经济问题，更是区域发展

---

① 袁方主编. 社会研究方法教程［M］. 北京：北京大学出版社，2016：295－316.

的组成部分，是一个区域发展的综合问题。本书将会运用系统、综合、全域的视野来关照、研究旅游扶贫问题，涉及旅游扶贫中的经济、文化、社会等综合的维度，尤其是本研究将重点关注精神文化方面的旅游扶贫。

第二，学术观点的创新。本书认为，在旅游扶贫对象精准识别的基础上，进行精准的特征归类和问题类型学研究，提出针对性的、精准的旅游扶贫全新模式；同时，实现上述模式的可操作性、实效性和可推广性，是本书力图实现的创新之处。

第三，学术方法的创新。本书运用人类学的田野调查为主要研究方法，借助田野调查方法的深入、细致和长期跟踪的特点，通过研究资料的收集、整理和分析，提炼出具有精准性的旅游扶贫创新模式。这一研究过程，既重视数据资料的收集、分析，技术路线的科学运用，研究结论的推导、提炼，更加重视人类学田野调查方法的准确利用，更加注重人类学的人文关怀传统的运用。科学性与人文性的综合运用、融为一体，将是本书主要的研究方法创新。

第四，旅游扶贫的民族志。本研究运用人类学的方法，通过深入细致的田野调查，撰写旅游扶贫民族志。这些民族志具有客观性、特色性、资料性等诸多特点，也是目前国内旅游扶贫研究中比较新颖的方法和视角。这些旅游扶贫民族志在此处的价值主要体现在基层视野不可或缺；反映案例点重庆武陵山片区基层各族民众生活的困难及困难中隐藏的问题；比较分析国内、国外旅游扶贫民族志个案和理论观点，形成解决这些问题的对策；将对策不断提升为适应中国国情的民族旅游扶贫理论等几个方面①。

---

① 徐黎丽，孙秀君. 论民族志文本的中国价值 [J]. 思想战线，2016，42（1）：51-57.

第二章　重庆武陵山片区贫困
状况与旅游业概况

本章主要讨论重庆武陵山片区的区域贫困和旅游业发展的基本情况。主要是对这两方面基本情况的描述、归纳、总结，对其类型、特点、机理等进行点面结合地分析研究，为后续深入的、专业化的旅游扶贫研究做好前期准备和铺垫。

第一节　区域及其贫困概况

重庆武陵山片区的地域具有其特殊性和优越性，近年来经济社会发展也取得不俗的成就。但是，重庆武陵山片区的贫困现象依然存在，既有共性的一面，也有其自身的特点。

一、重庆武陵山片区地域概况

由酉阳县、秀山县、黔江区、彭水县、石柱县、武隆区、丰都县7个区县组成的重庆武陵山片区位于重庆市的东南部，同时也是整个武陵山片区的四个组成部分之一，位于整个武陵山片区的西北部。北部的丰都县、石柱县两个县横跨长江，武隆区、酉阳县、秀山县、黔江区、彭水县5个区县均全部或部分地域属于乌江流域。自古以来，这里舟楫相通、水运比较发达。这一地区位于我国西部板块的东边，中西部的衔接、过渡地带，也位于我国长江经济带的腹心地带。整个重庆武陵山片区位于我国第一级阶梯往第二级阶梯的过渡地带，是云贵高原向东面的延伸区域。

这一区域的地貌以低山丘陵区为主，平均海拔高度为1 000米左右，海拔相对高差较大。这一区域大山大河相间，沟壑纵横，整体上交通出行不太方便，也给民众的生产生活带来了不利影响。该区域属于亚热带湿润季风气候，气候比较温和，多年平均气温为13℃～16℃之间；常年平均降水量为1 100～1 600毫米；无霜期为280天左右，光照偏少云雾较多①。这一地区气候比较独特，具有典型的季风气候特征，全年的雨量比较充沛集中，空气清新，冬暖夏凉，气候四季宜人。

目前，重庆市由38个区县（自治县）组成。重庆武陵山片区共有2区5县，占了重庆市区县数量的18.5%。重庆直辖市的面积为8.24万平方公里，7个区县的幅员总面积为22 754.37平方公里，占整个重庆市地域面积的27.61%。其中，酉阳县的面积为5 173平方公里，是重庆市范围内面积最大的一个区县。这为本区域的发展提供了良好的地域条件（见表2-1）。

表2-1 重庆市及重庆武陵山片区各区县地域面积比较

	重庆市	酉阳县	秀山县	黔江区	彭水县	石柱县	武隆区	丰都县
面积（平方公里）	8.24万	5 173	2 462	2 402	3 903	3 012.51	2 901	2 900.86

资料来源：重庆市和各区县政府官方网站（2017年3月3日）。

二、重庆武陵山片区经济社会发展概况

重庆武陵山片区的7个区县的经济总量、人均GDP等数据在重庆市范围内处于比较低的水平，下面将会做一些总体的介绍和评价。同时，该区域的行政区划的发展演变对于产业发展和民众脱贫致富也会产业诸多影响，后面将会对此问题做比较宏观的纵向梳理。重庆武陵山片区的文化总体上呈现出明显的地域特色和民族特征，后面将会对该区域的红色文化、黔中文化、民族文化、巫鬼文化这四大代表性文化作概要介绍、评析。

（一）重庆武陵山片区经济概况

重庆武陵山片区总人口为457.18万人，占重庆市总人口的15.15%，小于

---

① 根据重庆武陵山片区各区县政府门户网站资料整理。

区域面积占比的27.61%①，可知该区域的人口密度远远小于全重庆市的平均人口密度。重庆市的人口主要分布于主城周边地区、成渝经济带沿线、长江沿岸地区。重庆武陵山片区人口密度较小的主要原因在于，重庆武陵山片区的地貌以山地、丘陵为主，喀斯特地貌分布广泛，山高、谷深、坡陡，不太利于民众生产生活。同时，这一地区是一个典型的革命老区、少数民族地区、省际结合部边区、贫困地区。丰都县位于沿江地区，人口数量相对较多。酉阳县是传统的少数民族政权土司所在地，在历史上是区域政治、经济、文化中心地区，历史原因使较多的人口聚集并延续至今。

重庆武陵山片区主要是我国传统的少数民族地区，其中有酉阳县、秀山县、黔江区、彭水县、石柱县五个少数民族自治区县。武隆区和丰都县是非少数民族自治县，但也有相当比例的少数民族人口。整个重庆武陵山片区少数民族人口占总人口的一半左右，少数民族主要是土家族和苗族，同时还有蒙古族、侗族、瑶族、壮族、仡佬族、回族、满族、藏族等20余个少数民族（见表2-2）。

表2-2　　　　　重庆市及重庆武陵山片区各区县人口状况

	重庆市	酉阳县	秀山县	黔江区	彭水县	石柱县	武隆区	丰都县
人口（万人）	3 017	86.04	66	54.9	70.3	54.65	41	84.29
少数民族人口比例（%）	6	91.86	52	73.3	63.9	79.3	21	—

资料来源：重庆市和各区县政府官方网站（2017年3月3日）。

重庆武陵山片区各区县在整个重庆市的经济总量及排位，近几年没有大的变化，下面以2016年的GDP数据为例进行剖析、解读。在2016年全市各区县的GDP数据排位中，重庆武陵山片区各区县都位于全市38个区县的下游水平，其中排位最靠前的是黔江区，以218.84亿元位列全市第26位，其余6个区县均在30位以后（见表2-3）。重庆武陵山片区内除了丰都县以外，其余6个区县的定位和任务主要是绿色经济、生态保护、扶贫开发和民族地区开发等。这就势必要求对重庆武陵山片区的经济发展进行规范和约束，一些高GDP但生态破坏较大的项目将被禁止在这一地区落地，这是形成这一地区的经济洼地的重要因素；加上这一地区在历史上是经济不太发达的地区，地形复杂且不具有地缘优势，第二、第三产业更不发达，经济欠账很多，故这一地区的区县在重庆市的经济布局中处于下游水平。

———————————

① 根据重庆武陵山片区各区县政府门户网站资料整理。

表 2 - 3　　　　　重庆市及重庆武陵山片区各区县 2016 年 GDP 数据

	重庆市 （全国范围）	酉阳县	秀山县	黔江区	彭水县	石柱县	武隆区	丰都县
GDP 总量 （亿元）	17 558.76	129.48	150.62	218.84	128.69	145.42	145.61	170.56
GDP 总量 的位次	20	34	31	26	35	33	32	30
GDP 增速 （%）	10.7	10.1	10.2	10.0	10.3	10.5	10.2	11.5

资料来源：新华网、重庆商报网① （2017 年 3 月 9 日）。

（二）重庆武陵山片区政区演变概况

重庆武陵山片区行政建制历史悠久，唐朝在今彭水郁山镇设立黔中道，统领今贵州大部分范围，重庆、湖北和湖南的小部分范围，管辖范围与今天的武陵地区基本重合。在元明清三代，于酉阳县置土司，冉氏世袭土司首领多年，直至清朝乾隆年间"改土归流"时结束，管辖周边多个少数民族地区，形成深厚的土司文化，冉氏一家也不断繁衍生息成为武陵地区的一个家族大姓。石柱马氏土司祖籍陕西扶风，从南宋马定虎因为平定五溪蛮入境，因功授予石柱安抚使官职，官职世袭，得以世代镇守石柱。领官统辖之地为南宾县（今石柱县城），在县城东南约 60 里处，有高高的山峰矗立于地面，形状颇似柱子，乃以石柱命名，置石柱安抚司，由马氏世袭。石柱土司建立，马克用在元末袭位，直至新中国成立前夕的马正俴，由马氏世袭 26 代，共计 569 年。石柱马氏土司在历史上对于维护国家统治，维护少数民族地区社会稳定和谐，发展少数民族地区的经济都作出了巨大贡献。

在 1950 年，设置川东涪陵区，管辖涪陵、鄷都、石柱、南川、长寿、武隆、彭水 7 个县，隶属于川东行署区。在 1952 年，川东酉阳区所辖的酉阳、秀山、黔江、垫江 4 个县划归川东涪陵区的管辖范围，隶属于四川省政府。1997 年重庆市直辖后，涪陵市（地级）由四川省管辖改为由重庆直辖市管辖。丰都县县名于 1958 年的鄷都县更名而来，新中国成立后至 1997 年重庆直辖之前，一直隶属于涪陵地区（地级涪陵市）管辖，1997 年迄今由重庆直辖市直接管辖。武隆县从新中国成立后一直归属于涪陵地区（地级涪陵市）管辖，

---

① 2016 年重庆经济 "成绩单" 公布 GDP 同比增长 10.7% ［EB/OL］. http://www.cq.xinhuanet.com/ 2017 - 01/20/c_ 1120353432. htm, 2017 - 8 - 10. 2016 年重庆各区县经济大盘点 渝中区 GDP 首破千亿 ［EB/OL］. http://app.chinacqsb.com/news/de47caaba7d74d678daf0688d9ed2b1c. html, 2017 - 8 - 10.

直至 1997 年重庆直辖后由重庆市直接管辖。2017 年 1 月 13 日，上级批准撤销武隆县设立武隆区，仍然由重庆市直接管辖。在 1988 年，国家分出酉阳、秀山、黔江、彭水、石柱 5 个县设立黔江地区，是一个典型的少数民族聚居地区。1997 年重庆市直辖后，黔江地区由四川省管辖改为由重庆直辖市管辖。1998 年黔江地区改为重庆市黔江开发区。2000 年 6 月，撤销重庆市黔江自治县、黔江开发区，设立重庆市酉阳县、秀山县、黔江区、彭水县、石柱县，分别由重庆市直接管辖。

重庆市由中央直辖以后具有五大优势：得天独厚的地理区位优势；长江上游的经济中心优势；交通、通讯、科教和旅游优势；中西部地区资源富集的优势；由中央直辖的体制与政策优势①。这些优势也将惠及重庆武陵山片区的区域发展和旅游扶贫事业。重庆武陵山片区的 7 个区县从解放初期的由省级派出机构——地区管辖变为如今中央直辖市直接管辖，如今的管辖体制优势是减少了中间管理环节，国家的各种扶贫资金与政策、旅游产业发展政策和项目等直接在重庆武陵山片区各个区县落地，工作力度更大，效率更高，效益更佳。极大地促进了该区域的旅游等产业繁荣发展，进一步促进了区域民众尤其是少数民族群众的脱贫致富。

（三）重庆武陵山片区文化概况

包括重庆武陵山片区在内的整个武陵山片区被誉为"水同源，山同脉，树同根，人同俗"，故文化具有相当程度的相似性。因受地形、交通等因素制约，这一地区人文生态的传统性保持较好，人文生态旅游资源品级较高。如以凤凰古城和苗土文化为典型代表的湘西州 2010 年获批文化部"武陵山区（湘西）土家族苗族文化生态保护试验区"。唐崖土司城遗址和永顺老司城遗址等已于 2015 年成功联合申报世界文化遗产。彭水县郁山镇拥有 5 000 多年悠悠文明史，曾经是黔中文化的中心，政治文化、历史文化和盐丹文化一度辉煌。

以彭水县郁山镇为中心的黔中文化是重庆武陵山片区的地域历史文化的典型代表。郁山镇开发较早，汉武帝在此设置涪陵县。蜀汉及晋为汉葭（发）县治所在地。北周曾置奉州。隋开皇十三年（593）又在此设置彭水县。唐高祖在此设置黔州。清雍正时黔彭军民厅设置于此。乾隆元年（1736）设巡检署，分理彭水上八乡，直至清末。民国元年（1912）改置为郁山镇分县衙门，

---

① 吴建华，潘毅文. 重庆直辖：优势与困难并存 [J]. 四川三峡学院学报（社会科学版），1998，14（2）：41-46.

代行县公署凤山等上八乡政务①。彭水县城所在的汉葭镇也是黔中文化比较重要的孕育和承载地。唐玄宗开元二十一年（733），分天下为十五道时，才把江南道的黔州等地划出来，另置黔中道，辖境北到湖北建始，南到广西凌云，西到贵州毕节，东到湖南沅陵，面积约30万平方公里。彭水郁山镇为道、州、县三级治所驻地，为今渝、黔、湘、鄂、桂结合部政治、经济、文化的中心。以郁山镇为中心的黔中文化内涵丰富。一是盐丹文化，这里有几千年的产盐巴和丹砂的历史，这两种物资都是重要的军事、生产、生活资料，同时衍生出众多与之密切相关的文化事项，如盐巴腌制的鱼肉、炼丹等。二是农耕文化，这一地区的人民具有积淀丰厚的农耕文化，如酿酒、牛马养殖，郁山镇流传至今的有红苕粉、郁山烧白、鸡豆花等知名的民间饮食文化。三是贬谪和流官文化，古代的乌江流域尤其是彭水郁山镇是一个中原王朝的重要流放地，从汉代开始即有中原王朝的重要政治、军事、文化等人物流放黔中，著名的人物有唐废太子李承乾、宋代大文豪黄庭坚等，他们流放此地也带来了中原地区先进的精神文化和生产生活技艺，客观上促进了黔中文化与中原文化的交流、交融，促进了黔中文化的发展提升。四是羁縻州文化，历史上各个中原王朝都在郁山镇等地设置羁縻州，实施了众多的管理边疆少数民族的举措，客观上有利于社会安定，加强了民族团结，也促进了文化交流，有利于少数民族的发展和进步②。历史悠久、博大精深、影响范围广大的黔中文化，对彭水县和重庆市，乃至整个武陵山片区的影响一直延续至今，对塑造这一中部民族区域的地域文化和民族文化精神起到了十分重要的作用。这些文化基因今天依然为武陵山片区的人民所保持、传承和发展，渗透到当今这一区域的文化资源和旅游资源中去，也体现在这一区域民众对付贫穷的吃苦耐劳、坚毅拼搏的区域文化品格之中。彭水县正在着手打造以郁山镇为中心的黔中文化旅游，这是该县未来的几大主要景区和拳头旅游产品之一，以此助推当地民众脱贫致富和区域经济、社会、文化等方面的全面发展、进步。

重庆武陵山片区的另一项重要的文化为红色文化。武陵山地区在革命战争年代是一个位于四省边界的山区，远离敌人的统治中心即大城市和中心城市，敌人的政治军事力量比较薄弱，加上广大的山区地形，便于隐蔽和开展流动革命工作，故整个武陵山区可以说是中国革命的摇篮之一。其中在重庆就留下了

---

① 彭水县志编撰委员会.彭水县志 [M].成都：四川人民出版社，1998：121.
② 蔡盛炽.唐代黔中文化初探 [J].西华大学学报（哲学社会科学版），2010，29（3）：51－58.

丰富的红色革命精神和众多的革命遗址（见表2-4），如酉阳县龙潭镇的赵世炎烈士故居、秀山县洪茶渡口及二野司令部遗址、黔江区的万涛故居、彭水县的贺龙德政碑和怀龙亭等。武陵山片区的英雄人民共同参与铸就了革命精神，这些伟大的革命精神直到今天也一直鼓舞、激励着人民奋发向上，创造自己更加美好的生活。今天，重庆武陵山片区正在利用这些宝贵的红色文化资源开展红色旅游，兼顾发挥这些宝贵的红色文化资源的社会效益和经济效益。

表2-4　　　　　　重庆武陵山片区7个区县红色文化旅游资源

	红色文化资源及分布
秀山县	梅江德政碑（梅江镇）、二野司令部旧址凤鸣书院（县城）、洪茶渡口及二野司令部遗址（洪安镇）、红三军倒马坎战斗遗址（隘口镇）、红军洞遗址（雅江镇）、黔东独立师川河盖战斗遗址（涌洞乡）、红三军司令部旧址——百岁二道龙门（隘口镇）、巴盘苏维埃红色政权遗址（清溪场镇）
酉阳县	南腰界红三军司令部遗址（南腰界乡）、赵世炎故居（龙潭镇）、烈士陵园（县城）、刘仁故居（龙潭镇）
彭水县	贺龙德政碑和怀龙亭（郁山镇）、红三军司令部汉葭遗址（县城）、彭济民故居（靛水镇）、绿荫轩和南渡沱红军渡口（县城）、棣棠乡烈士陵园（棣棠乡）
黔江区	红军树（水市乡）、万涛故居（冯家镇）
石柱县	红军井（县城）、鄂川边红军游击总队遗址（金铃乡）、中共石柱第一任县委遗址（下路镇）、古城坝"毛主席万岁"革命标语（悦崃镇）、二路红军激战鱼池坝遗址（鱼池镇）、红三军休整地（南宾镇）、黄草坪战斗遗址及烈士墓（三星乡）、熊福田故居及墓葬（西沱镇）、张承燕烈士墓（三星乡）、蒋正东烈士墓（西沱镇）、杨和廷烈士墓（马武镇）
武隆区	"红军渡"（浩口）、二路红军司令部、坨田红军战斗遗址、和平中学革命遗址、武隆县第一个农民协会遗址、江口烈士塔园、白马烈士陵园、武隆县城烈士墓、火炉人民英雄纪念碑、后坪苏维埃政府遗址、白马山战斗遗址、桐梓烈士陵园、中共平桥特支旧址
丰都县	中共丰都县委召开党代会遗址（名山街道）、崇德乡农民武装起义遗址、四川红军第二路游击队宣誓大会旧址（包鸾镇）、四川红军第二路游击队重要军事会议（三坝乡）、四川红军第二路游击队会师旧址（南天湖镇）、四川红军第二路游击队部分战场遗址（栗子乡）、回龙场苏维埃政府旧址（暨龙镇）、川鄂边游击队反"围剿"总指挥部旧址（江池镇）、青岗垭解放战场旧址、丰都县革命烈士陵园（三合街道）

部分资料来源：陶少华. 重庆民族地区红色旅游创新发展研究［J］. 贵州民族研究，2014，35（4）：120-123.

　　重庆武陵山片区的重要文化之一是民族文化。这一地区是我国历史上的苗族、土家族典型与核心分布区域之一，如今也是苗族、土家族的典型聚居区之一。除此之外，还有仡佬族、蒙古族、回族、满族等散杂居少数民族分布。保留至今的苗族文化主要是两类，一类是精神性质的民族文化，如秀山土家族的花灯、酉阳土家族的摆手舞、石柱土家族的啰儿调、黔江土家族的南溪号子、彭水苗族的娇阿依民歌等，以上各类非物质文化遗产都是国家级重点保护项目。另一类是物质类民族文化遗产，如土家族吊脚楼、民族古村落、民族古镇、民族宗祠、民族类古城、少数民族名人墓葬遗址等。这些丰富、多样的民族文化滋养、孕育了重庆武陵山片区历朝历代勤劳、聪慧的少数民族民众，迄今也为这一区域的人民提供精神食粮。许多民族文化转变成了文化资源，享誉全国，乃至蜚声海外，如秀山土家族代表性文化——秀山花灯，其代表性歌曲《太阳出来喜洋洋》堪称区域民族文化之经典。这些文化资源除了实现其社会功能外，正在进行旅游业及文化产品等产业开发，逐步实现其经济功能，给当地人民带来更多的物质财富。

　　重庆武陵山片区还有一种重要的地域文化——巫鬼文化。重庆武陵山片区所属的武陵地区以及三峡地区在古代是巫鬼文化盛行的地区，原因是多方面的，有人认为与这一带地区多雾的天气有关，多雾致使人们一年中的大部分时间无法看见太阳。多雾的天气占了很大的比例，人们就开始想象远方的世界，想象前世、今生和来世等，此为鬼巫文化诞生的重要之源。丰都县是重庆武陵山片区鬼巫文化的主要分布之地。丰都鬼城位于名山之上。根据《丰都县志》的记载，丰都"鬼城"之形成可以追溯到汉代。东汉的《列仙传》以及晋代的《神仙传》记载，两汉时期的阴长生、王方平曾经在今丰都名山修炼成仙，民间将二人的姓氏连缀附会成为"阴间之王"，这里就被人们传为鬼都。同时，这里也是道教的北阴大帝和佛教的"阎罗王"所在之地，这就更加全面地注脚了"名山是鬼城，丰都是鬼都"的民间传说。丰都鬼城也是道教"三十六洞天""七十二福地"之一。准确地说，丰都鬼城是道教、儒教、佛教这三大教与当地的地域文化融合衍生而成的一种新兴的亚文化。历代文人墨客云游丰都名山鬼城，写下名篇佳句，这印证了"文以景生、景以文传"的规律，使丰都鬼文化以及名山鬼城更加扬名天下。丰都鬼城的鬼文化主要宣传的是"惩恶扬善"的传统民间思想。丰都名山鬼城的著名景点众多，每年吸引众多的海内外游客前往参观游览。

三、重庆武陵山片区区域贫困概况

重庆市有 14 个国家级扶贫工作重点区县和 4 个市级扶贫工作重点区县。重庆市的市级扶贫工作重点区县是涪陵、南川、潼南、忠县，14 个国家级扶贫工作重点区县是万州、黔江、丰都、城口、开县、武隆、云阳、巫山、奉节、石柱、巫溪、秀山、彭水、酉阳。重庆武陵山片区的 7 个区县全部列为国家级扶贫工作重点区县，占了整个重庆市扶贫攻坚工作的将近一半的任务，故本区域是重庆市扶贫攻坚工作名副其实的主战场。

在开始实施精准扶贫之初，重庆武陵山片区的户籍人口是 448 万人，有 616 个建制贫困村，统计贫困人口为 53.1 万人，贫困发生率是 17.2%。而精准扶贫过去近 2 年时间，从表 2 - 5 分析可知，重庆市整体上尚未脱贫的贫困人口绝对数量已经不多，占 2015 年认定的整体贫困人口的比例也比较小。本研究的重大意义主要表现为，对重庆武陵山片区尚未脱贫的贫困人口的产业扶贫具有重要的指导意义；对于重庆武陵山片区的后续返贫人口的产业扶贫也具有重要的指导意义；对于重庆武陵山片区乃至整个重庆市未来的相对贫困人口的产业扶贫工作具有积极的指导意义；对于全国其他尚未完成扶贫工作的区域具有明显的借鉴意义。

表 2 - 5　　重庆市暨重庆武陵山片区贫困概况、脱贫进展概况

	脱贫人口数（万人）	贫困村整村脱贫数（个）	脱贫摘帽贫困区县数（个）
2015 年	95.3	808	2 个：涪陵、潼南
2016 年	59.6	885	7 个：黔江、秀山、武隆、丰都、万州、忠县、南川
2017 年（拟）	11	226	9 个：酉阳、彭水、石柱、城口、开州、云阳、奉节、巫山、巫溪

资料来源：综合 2017 年重庆市政府在人代会上的年度工作报告等公众资讯。

第二节　旅游资源及产业概况

重庆武陵山片区旅游资源丰富，这为该区域发展旅游业提供了极好的资源条件。重庆武陵山片区的旅游业发展从改革开放之初的萌芽至今的繁荣发展、

亮点纷呈，走过了不平凡的发展道路。下面就重庆武陵山片区的旅游资源概况及旅游业概况分别进行详细论述。

一、重庆武陵山片区旅游资源概况

重庆武陵山片区最具有特色和代表性的旅游资源是民族民俗旅游资源和生态旅游资源。重庆武陵山片区的旅游资源是一片潜藏的富矿，已经发掘利用的旅游资源提升空间很大，潜在旅游资源具有巨大的挖掘、开发潜力，是武陵山片区、重庆市未来旅游发展的重要增长极和核心组成部分之一。

（一）自然旅游资源

重庆武陵山片区属于亚热带气候区，光照、气温、雨水、土壤等自然条件配合较好，适宜动植物生长。因而这一地区的动植物种类和数量极其丰富，是我国重要的动植物基因库。同时，这一优越的动植物资源条件也为该区域的旅游业发展提供了丰富的自然旅游资源。

重庆武陵山片区的自然旅游资源具有几个明显特征。

一是类型、数量丰富多样。自然旅游资源的四个大类生物、地貌、气候、水文类自然旅游资源在这一区域均有大量的分布。自然旅游资源的亚类如峡谷、高山、森林、高山草原、湖泊、江河、瀑布、气候、野生动植物、洞穴等在这一地区也都有丰富的类型和数量分布。如仙女山、摩围山、芙蓉洞、阿依河、桫椤、月亮湖、千野草场、黔江武陵仙山等。

二是品级非常高。这一区域拥有许多高品质的自然旅游资源，获得国际认可的如著名的武隆天坑地缝是该区域唯一的世界自然遗产项目，同时武隆喀斯特旅游区（天生三桥—仙女山—芙蓉洞）和酉阳桃花源景区荣膺全国 5A 级景区称号，重庆武陵山片区即占了全国 272 个、重庆 7 个中的 2 个①。芙蓉江还属于国家级风景名胜区，其资源特点是溶洞、溪河、湖泊、峡谷。重庆武陵山片区内获得其他类型和级别的国际、国家认定的景区景点则为数众多。

三是特征突出。重庆武陵山片区的自然旅游资源的主要特征是险峻、奇特、秀美。重庆武陵山片区广为流传的"养儿养女不用教，酉秀黔彭走一遭"

---

① 新华网，重庆市 A 级旅游景区名单［EB/OL］. http：//www.cq.xinhuanet.com/2016－12/07/c_ 1120070559.htm，2017－8－12.

的俗语，形象地反映了这一地区的地形复杂，山高、谷深、坡陡，生产生活艰辛①。这也从一个侧面反映了这一地区景观的险峻特点。如乌江画廊体现了景观的险峻特征，乌江就像一丝线串起了两岸众多的景区景点，这一地区属于喀斯特地貌，两岸地势陡峭，险峻无比，很多地方的河岸及上方的山峰如刀砍斧削一般，与水面垂直甚至向水面倾斜。在船上游览乌江画廊，犹如险象环生般惊险刺激。重庆武陵山片区的自然旅游资源的另外一个特征是奇特。而奇特的景观是满足游客求异旅游目标的重要吸引力之一。这一地区奇特景观比比皆是，如彭水县郁山镇的 4 000 年历史的飞水井、黔江峡谷城的"谷城融合"的奇异景观、石柱县县城东部的万寿山上存有一对巨石酷似少男少女、因清朝时期地震滚落巨石形成的堰塞湖小南海等。重庆武陵山片区的自然旅游资源还以秀美著称。晋人陶渊明脍炙人口的名篇《桃花源记》描绘了一个景色秀美宜人、浪漫和谐的桃花源，即是用美文赞美了武陵地区的秀美景色，而酉阳县的桃花源景区即被认为是陶渊明笔下的桃花源的原型之一，但无疑该文描写了包括重庆武陵山片区在内的整个武陵地区的秀美景色则是肯定的，在全域旅游时代，整个酉阳县将以桃花源景区为核心，将把整个酉阳县打造为一个"大桃花源"，为游客奉献一个新时代的秀美桃花源。而秀山县则因为境内的秀美山峰"高秀山"得名，足见这一区域从古至今的秀美景色是一以贯之的。

以重庆最为著名的黄水避暑休闲旅游景区的核心景点大风堡为例，下面作详细介绍以体现重庆武陵山片区自然旅游资源的重要特征。大风堡位于石柱县东北部，是黄水国家森林公园的核心景区之一，有十二姊妹峰、和尚石、玉泉寺、悬空玻璃廊桥、高山滑雪草场、燕子岩等 30 多个景点。景区内有木本植物 2 000 多种，其中国家一级保护植物 7 种，二级 46 种，银杏、水杉、珙桐、荷叶铁线蕨、桢楠、香樟、红豆杉、黄杉等珍稀植物星罗棋布，国家二级保护动物 42 种，豹、獐、锦鸡、杜鹃、黄鹂等动物活跃其间，犹如一部森林百科大辞典。有"森林的海洋、繁花的世界，飞鸟的天堂，动物的王国"之美誉。2006 年在"选美重庆"评比活动中，被网友评为"重庆市最美森林"。2011年成功创建国家 4A 级旅游景区②。

（二）人文旅游资源

人文景观旅游资源包括历史文化古迹、古建筑、现代建设新成就、饮食、

---

① 陶少华. 人类学视野下罗家坨苗寨旅游开发和实践研究［M］. 北京：线装书局，2014：38.
② 资料来源：笔者 2016 年 8 月考察石柱县黄水旅游景区时从黄水游客接待中心获取的景区介绍资料。

购物、文化艺术和体育娱乐等，可归纳为人文景物、文化传统、民情风俗、体育娱乐四大类。重庆武陵山片区的人文旅游资源特色也十分明显。主要是内容丰富、地域特色突出。

第一，重庆武陵山片区的人文旅游资源内容极其丰富。各种亚类的人文旅游资源在重庆武陵山片区几乎都有赋存。以古建筑为例，酉阳县铜鼓乡铜鼓村二组比较完好地保存了酉阳原县府衙门，即铜鼓潭土司衙院；会馆的代表是酉阳县龚滩镇的西秦会馆；宗教建筑的典型代表是丰都县名山鬼城；古民居的代表是石柱县西沱镇的云梯街，这一地区也保留着众多古代的小型木质或石质桥梁。这一地区古代有厚葬风俗，众多的墓地石刻堪称石刻艺术的瑰宝，如酉阳县众多的土司墓葬石刻。这一地区也保存了众多的古墓葬旅游资源，如武隆县的长孙无忌衣冠冢。这一地区典型的、特色鲜明的古代民居即是吊脚楼建筑，如彭水县鞍子镇罗家坨苗寨保留的 20 多栋上百年的古代吊脚楼民居建筑；大型工程设施类旅游资源的代表是彭水乌江电站工程及其库区湖泊；文学旅游资源的代表是沈从文笔下的《边城》故事发生地洪安边城；文化休闲设施类旅游资源的代表是位于黔江区的重庆市民族博物馆。这一地区的美食、购物类旅游资源种类繁多、享誉四方，如彭水的精丝茗粉和野生大脚菌、秀山的土鸡、黔江鸡杂、酉阳的油粑粑、石柱的莼菜、丰都的豆腐乳、武隆的碗碗羊肉等。

第二，重庆武陵山片区的人文旅游资源地域特色鲜明。重庆武陵山片区独特的地理环境孕育了这一地区奇特的人文旅游资源。如郁江两岸的悬棺葬和崖藏；彭水县城近乌江岸边的绿荫轩还保留了黄庭坚当年流放时的居所和古老的黄桷树，是古代流放文化的遗迹，也是文学旅游爱好者的朝拜之地。同时，恶劣的地理环境也铸就了这一地区人民乐观、坚强的性格，反映在他们的娇阿依民歌、南溪号子等地域非物质文化遗产旅游资源之中。

在此选取重庆武陵山片区人文旅游资源的代表即酉阳县龚滩镇的西秦会馆作详细品鉴，以展现该区域人文旅游资源的品质和特色。笔者于 2006 年重庆历史上最炎热的夏季考察了搬迁之前的龚滩古镇，于 2011 年和 2016 年两次考察了搬迁之后的龚滩镇。搬迁之前的龚滩古镇被称为重庆第一古镇，搬迁之后已经韵味不再。在此主要介绍搬迁以前的千年古镇龚滩的代表性建筑——西秦会馆。龚滩古镇的西秦会馆，是由陕西商人张朋久于清光绪年间组织修建。他在龚滩古镇开设盐号，还经营湘、鄂、渝、黔地区的山货、桐油、茶叶、生漆等，成为根植于龚滩古镇而名震湘、鄂、渝、黔边地区的大商人。张朋久在发达之后即修建了西秦会馆。西秦会馆坐东朝西，走上一段石阶才能从大门进入西秦会馆，大门进去之后的通道是倾斜的，通道上方为西楼和耳房，均是坐西朝东。走完了石阶是一块石头镶嵌的院坝，内设西向正房三间，与西楼相对。南北两侧为二层木楼。整个建筑四周为封火高墙，颇具徽派建筑风格。西秦会馆的形制和建筑格局与一般寺庙相似，且以红粉涂墙，当地人称之为"红庙子"。西秦会馆在当时是龚滩古镇最为宏伟高大的建筑，与四周的本土建筑风格迥异。西秦会馆的功能首先是修建者自己的"根据地"，张朋久在主殿中供奉了家族祖先的排位；西秦会馆也是开展商业活动的重要场所；西秦会馆也是供陕西籍商人、朋友联络、叙旧、寄寓和聚会之地，过年和重要节日举办三天节会，邀请当地政商等各界名人齐聚一堂，宴饮、观戏等，高朋满座，热闹异常。

（三）民族民俗风情类旅游资源

重庆武陵山片区是我国苗族、土家族等少数民族的核心分布地区之一，其旅游资源的民族特色十分鲜明。勤劳、善良、勇敢的苗族土家族儿女孕育、传承和发展了苗土风情的旅游资源，为后世的当地人民和游客留下了宝贵的遗产。这一地区的民族民俗风情旅游资源具有如下两个典型特征。

第一，苗族、土家族特色突显。在苗族由北向南、由东向西、由国内向国外大规模迁徙的过程中，重庆武陵山片区是其核心的迁移地区和主要的世居地区。土家族主要发源和分布于武陵山地区，位于整个武陵山地区西北的重庆武陵山片区是土家族的四大主要分布亚区域之一。故这一区域的少数民族风情类旅游资源的苗风土韵极其深厚，颇具特色和吸引力。饮食文化旅游资源是这一地区重要的民俗文化旅游资源，苗族人饮食的四大特征在这一地区都有比较正宗的传承和展现。苗族人喜食"糯"，重庆武陵山片区的苗族民众喜欢种植和食用糯米、糯苞谷等粮食，并且加工成腊肉糯米饭、糍粑、糯汤圆等系列延伸食品。苗族人喜爱食用"酒"，这一地区的苗族民众用糯米等原料自己酿制白酒、食用醪糟酒等粮食酒，从制曲、发酵、蒸馏，到勾兑和窖藏都有一套自成的完备工艺，且往往是自家酿制的米酒供自家食用。苗族人喜食"酸"味食品，酸汤几乎是家家必备，酸汤是豆腐水或米汤，放进瓦罐里3～5天发酵后，即可取出煮菜、煮鱼、煮肉，著名的苗族酸类菜肴是酸汤鱼。苗族人喜欢食用腌制食品，重庆武陵山片区的苗族民众家里的肉类食品多用腌制的方法进行保存，几乎家家备有腌制食品的瓦坛子，鸡、鸭、鱼、肉和蔬菜等生食品放入酸坛腌制成酸味，取出煮熟即可食用，是美味可口的佐餐佳品，如苗族的腌制泡菜取出单独食用或混合炒菜都十分美味、开胃。苗族还喜食狗肉，有"苗族的狗，彝族的酒"之说。

第二，内容丰富多彩。重庆武陵山片区的民俗风情旅游资源类型多样，内容丰富多样。这一区域已经开发的民俗风情旅游资源只占了该地区储存的民俗风情类旅游资源的很少一部分，故这一地区民俗风情类旅游资源的开发潜力极其巨大。如苗族的节日服饰和婚姻服饰特色鲜明；土家族过年时食用的"坨坨肉"颇具特色；苗族和土家族依山而建的吊脚楼建筑别具一格；苗族用于生产生活出行的"背架"独居特色；苗家人特有的"游方"的恋爱方式；表现土家族人达观生活态度的"跳丧"习俗；苗年等特有的民族节日，展现了这一地区少数民族特有的节日文化、民族心理和世界观；苗族的神秘习俗等。渝东南的5个民族区县的非物质文化遗产资源异常丰富，而这些非物质文化遗产是区域民俗风情旅游资源的重要组成部分，颇具旅游开发价值和吸引力，国家级非物质文化遗产是该区域众多非物质文化遗产旅游资源的佼佼者（见表2-6）。

表2-6　　　重庆武陵山片区各区县的主要民族非物质文化遗产类型

	非物质文化遗产项目类别
西阳县	土家族摆手舞、土家族巫傩诗文、土家族酉阳古歌、酉阳民歌
秀山县	秀山花灯、秀山民歌
黔江区	土家族南溪号子
彭水县	高台狮舞、娇阿依苗歌
石柱县	土家族吊脚楼营造技艺、石柱土家啰儿调、玩牛
武隆区	羊角豆腐干（正在申报）、巷口纸扎工艺（正在申报）
丰都县	鬼城庙会

资料来源：《重庆民族文化典藏》。

下面以秀山县的苗族村寨——民族村为例，来展示武陵山片区民族风情旅游资源的魅力。秀山县民族村是一个保存比较完整的传统民族村寨，颇具保护和旅游开发价值。笔者于2011年春节期间对该村进行了田野调查。这一民族村寨是重庆市目前唯一会完整地讲苗语的苗族村寨。该村位于秀山土家族苗族自治县梅江镇与贵州省松桃苗族自治县接壤的边缘地带，是历史上位于苗疆边缘地带的一个以苗族为主的民族村寨。由村口沿着一条小溪溯流而上，全村的住房和田地都位于山坡之上，有花香、金珠等10个自然寨，共有310户、总人口1 473人，生活着苗族、土家族、汉族三个民族，苗族人口占总人口的70%，土家族占18%，汉族占12%，主要姓氏有：石、吴、龙、田、麻等。村寨自然生态良好，绝大多数家庭保留了完好的苗族吞口式吊脚楼民居，还保留了榨油坊、民族服饰、苗族歌舞、人生礼仪、节日庆典等苗族传统文化。该村已经制定了社会经济发展总体规划，正在进行以民族旅游为主导产业的民族村寨文化保护和发展事业①。

二、重庆武陵山片区旅游产业发展概况

重庆武陵山片区的 7 个区县的旅游业自改革开放以后进入产业化发展的正轨。从改革开放之初至 1988 年黔江地区成立，重庆武陵山片区的 7 个区县都归属于涪陵地区管辖，其旅游业发展纳入涪陵地区的整体发展框架。1988 年 ~ 1997 年重庆直辖，丰都县和武隆区属于涪陵市（地级）管辖，其旅游业发展纳入涪陵市的整体框架，获得了较大发展。1988 年 ~ 1997 年的黔江地区存续期间，5 个少数民族自治县属于黔江地区管辖，旅游业发展纳入黔江地区的整体规划，有较大的发展。重庆直辖以后，重庆武陵山片区的 7 个区县都非常重视旅游业发展，旅游业获得了突飞猛进的进步，取得了不俗的成绩，尤其是武隆区和石柱县的旅游业后来居上，成为重庆市的旅游业特别是避暑休闲旅游发展的标杆。以重庆武陵山片区 7 个区县的旅游产业发展历程以及经济收益为主，同时兼顾考虑这一区域的行政区划变迁历程，将重庆武陵山片区的旅游业发展划分为如下三个主要阶段。而这三个时期的分期与中国旅游业发展的宏观历程有某种程度的契合。

（一）起步阶段（新中国成立至 1988 年）

新中国成立至"文化大革命"结束，在计划经济体系内旅游业被定性为"扩大对外政治影响"的外事接待功能。与此相配合，当时的旅游发展政策主要是关于外国人入境和外侨旅行服务等相关内容。改革开放初期，虽然旅游业经济性质渐为明显，但仍属"事业"范畴，很多方面仍实行垄断经营政策，对外汇管控也极为严格。

而此时的重庆武陵山片区在地域上比较偏僻，交通不畅，信息比较闭塞，因而基本谈不上旅游业的较大发展，只处于旅游产业萌芽和初步发展阶段。丰都县位于长江沿岸，水运交通方便，丰都鬼城等个别知名的景点用以接待外宾参观游览。1980 ~ 1985 年，前来游览鬼城名山的中外游客约 200 万人。政府也开始利用旅游文化搭台、经济唱戏的节会经济发展模式，如 1992 年 1 月 2 日涪陵地区行署批复同意地区旅游局《关于 92 中国友好观光年活动方案》，

① 陶少华. 论民族旅游档案的收集［J］. 兰台世界，2014（11）：55 - 56.

丰都鬼城庙会等大型活动成为方案的主要内容。此外，学生、单位在纪念性节日组织人员参观革命遗迹遗址，如参观赵世炎故居；零星外来游客及本地人参观历史文化遗迹遗址，如彭水县城黄庭坚遗留下的绿荫轩。

（二）发展阶段（1988～1997 年）

进入 20 世纪 90 年代后，我国市场经济体系逐渐形成，旅游业的政策环境也逐步宽松，垄断经营的局面被打破。20 世纪 90 年代中后期至 21 世纪前 10 年间，亚洲金融危机、世界金融危机爆发，拉动内需成为国家经济发展的重要方向。旅游业主动转变战略方向，从重点发展入境旅游转向重点发展国内旅游，推动旅游业成为国民经济新的增长点，成为拉动内需的重要力量。

这一阶段重庆武陵山片区的各个区县和景区景点的旅游业开始进入产业化发展阶段，受到了政府、业界、学界、民众等旅游产业利益相关者的广泛重视。该区域的各地都开始发掘旅游资源，力求发展壮大旅游产业，促进区域经济社会发展和百姓增收致富。而这一阶段发展起来的武隆区的旅游业可谓一枝独秀。笔者称之为旅游业界发展的"武隆现象"在这一阶段开始起步成长。武隆区的旅游行业管理领导和专家总结出如下结论，自 1994 年 5 月 1 日芙蓉洞正式打造完成对外开放开始，武隆人开始接触旅游，认识旅游，发展旅游，开始尝试以旅游业来发展、带动县域经济的路子。客观地讲，武隆区过去是一个既无煤炭、石油、天然气、铁矿石等重要资源优势的地方，也无区位优势，更无交通优势，产业基础异常薄弱，土地贫瘠地形复杂，将这个地方的过去形容为穷乡僻壤一点不为过。就是这样一个极度贫穷的地方，当地干部群众不等、不要、不靠，在危机中寻求机遇，变劣势为优势，"穷山恶水"恰好就是吸引游客的奇山异水，吸引客源蜂拥而至，随着客源而来的是滚滚财源。武隆区的旅游业就这样从无到有、从小到大地发展起来，如今成为重庆市乃至整个武陵地区、全国旅游业发展的一面旗帜。武隆区充分发挥旅游业乘数效应大的优势，让旅游业带动并融合第一、第二、第三产业发展，盘活了整个县域经济。所以，武隆旅游是一项一业兴百业旺的产业。武隆县根据资源优势、顺势发展旅游观光与度假产业、运动休闲与养老养身产业，以特色效益农业为载体的乡村旅游产业、以度假产品为主体的旅游地产产业、以《印象武隆》为主体的旅游文化产业等。这些产业与其他产业一起共同构建武隆县域经济产业体系①。

---

① 陈保洪. 重庆武隆旅游 20 年三大启示［J］. 新经济，2014（31）：83－87.

（三）繁荣阶段（1997 年至今）

到 21 世纪，伴随政府职能转变，旅游业中"让市场来配置资源"的改革进一步深入[1]。伴随着全国大的旅游环境的宽松，全国的旅游业发展进入快车道，国家大力倡导居民出游，并且推出三个长假"黄金周"以利于民众有时间集中出游。

这一时期重庆武陵山片区各区县的旅游业全面大发展，呈现出蓬勃发展、欣欣向荣的局面。酉阳县大力打造以桃花源景区为核心的大桃花源旅游区，同时发掘摆手舞等民族文化旅游，打造以龚滩、龙潭为主体的系列古镇旅游。秀山打造以洪安边城为核心的大边城旅游区，包括凤凰山自然景区、川河盖草原等自然旅游产品，洪安古镇、石堤古镇、石耶古镇等古镇系列旅游产品，以及兰桥镇新华村、梅江镇民族村等苗、土村寨旅游产品等。黔江也大力发展旅游产业，除了继续做亮做好小南海景区之外，又开发出阿蓬江、武陵仙山、仰头山、灰千子梁、八面山、蒲花河、城市峡谷等系列喀斯特地貌为主的自然旅游产品。同时开发出以全国首批民族特色保护村寨后坝土家十三寨为代表的民族村寨旅游系列产品，包括桥梁村等，还开发出濯水古镇等古镇系列旅游产品。彭水县也铆足了劲大力发展旅游业，力争使旅游业在全县的 GDP 比重中大幅度提高，成为支柱产业甚至成为主导产业，也希望彭水的旅游产业在渝东南民族地区异军突起。2011 年彭水县举办了"重庆市第二届渝东南民族生态旅游文化节暨首届中国·彭水水上运动大赛"，希望通过举办旅游节会来提高旅游知名度和人气，重点推出 6 个五星级景点：乌江画廊、阿依河、摩围山、鞍子苗寨、郁山古镇、苗王寨[2]。丰都县提出建设"国际旅游文化名城"的口号和目标，继续围绕丰都鬼城和名山景区做足旅游文章，耗资 10 亿元在名山风景区修建一个集文化展示、商贸购物、观光旅游、休闲娱乐于一体的城市综合体。同时打造澜天湖、雪玉山等自然景区，以使丰都县的旅游再度崛起。

石柱县以黄水镇为核心的大黄水旅游景区的崛起成为重庆武陵山片区各区县在这一时期旅游业发展的标杆。笔者于 2016 年 8 月在黄水镇进行田野调查，与县扶贫办、黄水镇旅游办、黄水镇中学的领导，与游客、当地居民、旅店老板等进行了广泛、深入的交流，获取了大量关于旅游业的资料。据黄水镇旅游

---

① 唐晓云. 中国旅游发展政策的历史演进（1949—2013）——一个量化研究的视角 ［J］. 旅游学刊，2014，29（8）：15-27.

② 陶少华. 人类学视野下罗家坨苗寨旅游开发和实践研究 ［M］. 北京：线装书局，2010，4：213.

办主任介绍，该镇是 1998 年开始搞旅游开发，如今形成了以黄水镇为核心的大黄水旅游景区，涵盖周围几个乡镇和大风堡、千野草场等众多的知名景点。在 2016 年夏季的周末，日游客接待量最高超过 10 万人，是重庆知名度最高、游客最多的避暑休闲旅游景区之一。

三、重庆武陵山片区旅游业发展的典型案例——武隆区旅游

武隆区的旅游业发展是从无到有，从小到大，在没有资源、区位、政策、交通等相关经济发展的利好要素的条件下，凭着当地干部群众坚毅的拼搏精神和大胆的开拓精神，在一穷二白的贫瘠土地上，挖掘旅游资源，开发旅游产品，打造旅游业态，使旅游业成为全区的支柱产业和富民产业，使该区的旅游产业成为重庆市旅游业发展的成功典型，成为全国旅游业发展的"武隆现象"而独领风骚，特色凸显。武隆区的旅游业发展经历了以下几个主要阶段。

（一）起步期（1994～2002 年）：以芙蓉洞对外开放为标志

一是开发景点。1992 年，县委县政府组建旅游开发领导小组。1993 年 5 月，江口镇 5 位村民发现芙蓉洞。1994 年 5 月 1 日，芙蓉洞正式对外开放。到 2001 年，相继开发形成了由芙蓉洞、仙女山、天生三桥、龙水峡地缝五大精品景区。

二是体制改革。发展之初，由财政注资组建芙蓉江旅游开发公司经营芙蓉洞拉开序幕。随着市场的发展，资金"瓶颈"日益凸现。2001～2002 年期间，实施"所有权、开发权、经营权"三权分离的旅游经营管理体制改革，引进长松、汇邦两家民营企业，先后投入资金 4 亿元，芙蓉洞、天生三桥等成功创建"4A"级旅游景区，实现武隆旅游第一次上档升级。

初创阶段就是一个"摸着石头过河"的过程，将旅游当成一个产品来进行包装、打造，完成了从"涪陵的武隆"向"重庆的武隆"跨越。开启旅游从接待事业型向产业经济型的转变。

（二）成长期（2003～2009 年）：以成功"申遗"为标志

一是旅游基础设施和接待能力明显改善。渝珠酒店、长松酒店、华邦酒店、学府酒店等一大批星级酒店应运而生，旅游沿线的农家乐、家庭公寓蓬勃发展，极大缓解了床位供不应求的紧张局面，接待能力和接待质量大为提高。

渝怀铁路、渝湘高速相继通车，解决了武隆旅游大交通的可进入性问题，大大改善了武隆旅游的硬环境。

二是旅游品牌提升了档次。"武隆喀斯特"成功列入《世界遗产名录》，成为当时中国第6处、重庆唯一的世界自然遗产，同时，还获得了"国家森林旅游示范区、国家生态旅游示范区、国家级风景名胜区、国家级水利风景名胜区、国家地质公园、中国户外运动基地"等称号，大大提升了武隆旅游品牌档次。

三是文旅融合带动旅游大发展。开启文旅融合的探索，举办森林旅游节、露营音乐节，引进影视作品取景武隆等，为后来打造"印象·武隆"、引入《变4》等形成轰动效应打下基础；将体旅融合贯穿旅游发展，从2003年开始举办国际户外运动挑战赛，到2007年，升格为国家体育总局、国家广播电影电视总局和重庆市人民政府共同主办的常规赛事，并成功将其打造成为全球排名第一的国际户外运动A级赛事，同时，常年举办芙蓉江龙舟赛、环石桥湖自行车赛等户外运动赛事。各类赛事节庆活动让更多海内外游客知晓武隆、向往武隆、前来武隆。

四是政府主导发展，运行体制再升级。2007年申遗成功后，民营控股的旅游经营管理体制不能适应"世遗"保护与旅游支柱产业战略的需要，2008年前后，县财政出资组建"喀斯特旅游集团公司"，实施六大景区股权回购重组；成立遗管委，以市政府名义出台《重庆市武隆喀斯特世界自然遗产保护办法》、加强旅游资源保护和管理、促进旅游行业发展。

这一时期实施政府主导旅游发展战略，把旅游业作为全县的富民产业和主导产业，提出了打造全国生态旅游名县的战略目标，为成就全国旅游大县明确了方向、奠定了基础，完成了从"重庆的武隆"向"中国的武隆"跨越。

（三）加速期（2010年至今）：以成功创建国家5A级旅游景区为标志

一是旅游成为经济发展的主导产业。2010年，全年接待游客突破1 000万人次，成为全国旅游大县。2011年，成功创建"5A"，成为全国同时拥有"世界自然遗产"和"国家5A级旅游景区"的地区之一。2013年，接待旅游人次达到1 750万人次，旅游收入超过88亿元，以旅游为主导的服务业对全县经济增长贡献率达到55.2%。

二是旅游市场主体得到较快发展。先后吸引了隆鑫集团、重庆餐投集团等大企业参与武隆旅游开发。在建、建成四星级以上酒店 31 家，投入营运 16 家，如此密集的星级酒店群在全国旅游县中为数不多。农家乐和家庭公寓达到 1 425 家，避暑休闲农家达到 1 121 家。涉旅从业人员达到 7 万人，占全县社会从业人员的 29.3%；涉旅农户 3 万户，占全县农户总数的 33.7%。

三是旅游业态不断丰富。与张艺谋、王潮歌、樊跃组成的"铁三角"导演组合作成功打造了"印象·武隆"，游客有了留下来的理由。建成的夜宴仙女山、七色天街、雪岭仙女西班牙风情街、仙山流云桂花路酒吧街、夏吕富雅云端等一批商业街正式营业。仙女山室内滑雪场、国际射击会馆等项目加快推进，引进中体集团、海南锦鸿、上海景乐、北京麒麟等知名企业，建设国际户外运动营地、懒坝 LAB、石院天坑民俗村寨、星际未来城。芙蓉湖、白马山等景区开发的前期预热等，满足各类游客群体休闲需求的丰富旅游类型正逐步完善。

四是基础配套得到不断完善。水陆空的立体交通网络正加快建设，仙女山机场、渝怀复线、武隆港口、渝湘高速武隆西出口等项目正加快推进。旅游配套设施逐步完善，停车场、接待中心等适应旅游红火态势，常年开展旅游环境综合整治行动，不断提高旅游服务管理水平。

当前，旅游正加速推进武隆"全市特色经济强县、全国生态县和国际旅游目的地"建设，实现全面小康社会的目标，完成从"中国的武隆"向"世界的武隆"跨越①。

武隆区是重庆武陵山片区旅游业发展的亮点和标杆，得到了上级主管部门、同行业、旅游者、当地民众等各方的肯定和赞扬，武隆旅游业取得了巨大的成就。据武隆政府部门 2016 年年底的统计数据显示，5 年来武隆接待游客总量达 1 亿人次，年均增长 13.7%；累计实现综合收入 257 亿元，年均增长 14.8%。在知名度、美誉度与日俱增的同时，武隆大力推进旅游商贸融合发展，现已建成仙女天街、夜宴仙女山等 6 条商业街市，新增星级酒店 12 家，新增旅游商户 2 400 余家，新增就业人口 1 万人以上。

---

① 华龙网. 武隆旅游发展 20 年的经验及启示［EB/OL］. http://cq. cqnews. net/cqqx/html/2014-12/16/content_ 32923039. htm，2017-9-17.

第三章　重庆武陵山片区旅游扶贫现状分析

新中国成立后，我国的扶贫事业一直在以不同的方式开展，产业扶贫是扶贫的重要方式之一，旅游扶贫是产业扶贫的一种方式。从我国旅游业发展的历程可以看出，旅游产业在改革开放之后才逐步发展、成长起来，由此可知，我国的旅游扶贫是在改革开放以后才进入正轨。对于重庆武陵山片区的旅游扶贫工作，本研究在下面首先将就扶贫工作及旅游扶贫工作作纵向梳理，以从宏观到微观的思路，由现状到问题的逻辑，进行全面论证、研究。

第一节　重庆武陵山片区扶贫工作及旅游扶贫历程

重庆市的扶贫工作也包含了旅游扶贫，但为了突出本研究的旅游扶贫工作重点，本书将重庆武陵山片区的旅游扶贫研究单列为一个部分。重庆武陵山片区的扶贫工作从新中国成立后至今一直在开展，而旅游扶贫是在改革开放以后才陆续开展起来的。

一、重庆武陵山片区扶贫工作发展历程

重庆武陵山片区在1997年重庆直辖前隶属于四川省时，曾先后归属于涪陵地区、黔江地区管辖，是当时典型的老、少、边、穷地区。与原四川省的甘孜、阿坝、凉山、万县、达县等几个地区同属四川省最为贫穷、偏远的地区，是四川省乃至全国的重点扶贫地区，为此国家给予了大量的政策、资金、物资、人力等对重庆武陵山片区的扶贫开发工作进行鼎力支持，同时也大大地改善了这一区域的基础设施和生产、生活环境。提升了区域的整体经济实力和发展水平，促进了区域的积极发展，促进了贫困群众的脱贫致富。

重庆市直辖以后，重庆武陵山片区各个区县分别由重庆市直接管辖，扶贫工作进入一个快速发展阶段。1997 年是重庆直辖市成立的第 1 年，重庆扶贫攻坚工作在市委、市政府的领导下，以邓小平理论为指导，坚持"富民为本，城乡一体，共同繁荣"的指导思想，紧紧围绕贯彻落实中央和全市扶贫开发工作会议精神，按照市委、市政府扶贫攻坚工作的总体部署，以 1997 年 5 个越温达标县为突破口，全面推动全市扶贫攻坚工作，开创了直辖市第 1 年扶贫开发工作新局面：组织起草《重庆市"五三六"扶贫攻坚计划》，明确奋斗目标；理顺扶贫资金管理体制，确保扶贫工作"四到省"的要求落到实处；落实扶贫项目，探索扶贫项目管理的路子；以当年度越温达标县为工作重点，狠抓扶贫措施的落实；组织对口扶贫集团，选派干部参与扶贫工作；加大扶贫攻坚宣传力度，大兴科技扶贫；坚持高标准、严要求，组织越温达标验收①。1998 年，重庆市扶贫开发工作在市委、市政府的正确领导下，在国务院扶贫开发办公室的指导下，紧紧围绕《重庆市五三六扶贫攻坚计划》充分发挥部门职能作用，完成了年初制定的年度目标任务。这一年采取的扶贫政策具体包括：贯彻以富民为本的方针，积极做好全市扶贫开发的组织和指导工作；进行调查研究，切实解决扶贫攻坚工作中的突出问题；瞄准扶贫攻坚主战场，坚持开发式扶贫方针；开展小额信贷试点，探索扶贫到户经验；加强项目资金管理，提高扶贫资金使用效率；继续组织社会扶贫，凝聚各方力量扶贫济困齐攻坚；切实做好扶贫培训工作，不断提高贫困地区干部群众致富本领；坚持高标准、严要求，组织越温达标验收②。这些全新的举措推动重庆市的扶贫攻坚事业站在一个全新的起点，采用一些全新的理念和措施，取得了新的进步和成绩。这些面向整个重庆市区域范围的扶贫政策，都惠及了重庆武陵山片区各区县的贫困群众，促进了贫困群众的脱贫致富和贫困地区的发展繁荣。

随后，在重庆市近 20 年的扶贫开发工作中，重庆武陵山片区的扶贫工作取得了一些成绩，也存在一些问题。直辖以来，重庆扶贫开发工作取得了突出的成效，贫困地区已进入发展最快、最好的历史时期。但是与非贫困地区相比，发展差距仍然较大③。尤其是 2015 年，新时期重庆武陵山片区各区县按照中央的指示和要求，大力实施精准扶贫、精准脱贫战略，该区域的绝大多数群众和地区都已经实现脱贫，并且走上可持续发展的致富道路。精准扶贫工作开

---

① 李维舟．重庆'97 扶贫攻坚记事 [J]．农村经济，1998（3）：19－20.
② 李维舟．重庆'97 扶贫攻坚记事 [J]．农村经济，1999（4）：18－19.
③ 田代贵，王定祥．发展中贫困困局的成因与破解对策——来自新阶段重庆扶贫开发的调查与分析 [J]．西部论坛，2014，24（6）：81－89.

展 2 年多来，黔江区、秀山县、武隆区、丰都县已经实现脱贫摘帽，而酉阳县、彭水县、石柱县将会在不久的将来逐步实现脱贫摘帽。

二、重庆武陵山片区旅游扶贫工作发展历程

旅游扶贫的概念于 1991 年被首次提出。学界迄今对此概念尚未取得共识，但学者们对此概念有如下共同点：一是旅游扶贫的开展需要一定的前提条件，一般是在具备一定的旅游发展条件和基础的贫困地区（或欠发达地区）实施；二是旅游扶贫是区别于以往扶贫方式的一种"造血式"扶贫；三是旅游扶贫离不开旅游发展这一前提条件；四是扶贫是旅游扶贫的本质所在，发展旅游业是旅游扶贫的途径和手段；五是旅游扶贫的目标是通过发展旅游业实现贫困人口脱贫致富[①]。

2012 年，重庆市扶贫办印发了《乡村旅游扶贫产业项目实施意见（试行）》（以下简称《意见》），该《意见》的主要旅游扶贫产业发展目标是：围绕武陵山区和秦巴山区连片开发，按照"一区（县）一片区"集中打造乡村旅游扶贫产业的总体布局，通过 3~5 年的时间，18 个区县，每个区县建成一个乡村旅游扶贫示范片区，发展乡村旅游扶贫示范户 10 万户、床位 100 万张，带动 30 万户农户从事配套产业，形成渝东南和渝东北乡村旅游扶贫产业带。引领扶贫产业向第三产业转型，增强可持续发展能力。同时围绕乡村旅游扶贫，建成一批优势扶贫特色产业示范园。《意见》同时制定了"乡村旅游扶贫产业项目建设管理基本标准"。由此可知，重庆武陵山片区所在的 7 个区县是重庆市两大主要的旅游扶贫主阵地之一，主要的旅游扶贫示范性景区、景点是黔江区的后坝、彭水县的摩围山、石柱县的黄水、武隆区的仙女山等。2013 年，重庆市公布实施了《重庆市乡村旅游扶贫发展规划》，确立了重庆市乡村旅游扶贫工作的主要目标是实现贫困农民增收和发展贫困地区经济，将秦巴山和武陵山两个贫困区域确立为乡村旅游扶贫工作重点区域。

而本书的研究课题组荣幸地邀请到了重庆市旅游扶贫的具体发起者、参与者和执行者，就重庆市的旅游扶贫工作进行交流探讨。2017 年 3 月 31 日，在长江师范学院武陵山区特色资源开发与利用研究中心召开了第八期武陵学术沙龙。此次沙龙邀请到了重庆市扶贫办综合处的主要领导，他认为消费升级是农村发展面临的四个方面的机遇之一，消费升级就是休闲消费、健康消费等方面

① 邓小海. 旅游精准扶贫理论与实践［M］. 北京：知识产权出版社，2016：33.

的消费逐渐替代人们对生存发展所需要的消费。由此，农村就面临着乡村旅游的机遇，农村旅游相应的大量兴起。他介绍，他以前在重庆市扶贫办产业处工作和担任领导，在全国是第一个率先开展旅游扶贫工作的，包括涪陵区的大木乡、城口县东安村等地，都取得比较好的发展效果。例如，城口县的东安村离县城 80 公里，当时当地的扶贫办主任反对在该村搞旅游扶贫。但在该村搞扶贫，关键是发展潜力和发展要素。当时，该村缺水、缺电，后来这个村的旅游扶贫做得非常好。当时重庆市扶贫办在全市做好了 3～5 个旅游扶贫点。他在当产业处处长的 6 年，第一个推的就是乡村旅游，针对重庆的情况，推的是 800 米以上高山的乡村旅游，他们做到了全国最先、做到了全国最好。他认为在担任产业处处长最好的一个案例是城口的东安村，因为它地处偏远，城口是重庆最远的一个县而东安村离县城有 80 公里。他在当时提出这个概念的时候，几乎所有扶贫办的人都反对。他说距离、环境的问题都不是根本问题，最根本的是有没有发展的潜力和要素。在城口东安发展旅游扶贫时也出现一些问题，比如当时水不够；电的供应也存在问题，下雨、吹风等都可能造成断电；没有车，当时贫困村根本没有汽车，扶贫办用自己的车将旅客载过去。这反映了旅游扶贫非常旺盛的生命力。由此，扶贫办就真正将旅游扶贫当做一个事业来做，短短 3～5 年，他们就做了好几个地方。包括涪陵大木等一些地方就是在那时发展起来的。

自从 2010 年重庆市扶贫办开展旅游扶贫工作 3 年以来，在秦巴山区和武陵山区共安排与整合旅游扶贫专项资金 12 亿元，在重庆市 20 个区县的 177 个贫困村实施避暑休闲乡村旅游扶贫。此外，围绕避暑休闲产业的发展，贫困村正建立以乡村旅游为龙头、以市场为导向、以效益为核心的现代产业体系。目前，已有 40 多家企业与贫困村签下联合开发协议，总投资达 20 多亿元①。重庆市的旅游扶贫总体上在全国最先起步，取得很好的经验，获得了经济效益、社会效益和生态效益的全面大丰收。重庆市的旅游扶贫工作也得到了各级管理部门的肯定和赞扬，旅游扶贫收益户也十分满意，这也引起了学界的高度关注，相关的学术研究成果不断涌现。

研究者对重庆的旅游扶贫历程及相关成果进行提炼、总结。其中的经验之一是通过景区帮扶助力贫困户脱贫致富。在 2010 年，重庆市政府启动了武隆仙女山、石柱大黄水、彭水摩围山、黔江后坝等旅游示范片区，充分发挥旅游景区的带动和辐射作用，开展百万市民到渝东南避暑纳凉、乡村旅游扶贫避暑

---

① 重庆 3 年投入 12 亿元实施乡村旅游扶贫［J］. 南方农业，2017（7）：49.

休闲节等活动，在全市掀起了旅游扶贫避暑休闲的热潮。3 年来，在贫困地区新发展乡村农家乐和旅游接待户 1 万余户，接待游客 580 余万人次，接待农户户均收入 2 万元，实现了开发旅游资源、保护生态环境、促进贫困地区脱贫致富的多赢局面。同时重庆市政府实施扶贫移民搬迁重点向旅游景区转移，支持每个区县景区周边建设 2 ~ 3 个扶贫移民新村，让搬迁农户参与旅游产业。从2013 年开始，将按照财政扶贫资金总量的 10% 安排扶贫培训资金，把资助贫困家庭子女就读中职、高职的旅游专业作为重要内容。同时，结合旅游景区管理，进村入户开展点对点的实用技术培训，提高从业者的素质①。

第二节　重庆武陵山片区旅游扶贫现状调查

本书将会从现状和经验等四个方面对重庆武陵山片区的旅游扶贫工作现状作全面描述。为后续的微观分析和准确定位问题做好铺垫，使所提出的问题更加客观，所给出的对策更加具有可操作性。

一、重庆武陵山片区旅游扶贫举措与成效

重庆武陵山片区的各个区县采取了一系列积极的旅游业发展举措应对扶贫脱贫工作，总体上仍然采用了政府主导的旅游扶贫脱贫的工作思路和方法，集中各种政策、资金等要素开展旅游扶贫工作。

（一）各级政府对待旅游扶贫工作高度重视、精心谋划

重庆武陵山片区各级地方政府把旅游扶贫作为产业扶贫的重要方式之一，予以高度重视，并且给予旅游扶贫长远、精细地谋划，使旅游业与扶贫工作很好地衔接，力争做到相互交融、相互促进，以取得实际的、可持续的效果。石柱县和酉阳县在这方面探索出行之有效的举措。

石柱县在旅游扶贫工作中强化保障措施，要求加强领导，落实责任。要求各乡镇要高度重视乡村旅游扶贫工作，加强对驻村工作队的考核，明确责任、一对一跟踪指导乡村旅游接待户，确保发展一个户，带动一个贫困户，脱贫一

---

① 黄蓁. 重庆渝东南地区乡村旅游扶贫对策研究［J］. 重庆第二师范学院学报，2014，27（6）：52－54.

个户，把此项工作抓牢抓实。石柱县是重庆武陵山片区最早实施旅游扶贫的区县之一，拥有大黄水等重庆市重点旅游扶贫示范区，其旅游扶贫取得巨大成绩的原因之一是当地各级政府高度重视旅游扶贫，旅游扶贫工作思路清晰，措施得当。石柱县在旅游扶贫工作中坚持以国家七部委《关于实施乡村旅游富民工程推进旅游扶贫工作的通知》和《石柱土家族自治县乡村旅游发展总体规划》为指导，以贫困户增收为目标，以创新贫困户带动机制为突破口，按照"一区、两线、三点、十品牌"布局，把乡村旅游产业培育成为贫困农户增收的特色新兴优势产业。

西阳县毛坝村在发展乡村扶贫旅游过程中实行统一规划，确保乡村旅游有序开展。规划出生产力，规划出效率。如毛坝乡毛坝村发展乡村旅游之初，对旅游接待户实行统一房屋风貌、统一接待硬件设施。规划统一既扫灭了市场恶性竞争，也唤醒了蠢蠢欲动的小村庄，同时确保乡村旅游有序开展。

（二）围绕扶贫工作布局旅游产业发展

重庆武陵山片区各地积极实施"旅游扶贫"战略，重点抓好民俗、生态、乡村旅游助推扶贫攻坚，紧紧围绕扶贫工作布局旅游产业，把旅游业作为产业扶贫的重要方式之一。如西阳县以桃花源国家5A级景区为龙头，将全县23个重点旅游乡镇、80多个贫困村纳入"大桃花源景区"范畴进行统一规划，精心选择创建示范点，建立乡村旅游资源库，精选一批基础条件好，资源发展潜力大的乡镇、村作为乡村旅游特色产业发展乡镇。重点发展木叶村、河湾村、大泉村、马鞍城村、桃坡村、红庄村、石泉苗寨、苍蒲村等为重点的高山避暑纳凉及乡村生态休闲旅游，引导贫困群众通过开办农家乐、参与农特旅游产品生产销售、从事游客服务等方式多渠道分享"旅游红利"。

彭水县在2015年的扶贫开发工作中大力发展乡村旅游，实施旅游产业扶贫攻坚行动。按照"两线三点"发展布局，依托阿依河、摩围山、乌江画廊等大旅游景区，着力发展以"休闲纳凉""生态观光""民族风情"为主题，以"养身、养老、养心"为特色的乡村生态民俗旅游。巩固发展鞍子苗寨、靛水街道野鹅池、润溪乡菖蒲塘、善感乡周家寨等乡村旅游景点，新发展平安镇等乡村旅游点，带动贫困户依托乡村旅游实现增收致富。

（三）积极发展乡村旅游扶贫

乡村旅游，是指在乡村地区，以具有乡村性的自然和人文客体为旅游吸引物的旅游活动①。旅游扶贫就是通过对贫困地区丰富的旅游资源的开发，大力发展旅游业，借助旅游业拉动地方经济增长，实现贫困地区经济的发展及其贫困人口收入的增加，从而实现脱贫致富②。重庆武陵山片区的地域范围基本上是乡村，各个区县积极利用乡村的各种现存的和潜在的旅游资源，发展乡村旅游产业和开展乡村旅游扶贫工作。

如秀山县大力实施乡村旅游扶贫工程。大力培育乡村旅游扶贫产业，以县城十里花灯景区、洪安边城和川河盖等重点景区为龙头，以清溪龙凤花海、大溪西水、钟灵湖等景区为载体，项目带动周边贫困农户增收，引导贫困群众在景区就地转移务工。加大乡村旅游人才培训力度，优先解决贫困群众就业问题。依托古镇、民族村寨、古村落、山、水、湖、洞等人文自然旅游资源，以乡村旅游示范点、农庄、农家乐、乡村旅游接待户建设为抓手，鼓励和支持贫困户参与乡村旅游创业，加大政策、资金的支持力度，提升自主发展能力。积极推进石耶镇鱼梁村、清溪场镇大寨村、洪安镇新田沟村等15个全国乡村旅游扶贫重点村建设。科学编制乡村旅游发展规划，精心包装乡村旅游项目，大力发展高山避暑、戏水纳凉、洞中探奇、野外拓展、农事采摘、民俗体验、温泉养生等乡村旅游产品，探索将扶贫资金入股投资到乡村旅游优质项目，采取"参股入社、配股到户、按股分红、脱贫转股"的方式，确保贫困群众获得稳定的配股分红收益，实现持续稳定增收。创新乡村旅游营销模式，加强乡村旅游节庆活动指导。重点办好洪安边城龙舟文化节、清溪油菜花文化旅游节、钟灵茶文化旅游节、川河盖映山红文化旅游节、梅江苗王节、大溪水上活动等乡村旅游节会，全力开拓乡村旅游市场，进一步加大乡村民俗旅游品牌建设力度。

（四）发展生态旅游扶贫

生态旅游扶贫是指在生态资源丰富的贫困地区，本着生态资源可持续发展的原则，通过生态旅游的开发模式着手解决当地的贫困问题，达到经济效益、生态效益和社会效益的最大化③。重庆武陵山片区生态环境优良，生态旅游资源丰富多样，生态旅游开发具有相当的基础和广阔的市场前景。如酉阳县的桃花源景区、秀山县的凤凰山景区和川河盖草原、黔江区的阿蓬江景区、彭水县

---

① 何景明，李立华. 关于"乡村旅游"概念的探讨 [J]. 西南师范大学学报（人文社会科学版），2002，28（5）：125-128.

② 张遵东，章立峰. 贵州民族地区乡村旅游扶贫对农民收入的影响研究——以雷山县西江苗寨为例 [J]. 贵州民族研究，2011，32（6）：66-71.

③ 王军军. 漓江流域生态旅游扶贫开发研究 [D]. 广西师范大学硕士学位论文，2008.

的乌江画廊景区、石柱县的黄水景区、武隆区的仙女山景区、丰都县的龙河景区等，都是开发比较成熟的生态旅游景区。重庆武陵山片区的生态旅游资源富集区往往与贫困地区重叠，这为该区域开展生态旅游扶贫提供了优越的条件。

西阳县着力抓好生态旅游扶贫工作。该县将全县重点旅游乡镇和有条件的贫困村纳入"大桃花源景区"范畴进行统一规划，打造乡村旅游景区景点，引导贫困群众通过开办农家乐、参与农特旅游产品生产销售、从事乡村旅游服务的方式多渠道分享"旅游红利"。2016 年，全县 12 个乡村旅游景区景点共接待游客 85 万人次，实现旅游综合收入 2.5 亿元。

彭水县在生态旅游扶贫方面的举措是，着力以旅游产业化促就业，大力发展民族文化生态旅游业和乡村旅游，因地制宜发展高山生态旅游产业，把民族、生态、文化特征转化为旅游产业优势，通过旅游产业带动区域经济发展、创造更多的创业、就业机会。

秀山县实施"狠抓产业扶贫，促进稳定增收"的产业扶贫举措，坚持"宜工则工、宜农则农、宜林则林、宜游则游"，因地制宜加大扶贫产业培育力度，采取短中长梯次组合、租薪股保底分红等利益联结方式，确保贫困对象持续增收。该县依托旅游资源，大力培育乡村旅游扶贫产业，建成高山生态避暑纳凉和农业观光体验示范点 30 个，乡村旅游接待户 444 家。

（五）贫困户通过发展乡村旅游实现大幅度增收

重庆武陵山片区各地十分注重旅游扶贫的实效性，众多的贫困户在旅游业发展的过程中取得了明显的经济效益，实现了以旅游为手段的扶贫、脱贫目标。如西阳县在 2015 年建成 12 个乡镇（街道）乡村旅游景区、景点，年接待游客 85 万人次，其中 2 180 户贫困户发展乡村旅游，实现户均增收 3 万元。按照人均 2 736 元年收入的脱贫线标准，一般家庭的人口数都在 10 人以下，故上述家庭均可以实现脱贫目标。

笔者于 2017 年 8 月 15～18 日，对石柱县黄水镇旅游景区进行了田野调查，对游客、村社干部和群众、旅店老板、管理部门的领导与员工进行了半结构式访谈，获悉乡村旅游专业合作社的模式能够帮助贫困户增收脱贫。镇旅游发展办公室主任说，黄水镇给附近农村的贫困户补贴资金，让他们搬迁到镇上修建房屋，按照旅游接待住宿、餐饮的标准修建，一楼用以开餐馆和商店，二楼及以上用以旅游住宿接待。由政府出面，组织镇上 100 多家旅游接待户，统一成立"黄水人家"乡村旅游专业合作社，由一个理事会专门管理，统一牌子，只办一个证。这个证是经过重庆市上同意以后在重庆市上办理，属于特事特办，这在全市乃至全国也是第一家。每户参与"黄水人家"乡村旅游专业合作社的农户需要缴纳一定的管理费用。如在 2015 年，"黄水人家"乡村旅游专业合作社健康运行，黄水人家规模得到提升。目前，社员达到 98 家，接待床位 1 755 个，餐桌 258 张，可同时接纳 2 580 人就餐，全年接待游客 3.5 万多人次，浆洗部运行较好，全年共收入 6.3 万余元；总收入达 1 059.3 万元，户均年收入达 10.7 万元；健全了各类管理制度，规范了财务运行方式，建立了对外门户网站，实现了游客在网上查询；社员管理到位，与社员签订了诚信经营优质服务和加强做好宾馆餐饮承诺书，社员能够按要求如实上报各类资料和旅客住宿身份证上传登记，市场影响力显著增强，受到中央电视台《远方的家》栏目、重庆卫视《新闻联播》栏目、《重庆日报》《中国旅游报》等媒体的广泛报道。

（六）基础设施大提升，人居环境大改善

旅游基础设施是为了适应旅游者在旅游中的需要而修建的各种设施的总称。旅游基础设施的修建伴随着旅游业的发展而日趋完善，而各种旅游设施的增加无疑会推动旅游业进一步发展。发展扶贫旅游就要进行大规模的基础设施改建和新建，包括公共基础设施大量新建以兼顾其旅游功能，同时新建诸多的旅游专用硬件设施。这些旅游专用设施和基础设施在服务扶贫旅游业的同时，也大大改善了旅游目的地社区的基础设施环境和条件，为当地居民的出行、日常生产生活带来极大的便利，促进了当地的经济、社会、文化全面快速发展，使旅游目的地的村寨风貌大为改观，人居环境的品质大为改善。

武隆区是本片区乃至重庆市、全国旅游业发展和旅游扶贫发展的先进典型。武隆区正在打造全域旅游，而且它也是一个贫困县。全域旅游指各行业积极融入其中，各部门齐抓共管，全城居民共同参与，充分利用目的地全部的吸引物要素，为前来旅游的游客提供全过程、全时空的体验产品，从而全面地满足游客的全方位体验需求①。故该区的基础设施建设某种程度上都直接或间接服务于旅游扶贫事业。该区投入大量资金用以改善基础设施条件和人居环境。如该区在 2015 年按照全县"1＋9"工作方案及"十大"扶贫攻坚工程建设的统一部署和总体要求，就 75 个贫困村扶贫攻坚项目建设资金分配制定如下方案：扶贫攻坚项目总体规划是，全县 75 个贫困村共计规划实施扶贫攻坚项目

---

① 厉新建，张凌云，崔莉. 全域旅游：建设世界一流旅游目的地的理念创新——以北京为例 [J]. 人文地理，2013，131（3）：130-134.

1 762个，项目建设投资合计106 800.85万元。其中：财政专项扶贫资金新增资金14 079万元，存量资金2 651万元；行业部门整合资金新增量资金50 286.6万元，存量资金20 963.25万元；大配套分割资金18 821万元。

主要规划项目及对应投资明细如下：第一，交通道路项目。规划建设交通道路项目364个、1664.5公里，项目建设投资概算51 206.05万元。其中：财政专项扶贫资金新增量资金7 255.15万元，存量资金2 250万元；行业部门整合资金新增量资金13 608.8万元，存量资金9 271.1万元；大配套分割资金18 821万元。第二，饮水安全项目。规划建设项目776个。其中：人饮水池710口、111 303立方米；安装引水管道14 659.18公里。项目建设投资概算5 970.13万元。其中：财政专项扶贫资金新增量资金2 651.86万元，存量资金15万元；行业部门整合资金新增量资金2 179.28万元，存量资金1 123.99万元。第三，村级组织项目。规划建设便民服务中心项目69个、330间，面积21 921.8平方米。项目投资概算3 185.4万元，其中财政专项扶贫资金新增量资金3 075.4万元、存量资金110万元。第四，人行便道项目。规划建设便道项目106个、635公里，项目建设投资概算2 259.6万元，其中行业部门整合资金新增量资金1 415.6万元、存量资金844万元。第五，危房改造项目。规划实施C、D级危旧房改造项目75个，涉及农户2 580户、13 488人，其中重建716户、3 088人，改造1 864户、10 400人。项目建设概算投资3 808.8万元，其中行业部门整合资金新增量资金2 901.6万元、存量资金907.2万元。第六，农村电网项目。规划建设项目75个，项目建设投资概算4 290万元，全部由行业部门整合资金和增量资金投入。第七，土地整治项目。规划建设项目17个、59 254亩，项目建设投资概算5 398万元，其中行业部门整合资金新增量资金3 434万元、存量资金1 964万元。第八，村级组织项目。规划建设便民服务中心项目69个、330间，面积21 921.8平方米。项目投资概算3 185.4万元，其中财政专项扶贫资金新增量资金3 075.4万元、存量资金110万元。第九，人行便道项目。规划建设便道项目106个、635公里，项目建设投资概算2 259.6万元，其中行业部门整合资金新增量资金1 415.6万元、存量资金844万元。第十，农村电网项目。规划建设项目75个，项目建设投资概算4 290万元，全部由行业部门整合资金和增量资金投入。第十一，土地整治项目。规划建设项目17个、59 254亩，项目建设投资概算5 398万元，其中行业部门整合资金新增量资金3 434万元、存量资金1 964万元[①]。

---

① 中共武隆县委办公室武隆县人民政府办公室关于印发75个贫困村扶贫攻坚项目建设资金分配方案的通知（2015）。

（七）农村文化和精神文明建设提档升级

重庆武陵山片区的旅游扶贫更多地关注旅游产业给贫困群众及贫困地区带来的经济收益，在进行贫困地区的旅游环境整治过程中，政府也会使村容更加整洁，村貌更加漂亮。同时，吸收部分包括贫困群众在内的当地社区居民参与旅游文化展演。这些活动的开展，将会直接或间接地推动贫困地区和贫困人口的文化建设，大大有利于贫困地区及贫困群众的文化素质和精神文明水平的提升。

旅游扶贫助推乡村文化的复兴、发展。武隆区作为该区域首屈一指的旅游发展大区和强区，其文旅结合发展的举措和经验颇具特色，值得借鉴和吸取。该区在 2015 年印发 75 个贫困村扶贫攻坚项目建设资金分配方案时，逐项落实部门责任。其中，互联网络和文化室、农家书屋、文化中心户、乡村特色文化挖掘及传承保护项目由县文化委负责。该区在依靠自然生态旅游起家，并且取得了如今的辉煌业绩，如今各界认识到文化是旅游景区的灵魂，旅游景区是旅游文化的载体，二者相互交融发展具有的重要意义。实施文旅融合发展的战略，这有助于该区范围内的地域文化和民族文化的传承、保护、复兴、创新和发展。武隆区位于武陵地区西北乌江沿岸地区，生态优良，其颇具传统文化特色的众多生态食品，如三河口花酒、牛肉干、羊角老醋、羊角豆腐干、土坎晶丝苕粉、干笋、仙女山大脚菌、老腊肉、厥粑、鸭江老咸菜、蕨精粉等，在市场经济大潮下不但没有衰落，反而更加兴盛，形成了庞大的产业群，成为海内外前来武隆旅游的游客喜爱的美食，而且成为畅销的旅游商品，每年为当地带来可观的经济收入，也为贫困农户带来扶贫收入。同时，也使地域特色鲜明的传统饮食文化得以传承、发展。

秀山县通过旅游等多产业扶贫，间接助力贫困群众精神风貌有效改观。群众通过参与旅游文化表演等形式多样的文化活动，文化生活不断丰富，贫困群众内生动力不断增强，农村乡风文明建设不断深化，"大操大办"治理成果持续巩固。为配合旅游多地区的综合环境治理，农村环境卫生整治深入开展，构建了"户分类、村收集、镇转运、县处理"的生活垃圾处置体系，农村生活垃圾实现"日日清"，村容村貌干净整洁。同时，为了给旅游扶贫等相关扶贫工作提供强有力的组织保障和有才干的基层领导，全县村（社区）换届工作已全面完成，绝大部分参与脱贫攻坚全过程的干部继续留任，村级班子进一步配齐配强，为巩固脱贫攻坚成果打下了坚实基础。

通过旅游扶贫事业的发展，该区域贫困群众的文化水平大为提升，思想观念大为转变。通过旅游扶贫，贫困群众与更多旅游扶贫的参与者和游客进行接触，直接或间接地学习了许多经营管理、接待礼仪、文化表演等方面的知识，提升了群众的文化素质。在旅游扶贫过程中，群众的思想观念发生了极大的转变。传统的"夜郎国"的自大言行即是指武陵地区西北部人们的保守、封闭的文化传统和思想观念。甚至现在彭水县等地的专家学者都在考证，古代的"夜郎国"是否是指彭水的郁山镇等黔中文化地区。总之，自古以来，重庆武陵山片区的地形、区域和环境等因素，制约了人们的出行和对外交流，从而造就了区域的保守、封闭的思想观念。旅游扶贫开发给该区域的民众提供了一个与区域以外乃至国外的人员、游客直接、深入交流的机会，区域的群众变得更加的开放、开朗、开阔、开心，而思想观念也变得更加积极向上，群众变得更加的自立、自强、自信，比经济上获得的收益意义更大，而且能够从思想根源上铲除穷根，更加有利于扶贫工作的开展和扶贫效用的实现。

二、重庆武陵山片区旅游扶贫经验

重庆武陵山片区的各个地方在旅游扶贫中涌现出许多好的做法，取得了极佳的效果，有诸多经验值得提炼总结，而且颇具推广应用价值。

（一）"产"村（镇）融合，同步推进

重庆武陵山片区的部分地区在旅游扶贫工作中，创造性地将旅游扶贫产业发展与村或镇整体规划建设、公共基础设施建设、公共服务建设融合为一体，同步推进，为旅游扶贫工作夯实基础，创造比较宽松优良的环境，有利于旅游扶贫工作更加高效地推进。

例如，毛坝村是一个景色宜人的夏季避暑休闲旅游胜地。该村是一个土家族山地村寨，是毛坝乡政府所在地，位于酉阳县城北38公里处，村委会所在的群贤居则位于场镇东北2公里处的省道210公路旁。毛坝村发展避暑休闲旅游之初，政府即对旅游接待户实行统一规划房屋风貌和其他旅游接待硬件设施。毛坝村避暑休闲旅游接待设施的核心位于老君山麓的小盆地。代表性建筑即群贤居避暑山庄为10余栋4层小洋楼整齐划一地一字排开，位于老君山山麓；小盆地其余三面为青砖黑瓦的2~3层砖混楼房，房前为环形联户公路，公路外侧为绿化带；绿化带下面即小盆地的底部为综合文体广场，在老君山一

侧有太上老君的石雕像，雕像左侧为绿化小庭院，右侧为垂钓中心。晚上播放音乐，游客在广场上跳坝坝舞。毛坝乡以及毛坝村以"清凉毛坝、避暑天堂"为主题，以推进小城镇规范化建设和旅游新村建设为中心，以争创"3A"级景区为突破口，全力开展乡村旅游扶贫工作，最终建成旅游扶贫特色生态文明示范乡和示范村。

（二）"扶贫旅游＋"产业发展战略

重庆武陵山片区各地在旅游扶贫的实践中，创造性地借鉴"旅游＋"战略的发展思路，"扶贫旅游＋"将突破传统旅游业发展的各项要素束缚，将旅游扶贫融合农业、畜牧业、林业等其他产业发展，进行多元创新创造，对该地区的传统旅游业进行升级改造，同时扶贫旅游业也将渗透到各个产业之中。这一经验成果是强力践行产业融合方略得出的，为扶贫旅游提供了更多的发展机会，把扶贫旅游的最新成果融入其他产业，也将提升其他产业的创造力和活力。

如酉阳县毛坝乡、毛坝村将扶贫旅游业与传统农业、畜牧业、药材种植、水利水电等融合发展，取得很好的发展效果。毛坝乡暨毛坝村正在全力打造乡村旅游"一圈五带、三区一体"发展布局。"一圈"：紧紧围绕群贤居至集镇核心产业圈，进一步加快群贤居至场镇一线农家乐建设，扩大接待容量，完善基础设施，提升接待档次，满足不同层次客人的需求，形成"低端游客有市场，中端游客有空间，高端游客有竞争"的接待布局，力争接待床位达2500张；同时，加快推进群贤居生态步行街、水电配套、游客接待中心建设，快速推进集镇至群贤居一体化建设，抓好集镇街道绿化、庭院美化、民居靓化，实现集镇扩容增量。目前，该乡已掀起集镇至群贤居建设高潮，预计1年时间，将建成集镇至群贤居1平方公里新集镇。

"五带"，就是万亩有机蔬菜观光体验带：沿酉牡公路配套完善农田堰渠道路等基础设施，打造万亩有机高山蔬菜核心基地，把菜园观光科技示范、蔬菜采摘、绿色食品品尝等串成一线，使游客在观光体验中感受圆梁山农耕文化的厚重。有机地把赏、吃、娱、购、游统一在一起，基本形成观光体验、休闲旅游的生态观光农业产业化格局。后河休闲产业带：结合后河险、峻、奇、幽的自然风光，着力构建"一廊一线"发展格局。以自然景观为立足点，打造后河沿岸生态景观、猎奇探幽、绝壁攀岩等户外休闲体验景观长廊；以马力光（小地名）土家寨为节点，打造农副产品生产加工产业线，将后河流域建成知名的生态经济核心产业带。细沙河文化创意产业带。依托细沙河电站库区，完善细沙河流域基础设施，将土苗文化和温情细沙有机结合，打造集漂流、垂钓、水上观光、户外写生为一体的水上娱乐中心，建成自然与人文并举，娱乐与文化并重的细沙文化创意产业带。龙家中药材畜牧产业带：围绕"产业扶贫，助力增收"总体思路，引进企业打造"公司＋专业合作社＋大户＋农户"发展模式，鼓励和引导农民发展中药材和畜牧种植、加工业，打造高山畜牧养殖、中药材种植示范基地和初加工基地，建成经济发展、旅游观光与农特产品交易为一体的产业集聚带。新建户外康体有氧运动产业带：利用新建"俊秀的山峦、繁茂的植被、清幽的山水、洁净的空气"，以主题公园、户外运动为主线，康体休闲、养生养老为支撑，生态旅游、休闲度假为品牌，打造旅、居、业于一体的休闲、运动、养生旅游产业带。"时间上同步推进，空间上三区一体，布局上功能分区，产业上相互融合"，最终形成旅游扶贫特色生态文明高山集镇。以景区提速为引擎、集镇扩容为支撑、库区起步为动力、蔬菜畜牧药材三大产业为基础，以绿色发展推进产业融合发展。毛坝的乡村旅游总体上还处于起步阶段，各项配套设施也还不尽完善，今后将进一步发挥资源优势，立足"清凉"做文章，打响高山蔬菜品牌，让游客住得下来，吃得健康，玩得开心，游有所获。依托桃花源"5A"级景区，借势发展，围绕毛坝自然山水、森林氧吧、休闲、养老、康体、避暑、田园、古宅、原始村落等元素的生态价值和人文价值，科学定位毛坝乡村旅游形象。创建"重庆生态旅游特色小集镇，重庆最佳乡村旅游避暑胜地"等生态旅游品牌①。

（三）充分发挥旅游扶贫示范带动功能

重庆武陵山片区在旅游扶贫过程中，通过树立榜样和典范，让贫困群众用身边成功的旅游扶贫典型事例教育自己，把抽象的理论和政策规定转化为具体的样本，能够起到润物无声、春风化雨的积极效果。重庆武陵山片区的各级地方建立了旅游扶贫示范区、示范乡镇、示范村、示范户、示范个人等，通过示范群体或个人来从思想上激励其他贫困群众，从方法上引领其他贫困群众，发挥榜样的积极引领作用。黔江区以特色产业扶贫为重点，促进持续增收，实施乡村旅游扶贫工程，打造后坝等一批高山生态纳凉避暑和农业观光体验示范点。武隆区建立乡村旅游扶贫示范村 10 个；创建"美丽乡村·品味武隆"品牌，打造一批乡村旅游示范点，对仙女山片区旅游扶贫开发项目进行提档升

---

① 2016 年 8 月毛坝乡政府提供资料。

级，加快推进白马山片区扶贫开发项目建设。彭水摩围山、石柱大黄水等地也有多年开展旅游扶贫示范区的成功经验，其中彭水摩围山旅游扶贫示范区的经验最为典型。

彭水县深入推进旅游扶贫，加快建成摩围山旅游扶贫综合开发示范区。该示范区实行两种帮扶机制。第一，"一拖二"和"三定"的帮扶机制，即一个乡村旅游的经营示范户负责帮扶两户建卡贫困户。帮扶对象的确定坚持就近和资源的原则，且自主确定；增收目标是确保每个被帮扶的对象增收现金 1 万元以上；增收项目包括雇佣贫困户务工或委托种养殖、手工生产项目，并负责回收相应产品。第二，"企业＋贫困户的专业合作社"帮扶机制。政府负责招商引资来打造乡村旅游，让企业注册资本成立乡村旅游股份制形式的专业合作社，由公司控股形式经营，建卡贫困户则入股分红，并且建卡贫困户的股金由政府补贴 60%，补贴部分要求每户不超过 3 万元，贫困户自筹 40%。截至 2015 年 10 月，该示范区已经拥有旅游扶贫示范户 40 家，带动了 80 个建卡贫困户，平均每户每月实现增收 2000 元，已初步见效①。

（四）政府主导与群众主体功能的有机结合

乡村旅游扶贫中，将政府的主导作用和群众的主体作用相结合，可以收到十分明显的积极效果。有限型政府主导模式的提出是促进我国旅游经济和谐、健康发展必然的选择。有限政府模式目前由五大主体共同构成，即政府、企业、市场、社区居民、旅游者。在该模式运行中，各主体相互牵制、相互配合，一起为旅游扶贫工作的顺利进行发挥作用②。酉阳县毛坝乡毛坝村在这方面有诸多成功的探索和丰富的经验。首先，立足乡情，明确乡村旅游发展方向。近年来，毛坝村立足丰富的旅游资源和海拔高、气候凉爽、交通便利、生态良好等优势，高点定位，高端切入，大力发展高山休闲避暑度假游，实现了村域经济加快发展和农民脱贫致富的有机统一。同时，准确把握都市人向往自然、热爱文化的生活需求，深入挖掘文化内涵，有机融合宗教文化、土家文化、生态文化与农家乐文化于一体，实现文化产业与旅游产业化的紧密结合。其次，政府主导，确保乡村旅游协调发展。贫困地区农村基础设施较差，公共设施不完善，需要政府投入大量资金，乡村旅游的发展需要政府进行引导，进

---

① 重庆市扶贫开发办公室. 彭水县集中资源，精准发力大力打造摩围山乡村旅游扶贫产业［EB/OL］. http://www.cqfp.gov.cn/contents/120/74780.html，2017－4－6.
② 龚艳，李如友. 有限政府主导型旅游扶贫开发模式研究［J］. 云南民族大学学报（哲学社会科学版），2016，33（6）：115－121.

行政策支持，政府要在乡村旅游发展中起主导作用，解决好公共基础设施建设问题，确保乡村旅游协调发展。最后，群众主体，有力提高农民参与积极性。发展乡村旅游，农民既是从业的主体，又是利益的主体，要充分发挥协会的作用，让农户自主管理、自我约束、自我发展，尊重农户意愿，自愿参与，让农民在乡村旅游中真正得到实惠，从而提高农民的参与积极性。

（五）创新旅游扶贫模式

笔者在 2017 年 8 月 15 ~ 18 日对石柱县的旅游扶贫进行田野调查期间，石柱县扶贫办和石家乡领导陪同考察了"石家乡村旅游扶贫带动模式"，主要依托石龙山庄。石龙山庄是一个大型餐饮、住宿、娱乐等综合旅游接待建筑群，位于距离黄水镇 5 公里处的公路旁，交通便利，位于"黄水国际民俗生态旅游区"的核心地带，可以在旺季分流部分黄水镇的旅游客源以减轻黄水镇的旅游接待压力。当地领导向笔者详细介绍了"石家乡村旅游扶贫带动模式"，并带领参观了石龙山庄。

宣传栏的第一幅"建设内容"介绍了石龙山庄旅游扶贫基地的建设概况：

"一、山庄占地面积 20 余亩，建有标准客房 120 余间，日接待 300 人入住；能容纳 500 多人同时进餐。有大型会议室、小型会议室（多媒体）、卡拉 OK 厅、娱乐中心，以及大型舞台，承办各类篝火晚会及土家民俗表演；配备大型停车场，商务中心，观景平台等功能设施。是集住宿、餐饮、会议、休闲、度假、观光于一体的三星级农家。年接待游客 3 万人次以上，实现收入 1 500 万元"。"二、每年为 142 个贫困户分红 40.8 万元，为贫困户提供 30 个务工岗位（其中服务岗位 15 个，清洁保安岗位 5 个，临时工 10 个），每年收购贫困户农副产品价值 300 万元以上，带动 142 个贫困户户均年增收 1.5 万元以上"。第一幅宣传栏的右边竖写了"贫困农户优先"六个大字，左边竖写了"风险管控有效"六个大字。第二幅宣传栏"项目概况"的主要内容是：

"企业名称：石柱土家族自治县石龙山庄度假村有限公司。项目内容：资金规模 408 万元；收益比例 10%；收益资金 40.8 万元；带动贫困户 142 户。带动模式：收益分红、临时务工、农产品订单收购。实施年限：2016 ~ 2020 年（五年）。监督单位：石柱县扶贫办、石家乡人民政府。二〇一六年五月"。第二幅宣传栏的右边竖写了"风险与收益匹配"七个大字，左边竖写了"投资与收益对等"七个大字。

右边的公示栏内详细记载了最近从贫困户采购农副产品情况：

2016年8月9日从凤凰村冉从其家三次共收购大米401斤，单价2.5元每斤，金额共计1 002.5元。

2016年8月9日从石龙村周龙生家收购羊子368斤，单价12元每斤，金额共计4 416元。

2016年8月9日从黄龙村胡勤中家分两次收购洋芋228斤，单价每斤1元，金额共计228元。

2016年8月9日从黄龙村汪海青家收购洋芋150斤，单价每斤1元，金额共计150元。

2016年8月9日从黄龙村汪万金家收购洋芋184斤，单价每斤1元，金额共计184元。

2016年8月13日从石龙村徐世发家采购如下农副产品：黄瓜7斤，单价每斤1元，金额共计7元；豇豆20斤，单价每斤2元，金额共计40元；四季豆7.3斤，单价每斤1.5元，金额共计11元；茄子61.5斤，单价每斤1.5元，金额共计92.2元；海椒22斤，单价每斤1.8元，金额共计39.6元。

2016年8月13日从安桥村何世龙家采购如下农副产品：空心菜5斤，单价每斤2元，金额共计10元；洋芋164斤，单价每斤1元，金额共计164元；丝瓜35斤，单价每斤2元，金额共计70元；南瓜17斤，单价每斤1.8元，金额共计30.6元；母鸡13斤，单价每斤23元，金额共计299元。

2016年8月13日从安桥村冉奎家采购羊子96斤，单价每斤12元，金额共计1 152元。

2016年8月14日从石龙村周龙生家采购如下农副产品：羊子468斤，单价每斤12元，金额共计5616元；豇豆36斤，单价每斤2元，金额共计72元；茄子28斤，单价每斤1.5元，金额共计42元；土豆421斤，单价每斤1元，金额共计421元。

2016年8月14日从石龙村杨学贵家采购如下农副产品：萝卜123斤，单价每斤0.8元，金额共计98.4元；叶子菜12斤，单价每斤1.5元，金额共计18元；大米450斤，单价每斤2.5元，金额共计1 125元；土鸡42.5斤，单价每斤23元，金额共计977元。

上述宣传栏及公示栏内的旅游扶贫模式的主要内容与领导介绍的内容相一

致。"石家乡村旅游扶贫带动模式"的核心内容就是收益分红、临时务工、农产品订单收购三项内容。

第三节　重庆武陵山片区旅游扶贫微观分析

对于重庆武陵山片区的旅游扶贫，现就其中的村寨旅游扶贫和县域旅游扶贫各选取一个案例予以展示，从而深入了解重庆武陵山片区的旅游扶贫工作，通过比较来分出优劣，通过比较加深对相关问题的认识，为后面的具体措施分析提供经典案例。

一、酉阳县毛坝乡毛坝村案例①

（一）毛坝乡概况

毛坝乡位于酉阳县北部，与涂市乡、腴地乡、汩溪镇、木叶乡、黑水镇"三乡两镇"及黔江区马喇乡金洞村紧邻，地处乌江水系与沅江水系"分水岭"的圆梁山麓，属新华夏构造体系第二隆起带中段武陵山褶皱带深切割山区、大坂营神龙架原始森林保护区范围。境内圆梁山、回龙山、五佛山三条山脉东西并列，细沙河、后河南北相向而流，"三山夹两河"的地貌特征使毛坝境内群山俊秀，河流清澈，森林茂密，草场丰美，气候独特，动植物种群多样，具有丰富的自然景观和人文景观，最高海拔位置 1 540 米，最低海拔 700 米，高低落差 800 多米。辖区内多高山夹沟地方，全乡面积 151 平方公里，现有 7 个行政村，44 个村民小组、3 942 户、13 204 人。2014 年人均纯收入 5 108 元，低于全县平均水平。

毛坝因高山大盖闻名，曾是贫困落后的代名词，杨汝岱、罗豪才等中央和省市领导多次到毛坝访贫问苦，是全市仅有的两个国家级贫困乡之一。由于海拔位置高、常年低温寡照、土地贫瘠、基础条件较差导致贫困程度较深。2011 年前全乡建卡贫困户人口占全乡总人口 27.6%。特殊的乡情使群众形成封闭落后的意识，养成了"等、靠、要"思想，对增收致富缺乏信心，始终没有找到摆脱贫困帽子的主导产业。毛坝村是毛坝乡贫困村的典型代表，也是毛坝

---

① 本部分相关资料、数据由毛坝乡政府办公室 2016 年 8 月提供。

乡扶贫开发历程的缩影。

（二）毛坝村基本情况

1. 自然条件情况

毛坝村位于酉阳县城北，为乡政府所在地，酉牡公路穿越其中。东界双龙村，西邻新建村，南与天仓村相接，北连龙家村。全村面积 29 平方公里，耕地 6 251 亩，其中田 1 759 亩，土 4 492 亩，坡度＞25°以上，占总面积 70% 以上。全村地形呈东低西高形状，回龙山纵贯全村。境内山岭纵横，地形破碎。海拔 800～1 300 米，相对高差 500 米，平均海拔 980 米，山地占土地总面积的 96.3%，丘陵占土地总面积的 3.7%。该村属亚热带季风性温润气候，四季分明，降水集中，雨热同季。多年平均气温 14.5℃，最高气温 28℃，最低气温 －8℃。全年平均日照时数为 924.5 小时；年降水量在 820～1 100 毫米之间，5～8 月降水量占全年的 75%～85%。由于降水分布不均，形成明显的冬春多干旱，夏季多洪涝，秋季多绵雨的气候特点。境内多年平均无霜期 300 天，最多年份 340 天，最少 290 天。土壤主要以黄壤为主，占旱地面积的 72%，其次是水稻土类，占农耕地的 28%。全村林草总面积为 16 平方公里，森林覆盖率为 59%。

2. 社会经济情况

全村辖 8 个组，873 户，2 773 人，全村有劳动力 1 763 人，常年外出务工 842 人，2014 年农民人均纯收入 6 480 元，现有贫困户 121 户，贫困人口 502 人，其中 A 类 18 户、61 人，B 类 103 户、441 人。

全村现有水利工程 3 处，其中，中型渠堰一条，山坪塘 1 口，石河堰 1 条，水利工程设计灌面 300 亩。全村有中小水电站 1 个，年发电量 87.6 万度。全村公路通车里程 15 公里，8 个组通公路，2 个组通程控电话，8 个组通电话。

3. 社会事业

全村有初中 1 所，小学 2 所，幼儿园 1 所，各类在校学生共计 1 340 人，教师 76 人。有卫生机构 1 个，病床数十张，专业医务人员 6 人。

（三）乡村旅游发展情况

2011 年来，在市、县扶贫部门支持下，毛坝村利用海拔较高、气候凉爽、生态良好、民风淳朴、交通便利的优势，依托移民新村，对农户采取以奖代补政策，大力发展纳凉避暑乡村旅游。2011年发展乡村旅游接待户41户、床位400余张，当年接待游客2.9万人次，实现旅游产值400万元，截至2014年年底有乡村旅游接待户154户、床位1 800张，接待游客12.6万人次，实现旅游产值2 200万元。毛坝村的群贤居避暑山庄成功申报了国家2A风景区，集休闲、养生、避暑一体，被评为重庆市最佳避暑休闲旅游乡村、重庆市农家乐示范村。

（四）乡村旅游基本举措

1. 抓龙头，明思路

2011年以来，党委政府把乡村旅游作为扶贫开发突破口、贫困群众增收致富主导产业来抓，利用毛坝村高山气候凉爽、森林植被良好的天然优势，充分整合高山生态扶贫搬迁、农村危旧房改造、渝北对口帮扶、旅游扶贫等叠加政策，集中旅游发展要素，优化资源配置，形成全域、全员、时时、处处抓乡村旅游的良好氛围，推动了乡村旅游快速发展。

2. 抓宣传、重营销

酉阳县和毛坝乡先后数次组织干部到重庆主城营销，开通毛坝乡旅游网站。重庆电视台、华龙网、重庆扶贫网、重庆日报、商报、晨报、晚报、酉阳报和酉阳电视台多次专题宣传毛坝的乡村旅游。完成核心景区五组实景视频系统安装，实现手机在线观看，乡村旅游手机APP宣传达到880万人次的分享、790万人次的下载。毛坝乡村旅游影响日渐扩大，2011年毛坝村避暑游客为2.9万人次，到2014年接待游客达12.6万人次，增长率达434%；避暑游客由原来的重庆主城扩展到了香港、内蒙古、上海、北京、广东甚至外国等地，市外游客比例达25%。

3. 抓培训、强素质

由于乡村旅游接待户由第一产业转为第三产业，农户在服务水平、接待礼仪上都很欠缺，乡政府组织了多种形式的培训。每季度对农户开展一次旅游知识培训，组织教师到毛坝村进行现场教学，重点开展礼仪、餐饮、土家文化等方面培训；在乡村旅游淡季，开展如苗绣土家工艺品的培训；先后选出50户具有带动能力的农户到重庆、成都及贵州考察学习。通过这些培训，农户素质大大提升，接待能力明显提高。

4. 抓管理、促规范

建立乡村旅游管理制度，建立了"政府引导、部门指导、协会主导、农民主体"四级运行机制，政府抓规划、出思路；乡旅发办负责具体的业务指导、信息发布、接待协调；农户选举产生乡村旅游协会，负责游客推荐、统一定价、统一服务标准、行业监督、协调游客与农户纠纷；农户负责按照协会制定最低标准接待游客。一年来，毛坝乡村旅游做到了价格公道，质量保证，旅游市场秩序良好，得到了游客的一致称赞。

5. 抓扶持、强保障

对发展乡村旅游农户按照制定的验收标准，采取"以奖代补"方式，给予每户 1 万元标准补助奖励；政府干部与乡村旅游接待户结对帮扶，在室内设施硬件建设给予指导，帮助解决农户接待过程中的新问题；积极争取各项政策，在乡村旅游农户中发展微型企业 69 户，星级农家乐 27 户；整合各项资源，完善供水、供电、网络、电视等基础设施，推进美丽乡村建设，为乡村旅游的发展奠定了坚实基础。

6. 抓配套、提档次

完善毛坝村农家书屋、接待中心、登山步道、道路绿化、景观亭阁、停车场、综合文体广场、广场路灯灯饰及户外运动中心等游乐设施，配套了 50 块蔬菜采摘地，让游客享受现实版 QQ 农场。目前，毛坝村群贤居一期建设已竣工，二期建设即将完工，群贤居避暑纳凉点建设初具雏形。

（五）乡村旅游发展成效

1. 群众观念大转变

通过发展乡村旅游，外地游客的不断进入，带来先进地区的发展观念。农户由封闭、保守的大山意识向开明、开放的意识转变，由"等、靠、要"思想向积极主动的思想转变。毛坝村在发展乡村旅游之初，大部分农户及部分村组干部认为毛坝村不具备发展乡村旅游的条件，没有知名的景点，对发展乡村旅游持怀疑、观望态度，通过动员参与乡村旅游接待的 34 户农户也大都抱着试一试心理，不敢大胆投入，在 2011 年取得成功后，农户观念大为转变，积极主动参与乡村旅游接待，到 2014 年达 154 户，增长 453%，其中建卡贫困户由 13 户增加到 57 户，增长 438%，贫困户参与率占全村贫困户 47%。

2. 人居环境大改善

2011～2014 年的 4 年时间里，通过整合各类资金，修建 2 000 平方米的健身广场、4 000 余平方米的垂钓池及音乐喷泉；有藏书 2 万余册、配套电脑以及带有 Wi-Fi 的农家书屋；有集餐饮娱乐、会议培训于一体的接待中心；建有观景亭阁 2 个、观景平台 1 个、配套休闲凳椅 30 套；修建 3 条 10 公里登山步道；建成可同时停放小车 100 辆的规范停车场；建成集篮球、乒乓球、羽毛球等运动项目于一体的综合塑胶灯光球场；毛坝村群贤居避暑山庄全面开通光纤及无线网络；完成了毛坝村规划区内 30 盏路灯安装；建成 50 块体验式瓜果蔬菜采撷园，让游客体验现实版 QQ 农场。建成真人 CS 户外活动中心、民兵应急野外训练基地、野外露营及野外烧烤基地，绿化避暑山庄 1 万平方米，栽植各类观赏绿化树木 1 000 棵。

3. 产业发展大融合

乡村旅游是一业兴百业兴的朝阳产业，随着毛坝村乡村旅游的蓬勃发展，带动了全乡产业大发展，游客对农产品购进由超市购买模式转变为蔬菜基地购买模式，毛坝绿色农产品市场呈现出供不应求的局面。乡党委政府着眼于发展需要、着眼市场需求，打高山生态牌，念绿色有机经，借助海拔较高、耕地成片、土质良好、草场宽广等地理条件和气候条件，以乡村旅游为依托，全力打造万亩高山蔬菜基地、高山畜牧基地和高山药材基地。截至目前，有 8 家农业公司及专业合作社在毛坝种植高山蔬菜，蔬菜种植面积 1.25 万亩，年产量 2.65 万吨，实现生产总值 5 860 万元，直接解决 700 人临时务工，其中贫困人口 350 人。一条以酉牡路为轴心的 20 公里蔬菜产业长廊基本成型，同时正在向国家申报酉阳大白菜地理标识；苍术、白芷、黄柏、厚朴等中药材种植规模 5 000 亩，直接解决 400 人临时务工，其中贫困人口 250 人；全乡计划出栏生猪 10 000 头、羊 20 000 头、家禽 50 000 只、牛 1 000 头，实现总产值 1 800 万元，直接解决 350 人临时务工，其中贫困人口 200 人。特色产业的相继兴起满足了游客需求，填补了市场空白，不仅解决了高山生态扶贫搬迁增收致富的"瓶颈"问题，同时也巧妙实现了农民、农产品、乡村旅游产业之间的无缝对接，有效增加了农民收入，乡域经济发展后劲和村民综合素质有了由内而外的蝶变。同时，乡村旅游还带动交通运输业、商品零售业的发展。

4. 农村富余劳动力大回流

乡村旅游是劳动密集型产业，在发展乡村旅游前，毛坝村主要靠务工收入，外出 842 人，占全村总人口 50% 以上。发展乡村旅游后，外出务工人员大量回流，在旅游旺季时，参与乡村旅游接待，在淡季时，到高山蔬菜基地、中药材基地就近务工。据统计，毛坝村外出务工人员已降到 526 人，回流人员

316 人。同时，乡村旅游既让农村老人、妇女实现了就业，又解决了农村富余劳动力就业问题。

5. 民俗文化大提挡

乡村旅游发展带来的经济效益和文明理念，提高了农民对身边适于旅游开发的认识，自觉加强了对生态环境、历史遗迹、民俗建筑、民族歌舞、民俗节庆、传统工艺的保护，通过发掘整理提炼，使许多濒于衰落和失传的民族文化得到保护和传承。乡村旅游通过与民族文化、生态环境结合，深层次挖掘旅游发展品质，打造具有自己独特韵味的品牌，加快乡村旅游提档升级。

6. 农村文明大提升

乡村旅游除了带来农民"真金白银"以外，还促进农民转变新的生产生活方式，由传统农作变为经营销售，有竞争、有合作、有约束、有管理。农民开始自觉学习旅游知识、经营理念等，不仅市场经营意识明显增强，而且文明礼貌、法制观念明显提高，遵纪守法、诚实守信、家庭和睦、邻里互助，通过开展乡村旅游促进农村文明进步、和谐发展。乡村旅游成为落后山区有效的扶贫手段和推进新农村建设的重要举措，毛坝乡因为乡村旅游发展，"毛坝"二字已经响亮市内外，现已是一片热土。

7. 农民收入大增长

2010 年毛坝村主导产业为外出务工，其次为种养殖业，全村农民人均纯收入 3 340 元，到 2014 年全村形成乡村旅游、高山蔬菜两大主导产业，农民人均纯收入达 6 480 元，增长 100%，高于全乡平均水平。2011 年直接从事乡村旅游户为 0.8 万元，2014 年户均增收 4 万元，增长 500%[①]。

二、石柱县案例[②]

如前所述，石柱县除了按照国家及重庆市的相关规定实施旅游扶贫，本着把乡村旅游产业培育成为贫困农户增收的特色优势新兴产业的总体工作思路，还采取下列措施开展旅游扶贫。石柱县总体上取得了一些成功的旅游扶贫经验。

---

① 酉阳县毛坝乡政府 2016 年 8 月提供资料。
② 本部分资料数据由石柱县扶贫办 2016 年 8 月提供。

(一) 石柱县旅游扶贫发展现状

2012～2016 年，全县乡村旅游接待户累计达到 497 户，其中三星级以上接待户 12 家，专业合作社 3 个，乡村旅游年综合收入突破 12 000 万元。乡村旅游产业带动贫困户 1 860 户，促进贫困户户均增收 1.5 万元以上。经过近 5 年的大力推动，乡村旅游适应了居民消费结构升级的需要，实现了"大农业"和"大旅游"的有效结合，加快了城乡经济融合和第一、第二、第三产业的联动发展，不仅扩大了城镇居民在农村地区的消费，还加快了城市信息、资金和技术等资源向农村的流动。乡村旅游产业正在成为农村经济新的增长点，成为带动全县精准脱贫的主导产业。

(二) 石柱县旅游扶贫发展重点

巩固提升"一区"。对"大黄水"乡村旅游核心区内乡村旅游进行提档升级，严格按照"接待户 11 有，集聚区 6 有"标准进行完善（接待户 11 有：即接待户要有整洁的住宿设施、有卫生的餐饮设施、有良好的接待环境、有健全的接待制度、有明晰的标识标牌、有完备的水电供应、有电视、有网络、有报刊阅读、有休闲场地、有带动贫困户发展的台账；集聚区 6 有：集聚区内要有医疗服务点、有乡村旅游管理服务机构、有小卖部或本地土特产供应店、有接送交通工具、有专人收购贫困户的农产品、有自编自演的娱乐节目），建成石柱县乡村旅游对外展示的窗口，树立石柱县乡村旅游外宣形象。

夯实完善"两线"。加强"沙子—六塘"和"龙沙—大歇"两线乡镇的乡村旅游基础设施建设，重点在联网公路、步游便道、停车场、厕所、供水供电、电商平台等方面进行配套建设。

有效推进"三点"。以改善接待环境、提升接待能力为重点，通过抓示范、树标杆，全力推动南宾、下路、三河城郊沿线乡村旅游示范点建设，由现在的"夏季游"向今后的"四季游"方向转变。

着力培育"十品牌"。集中打造冷水"八龙莼乡"、石家九龙"梦里荷塘"、黄水万胜坝"太阳湖畔"、鱼池山娇"十里荷塘"、龙沙石岭"田园采摘"、桥头马鹿"千年驿道"、三河万寿"万寿人家"、六塘坪桥"芋香龙骨"、沙子卧龙"风车长廊"、大歇流水"万亩竹海"十品牌。

(三) 石柱县旅游扶贫推动措施

提高对乡村旅游产业的认识。一是乡村旅游的发展能有效带动与之相关的餐饮、娱乐、交通、住宿、商业以及旅游商品、土特产品加工业等产业的发展。二是发展壮大乡村旅游产业能有效带动贫困户增收脱贫，乡村旅游产业分布广，灵活性强，市场容量大，能很大程度容纳和吸收贫困户劳动力就业，解决贫困户农产品销售等问题，通过乡村旅游产业的发展能起到带动贫困户长期增收的作用。

推行和完善带动贫困户发展机制。一是继续推行"五动模式"（即：政策拉动、示范带动、资源联动、产业互动、监管促动）带动贫困户发展乡村旅游。二是加大金融扶贫力度。引进丰都人行作为合作单位，加大对乡村旅游接待户的金融扶持力度。三是全面推广"石家乡村旅游扶贫带动模式"，通过乡村旅游龙头企业财政扶贫资金委托扶贫，劳务用工，农产品订购等多种方式带动贫困户增收脱贫。

乡村旅游技能培训。采取"走出去""请进来"策略，结合"创业就业""实用技术""雨露计划"等，加强对乡村旅游接待户的经营服务、接待礼仪、乡土文化讲解等方面的技能培训，造就一批守法纪、有文化、讲诚信的乡村旅游经营人才，每年组织不下 3 次、500 人次的乡村旅游专业培训。

推行先建后补政策。坚持"一年建设、两次验收、次年补助"的原则。即：乡村旅游接待户完成建设后，县扶贫办第一年进行初次验收，第二年对初次验收合格的接待户再次进行验收，验收结果将在网上和村委会集中公示，接受群众监督，公示无异议后兑现乡村旅游补助资金。对新发展乡村旅游接待户的贫困户最高可享受 3 万元/户，非贫困户最高可享受 2 万元/户的财政专项资金补助，非贫困户发展乡村旅游产业项目必须按照要求尽到扶贫义务的前提下，方可享受乡村旅游补助政策。

（四）石柱县旅游扶贫管理机制

备案管理。一是各乡镇要在群众自愿申请的基础上，本着鼓励贫困户参与、非贫困户必须履行带动贫困户创业增收的原则，把好准入关。二是各乡镇要及时将审核通过的新增乡村旅游接待户报送至县扶贫办备案，凡未在县扶贫办备案的新增乡村旅游接待户不得享受乡村旅游补助政策。三是原则上连续 3 年以上政策支持发展的乡镇不再鼓励新发展乡村旅游接待户。

合作社化管理。通过组建乡村旅游专业合作社，完善合作社管理制度，健全规范化管理机制，提升合作社管理水平。将乡村旅游基础设施项目纳入合作社资产管理，激发社员投入力度，促进合作社走上"自我投资，自我发展"

的良性轨道。将石柱乡村旅游打造成全市乡村旅游的知名品牌。

标准化管理，按照"合作社统一管理，统一店招店牌、统一制度规范、统一收费价格，统一宣传推介"的"五统一"管理模式，打造出独具石柱特色的乡村旅游新模式，提升了整体竞争能力，推动乡村旅游健康发展。

（五）石柱县旅游扶贫保障措施

石柱县开展旅游扶贫的保障措施有两个，其一是加强领导，落实责任。其二是强化宣传，营造氛围。加大乡村旅游政策宣传，营造良好的乡村旅游氛围。通过培训、信息、简报、互联网，重点宣传乡村旅游发展对象、帮带机制、补助政策、验收标准、先进做法和典型经验。积极完善乡村旅游扶贫网站建设，鼓励企业开展市场销售或网络促销，拓宽乡村旅游宣传和营销渠道。举办系列节会活动，凝聚人气，提升乡村旅游市场形象。

（六）石柱县旅游扶贫发展规划

巩固提升现有接待规模。对全县现有乡村旅游接待户实施升级改造，提升外在形象和接待能力，集中打造 10～15 家年接待游客 1 万人次、收入 500 万元以上的三星级接待户，发展 30 家年接待 5 000 人次以上、旅游收入 300 万元示范接待户，新增一般接待户 80 户，要求年接待游客 1 000 人次以上，收入 10 万元以上。实现旅游接待收入 1 亿元。带动贫困户 2 000 户，户均增收 2 万元以上。

做大做强特色农产品产业。全县建成特色旅游农产品加工厂（合作社）3 个，将石柱县特色农产品包装加工销售，年销售额达到 2 000 万元，全县建成乡村旅游农产品销售市场 5 个。打造土蜂蜜、野生菌、莼菜、大米、土鸡、腊肉等 10～20 个有自主品牌的乡村旅游农产品。乡村旅游农产品加工销售额达到 5 000 万元。

积极推行乡村旅游网上交易。按照"有上网技术条件、有产业开发基础、有村级站点、有物流条件、有积极性"的原则，选择具备条件的乡村旅游接待村打造乡村旅游电商试点村，鼓励其他乡镇也按照乡村旅游电商试点村标准建设，在有条件的乡镇或乡村旅游景区建设乡村旅游特色产品市场，开发和销售特色农产品和特色手工艺品，挖掘独具地方特色的乡村旅游产品，拓宽贫困农户产品销售渠道①。

①　石柱县扶贫办 2016 年 8 月提供资料。

第四节　重庆武陵山片区旅游扶贫价值判断

重庆武陵山片区旅游扶贫开展了一系列工作，取得了多方面的成就，在前面已经作了比较详尽的论述。尤其重庆市的旅游扶贫走在全国的前列，而重庆武陵山片区所在的黔江区后坝、彭水县摩围山、石柱县黄水、武隆区仙女山等是重庆市旅游扶贫的先行试验地和示范区，起到了很大的试验田和模范榜样作用。这些旅游扶贫先行区实施了旅游扶贫的成功举措，取得了显著的成效，积累了丰富的经验。但这一区域的旅游扶贫工作还存在诸多不足之处，尤其是离精准旅游扶贫这一新的理念和政策的差距较大，离集中关注贫困人口及其在旅游业发展中的净收益这一核心对象和目标也有较大差距。下面分别就重庆武陵山片区旅游扶贫中存在的问题及其深层次原因进行详细阐释。

一、重庆武陵山片区旅游扶贫存在的主要问题

重庆武陵山片区的旅游扶贫工作自开展以来，在取得令人瞩目的成就之外，还存在旅游扶贫主体（主要是旅游扶贫企业）的缺失等一系列问题。

（一）旅游扶贫主体单一

整个武陵山片区旅游扶贫工作是政府主导为主的方式，这就形成了比较单一的旅游扶贫方式和单一的旅游扶贫主体。旅游扶贫的其余主体如旅游企业、NGO 组织、社区居民等参与旅游扶贫较少，尤其是对私营部门、非政府组织在旅游扶贫中的影响和作用关注、分析不够。以 NGO 为例，王名（2001）认为，NGO 在扶贫工作中具有生存、技术、教育、幸福、人口、合作、文化、实物、环保等九大扶贫活动。NGO 扶贫功能包括：通过物资、资金等强制投入的方式打破贫困固有的恶性循环，从质和量方面改变贫困人口生存状态；通过开展项目和培训，将信息和技术传授给贫困人口，从手段和方式上改变贫困人口生活状态；通过开展信贷项目和培养积极性与责任心，从生产制度和社会资本方面改变贫困人口的生活状态；NGO 工作人员能够更加专业、直接地开展针对性的扶贫工作；协助、监督政府执行扶贫开发的方针政策；更好地开展慈善活动以利于扶贫工作；更好地吸引、协助国际社会扶贫力量在中国开展扶

贫工作；更加有利于中国 NGO 的发展壮大。故 NGO 在扶贫工作的地位不可小觑，这些功能也可以在旅游扶贫中得到相应地实现①。造成旅游扶贫主体单一的主要原因是，目前的旅游扶贫工作由政府大包大揽，其余主体参与空间较小，更深层次的则是体制的原因所致。这样就容易造成一些不利的影响，一方面政府的扶贫工作压力很大，也很难调动各方面的积极性和贫困人口的内生动力。另一方面，其余扶贫主体更多参与的主观愿望难以实现，多元均衡参与旅游扶贫的局面难以形成，最终将会影响旅游扶贫的客观效果。

而重庆武陵山片区的旅游扶贫工作在这方面也还存在诸多盲区。例如，彭水县某村寨旅游景区，虽然政府在近 10 年的开发过程中，累计投入超过千万元，但旅游业发展效果不理想，旅游扶贫依然是政府部门一家在此唱"独角戏"，旅游扶贫效果自然不很理想。这与旅游扶贫主体单一具有重要的关联，毕竟旅游扶贫只是政府关注的大量工作范围之一，其他主体参与旅游扶贫拥有他们自己的视角、关系协调等优势。

（二）没有重视旅游精神文化扶贫

贫困是一个多维度、动态的概念。泷恩偳（Rowntree）在 1901 年对贫困的定义为"总收入水平不足以获得仅仅维持身体正常功能所需的最低生活必需品"。阿玛蒂亚·森则进一步提出了能力贫困的概念。在能力缺乏论的基础上，众多学者认为社会排斥、话语权等权力的缺失同样是贫困的表现，由此形成了权利贫困理论。世界银行在 1990 年将贫困定义为贫困不仅指物质的匮乏，而且还包括低水平的教育和健康；2000 年扩大了贫困的概念，认为贫困还包括风险和面临风险时的脆弱性，以及不能表达自身的需求和缺乏影响力②。总之，贫困是一个包括了经济、社会、文化、能力等多层面的内涵。而重庆武陵山片区目前的旅游扶贫还主要是以物质生活脱离贫困的旅游经济扶贫为主，通过旅游进行精神文化扶贫则较少引起政府、贫困人口、旅游者等旅游扶贫各利益相关者的重视。原因在于，人们制定扶贫目标是以经济收入为主的物质维度，在这一杠杆的撬动下，旅游扶贫的各利益相关者都关注物质层面目标的实现，而较少关注旅游精神文化方面的扶贫举措和成效。这样的现实局面就造成了大家都只关注旅游经济扶贫这一目标，人们的举措也只是针对物质方面的脱

---

① 王名. NGO 及其在扶贫开发中的作用 [J]. 清华大学学报（哲学社会科学版），2001，16（1）：75‐81.

② 王文略，毛谦谦，余劲. 基于风险与机会视角的贫困再定义 [J]. 中国人口·资源与环境，2015，25（12）：147‐153.

贫，一部分贫困户通过旅游扶贫活动的帮扶，实现了经济方面的脱贫。而贫困是一个多维度的概念，包含多方面的贫困，也是由多种因素导致的。而精神文化和社会环境是导致贫困的重要因素，这方面没有治理得很好，没有实现这方面的脱贫，不算是真正的脱贫，单方面的物质脱贫也更难保持其脱贫状态的持续性。经济以外的其他方面的因素未脱贫，这些因素更加容易导致脱贫户在经济方面返贫。因为精神文化因素才是战胜贫困的精神支柱，精准扶贫不是以经济为本，也不是以精神为主，更不是扶贫物资越丰厚越好，而是要适合人的全面发展的需要，兼顾物质、精神和心理多方面的整体推进①。

如石柱县某景区纳入重庆市和石柱县重点旅游扶贫示范区，笔者于2016年8月与该旅游景区的旅游办公室负责人进行交流时，专门问及该景区的扶贫问题。他的回答是2015年开始搞扶贫，2016年搞了一段时间就没有开展，也更谈不上旅游扶贫问题。至少，他作为旅游管理的职能部门，在谈到旅游扶贫问题时，他表示他们没有专门开展旅游扶贫，更谈不上旅游扶贫和旅游精神扶贫。而该县所重点推出的旅游扶贫模式示范点，也只是注重景区范围内的贫困家庭出售农产品给旅游餐饮企业，吸纳贫困家庭适合从事旅游业的年轻人到旅游企业就业，这两种方式主要是解决贫困人口的就业和收入问题，属于经济性质的贫困帮扶。没有涉及通过旅游业的发展进行精神文化扶贫的问题。

（三）旅游精准扶贫实现程度较低

重庆武陵山片区的旅游扶贫主要由政府主导，主要选取知名景区进行旅游扶贫示范。首先，旅游扶贫的精准识别未能很好地实现。"旅游扶贫精准识别"，又称为"旅游扶贫精准瞄准"或"旅游扶贫精准甄别"。具体而言，就是针对不同贫困地区旅游扶贫开发条件、不同贫困人口状况，运用科学有效的程序和方法，对旅游扶贫目标地区、旅游扶贫项目及旅游扶贫目标贫困人群进行精准辨别、区分的过程②。不是所有的贫困户都符合旅游贫困户的标准，旅游贫困户是指能够被旅游业扶持起来的贫困户。故这一地区的旅游扶贫的精准识别未能很好地实行。

其次，重庆武陵山片区的旅游扶贫精准帮扶差异化和精准度不够。该区域的旅游扶贫主要面向贫困地区、贫困村，并没有充分对贫困人口对象进行分

① 程肇基.精神扶贫：一个亟待关注的精准扶贫新领域［J］.江西社会科学，2016（11）：210-216.
② 邓小海.旅游精准扶贫理论与实践［M］.北京：知识产权出版社，2016：82.

类，没有总结各种不同类别的贫困人口的差异化特征，没有针对不同的致贫原因设计精准到类、到户、到人的扶贫政策。不同扶贫主体、不同扶贫对象、不同项目、不同项目实施阶段、不同经济社会环境的地域之间综合交叉分析、施策不足。故这一区域的旅游扶贫远离"实事求是、因地制宜、分类指导、精准扶贫"的精准扶贫要求，其精准的效果难以保障。

最后，重庆武陵山片区的旅游扶贫形式单一。该区域的旅游扶贫形式即扶贫旅游的类型比较单一。主要是乡村民俗、生态旅游等形式，以开办单个农家乐为主要旅游扶贫载体。这种旅游扶贫方式对部分贫困群众具有明显的扶贫功能，但是对于某些特殊年龄的人群如高龄空巢老人等不属于社会兜底养老的贫困人群，或者贫困人口本身不具备进行旅游接待的形象、能力，或者贫困户的住宅不适合开展农家乐旅游接待等，其扶贫功能就难以发挥。所以，该区域旅游扶贫工作还应该向更加关注贫困户、贫困人口的细分特征，还应该对扶贫旅游的形式作出微观、细致的考察研究。针对不同的贫困户、贫困人口，采取差别化的旅游扶贫形式，以取得更好的旅游扶贫综合效果。

（四）旅游扶贫的可持续性难以实现

可持续性本意是既要关注代内公平，又要关注代际公平。而旅游扶贫的可持续性则是指旅游扶贫项目及其在旅游扶贫目的地的长期、高效地运转，为区域内的贫困户脱贫致富提供长久的、积极的综合效益。而现实的困境则是，上述旅游扶贫示范区及其他地区的旅游扶贫项目一旦撤走，用于扶贫的旅游活动随之萎缩，甚至完全消失。部分已经脱贫的贫困人口又返贫。当地回到扶贫旅游业开展以前的产业状态。因而，要引入旅游扶贫项目并不是太难的事，关键是如何让项目在当地可持续性地发展，能够独立地成长壮大而较少受到外来因素的干扰。

造成上述现象的原因是多方面的。一是政府、企业、公益社团组织等旅游扶贫机构和组织，在旅游扶贫时可能倾向于"输血式"旅游扶贫而忽略了"造血式"旅游扶贫。传统的"输血式"扶贫模式的基本思路是：直接给贫困者提供相关物质资料（如衣物、粮食、肥料等各种生产生活资料）；直接为贫困户提供小额贷款，又称为小额信贷扶贫；出台相关优惠政策，利用农业生产补贴、财政支出、政策咨询等给贫困者以帮助[①]。造血式扶贫则是扶贫主体通

---

① 谭贤楚．"输血"与"造血"的协同——中国农村扶贫模式的演进趋势［J］．甘肃社会科学，2011（3）：226－228.

过投入一定的扶贫要素（资源）扶持贫困地区和农户改善生产和生活条件、发展生产、提高教育和科学文化水平，以促使贫困地区和农户生产自救，逐步走上脱贫致富道路的扶贫行为方式，也称为"开发式"扶贫模式①。一些项目或者扶贫主体给当地贫困户一些钱物用以开展旅游扶贫，但这样做的效果并不明显。二是未建立旅游扶贫项目成长机制。这样的做法将可能导致项目在则旅游扶贫在，项目兴则旅游扶贫兴，项目撤则旅游扶贫亡的局面。研究者提出加强领导、转变经营机制和社区居民参与等举措来实现旅游扶贫的可持续性②。三是旅游扶贫项目选择不当。部分地区旅游扶贫效果不佳的原因是，所选择的旅游扶贫项目不能实现长期、直接、高获益率的扶贫效果，导致其扶贫可持续性实现困难。四是在旅游扶贫中社区参与未能很好地实现。许多旅游扶贫项目未能让贫困人口自始至终深度地、真正地参与其可行性研究、规划、建设、管理、收益分配等扶贫旅游项目的全过程，挫伤了贫困人口通过发展旅游业来实现脱贫致富的积极性和主动性，也影响了贫困人口在从扶贫旅游项目中直接获益的量和比率，这些也是导致此类旅游扶贫项目难以长期为继的重要原因。

旅游扶贫项目缺乏可持续性，将可能导致多方面的负面效果。一旦旅游扶贫中途撤走或者最终失败，旅游扶贫过程中产生的负面影响则由当地人来承担，如环境污染的恢复、土地肥力的恢复和提高、居高的物价、被破坏的淳朴民风、诚信等和谐人际关系要素等。

（五）旅游扶贫扩散效应较小

旅游产业集聚和扩散效应是空间演化的基本动力，体现在区域旅游产业发展的历史过程之中，旅游产业作为一个确定的产业利益主体，不断地通过集聚效应拓展自己的发展空间，为旅游产品和旅游服务寻求足够大的市场，且这种集聚效应随着时间的推移而逐渐增强，形成扩散效应③。研究者提出旅游扶贫的三种集聚效应：横向集聚效应，由旅游产业引领的"食、住、行、游、购、娱"等多种产业要素在空间集中产生；纵向聚集效益，由核心产业、特色产业、支柱产业上下游延伸产生；规模经济扩张性集聚，由单个企业经营规模扩大而产生。三者相互促进，相互结合，最终民族地区可形成以旅游产业引领，

① 赵昌文，郭晓鸣.贫困地区扶贫模式：比较与选择［J］.中国农村观察，2000（6）：65－72.
② 成家全，文卫，张旭.贵州省旅游扶贫的可持续性研究［J］.老区建设，2010（22）：29－30.
③ 李磊，王雅莉，张明斗.辽宁省旅游产业集聚与扩散效应评价［J］.经济问题探索，2016（8）：49－55.

生态产业为基础，民族文化产业为灵魂，特色农业为核心的"四链"特色产业群聚集地。民族地区产业群发展在较小时空范围表现为聚集机制，在较大时空范围则表现为扩散机制。根据扩散的方式不同，可以分为扩张扩散和随机扩散或者跳跃性扩散。旅游扶贫的扩张性扩散在空间上具有连续性的特点，但由于旅游产业对生态环境、民族文化、景观特色等的要求较高，并具有独特的品牌优势，扩张扩散比较困难。旅游扶贫随机扩散或跳跃性扩散在空间上具有跳跃性特点，主要是因为创新发展方式对其他空间距离较远的、相似条件的民族地区产生示范性作用①。

重庆武陵山片区旅游扶贫产生的集聚效应较小，尤其是其产生的扩散效应更小。就扩散效应而言，其产生的扩张扩散和跳跃性扩散在部分旅游扶贫景区景点较小，在有的景区景点则根本没有产生。其原因在于，部分旅游扶贫的景区景点规模较小，扶贫旅游景区的可持续性发展没有得到保障，加之旅游业发展本身具有的品牌、资源等固有特征；或者由于部分旅游扶贫景区景点发展特色不够鲜明，没有突出的经验可供吸取，或提炼、推广经验不到位，这些原因共同导致了其扩散效应弱小或者不具备。上述不理想的现象可能产生诸多负面影响，主要表现为，就重庆武陵山片区的旅游扶贫而言，其宏观区域和效果只注重点上的发展，对于旅游扶贫面上的发展关注不够充分，因而其旅游扶贫带动面不大，旅游扶贫的宏观效果不太理想。

二、重庆武陵山片区旅游扶贫的制约因素分析

重庆武陵山片区的旅游扶贫持续了较长的时间，也取得了较大的成绩。但诸多因素制约了重庆武陵山片区的旅游扶贫工作的开展，影响了旅游扶贫的效果，影响了贫困人口的净收益，影响了贫困人口的脱贫致富这一关键目标的实现。归纳起来，主要有如下几个方面的因素。

（一）整体经济实力较弱

重庆武陵山片区是一个集革命老区、少数民族地区、边远地区和贫困地区为一体的典型"老、少、边、穷"地区。在原四川省管辖时期属于最为贫穷的两翼之一的东翼的组成部分。重庆直辖以后，成为重庆市最为贫困的地区，

---

① 舒小林. 新时期民族地区旅游引领产业群精准扶贫机制与政策研究［J］. 西南民族大学学报（人文社会科学版），2016（8）：130－136.

是全国 14 个集中连片特困地区的武陵山地区的组成部分之一。从纵向观察，这一地区的经济实力在逐年增强，但横向比较则其与市内其他地区和发达地区的经济差距很大。如前所述，这一区域的县域 GDP 总量和人均 GDP 数量在重庆市靠后。这里是大山大河的崎岖地形，交通十分不便，经济基础非常薄弱，经济发展所依赖的资源也比较匮乏。尤其是该区域传统的第一产业、第二产业发展困难重重，资金、人才、技术、资源等要素的制约严重，致使这一地区经济发展的内生动力不足。

（二）人力资源匮乏

重庆武陵山片区的人力资源比较匮乏，具体表现在，一是人均受教育程度较低，人口整体的教育文化水平较低（见表 3－1）。基础教育为中高级人才提供氛围、土壤和后备力量，基础教育的薄弱势必影响到整个中高级专门人才队伍的规模和水平，整个区域较低的文化教育水平，是导致该区域中高级科技专门人才短缺的重要因素，包括旅游扶贫的中高级专门技术人才。二是专家型技术人才奇缺，这一地区的人才大量外流，该区域传统的人才观是以成才后离开这一地区工作为荣，愿意从区域以外的地方到这一地区工作的人才则少之又少，高校扩招以后这种状况有所改观，但流出的人才大大多于流入的人才，尤其尖端、高水平的人才大量流出，流入则微乎其微。这对于该区域的经济发展和扶贫工作而言是"釜底抽薪"。因为缺乏人才就意味着经济发展和扶贫工作缺少精神动力和智力支持，难以取得巨大的成就和长久的功效。三是旅游人才和扶贫人才比较缺乏。以各区县旅游扶贫的两个主要管理部门——旅游和扶贫行政部门的工作人员为例，两个部门的工作人员中，分别接受过旅游和经济类专业教育的人员比例较小，虽然唯专业论、唯学历论明显不恰当，但是专业背景对于开展专业工作的巨大积极意义是毋庸置疑的，至少这也从一个侧面反映出这一地区专业人才的匮乏。

表 3－1　　　　重庆市暨重庆武陵山片区各区县 2015 年教育概况

区县	普通中学			小学		
	学校数（个）	专任教师数（人）	在校学生数（人）	学校数（个）	专任教师数（人）	在校学生数（人）
全市	1 167	114 709	1 583 562	4 170	118 897	2 073 320
黔江区	23	2 637	39 670	103	2 586	43 557
丰都县	41	2 814	45 150	128	3 041	57 138
武隆县	11	1 196	18 019	79	1 850	27 790
石柱县	22	2 051	30 345	176	2 598	37 108

续表

区县	普通中学			小学		
	学校数（个）	专任教师数（人）	在校学生数（人）	学校数（个）	专任教师数（人）	在校学生数（人）
彭水县	22	2 469	40 706	126	3 411	52 877
酉阳县	40	3 069	46 771	140	3 701	67 013
秀山县	26	2 443	31 773	136	2 894	43 177

资料来源：2016 年重庆统计年鉴。

（三）未充分认识到贫困根源的全面性和旅游扶贫工作的综合性

在整个重庆武陵山片区扶贫工作暨旅游扶贫工作中，存在对贫困根源的肤浅认识，没有全面深刻地认识到贫困根源的全面性，更多地停留在经济原因的找寻和分析上，而没有更多地思考深层次的精神、文化、体制方面的原因，致使旅游扶贫成效不够显著，旅游扶贫效果的可持续性难以保证。研究者认为，我国农民贫穷，从根本上讲，不是因为国家政权的"下沉"，不是因为基层政权的腐败，不是因为"权利"被剥夺，不是因为农民税费负担过重，不是因为城市的剥削，更不是因为农村缺少"基础设施"。我国农民贫穷有五大根本原因：制造的产品取代种养的产品成为人类财富的主要源泉；我国农民太多，因此人均耕地面积太少，农业不成为产业，甚至倒退回自然经济；我国农民自由独立，不善合作，难以组织起来闯入非农领域，甚至无力组织起社区劳动来改善自身的社区生活环境；不合作的家庭小农正在被国内和国际的规模农业市场无情地淘汰和摧毁；破败的农村在精神和文化上更加衰落，更难组织起来从事改善生活的劳动①。重庆武陵山片区的各旅游扶贫主体，基于上述比较片面的贫困根源认识，没有从全面、综合的角度考虑旅游扶贫的综合性，目前主要还是从经济的角度进行旅游扶贫工作；而旅游扶贫中的文化、精神、社会扶贫工作开展是盲区。

（四）急于求成和短期行为的功利性比较突出

重庆武陵山片区旅游扶贫工作中普遍存在一些功利性短视行为，突出表现为以下两个方面。一是旅游扶贫工作中急于求成。2015 年 6 月 18 日上午，中央在贵州召开部分省区市党委主要负责同志座谈会，听取对"十三五"时期扶贫开发工作和经济社会发展的意见和建议。国家领导人强调，各级党委和政

---

① 潘维. 农村贫困的根源与新农村建设的主体［J］. 开放时代，2006（4）：42−45.

府要确保贫困人口到 2020 年如期脱贫；"十三五"时期是我国发展的重要阶段。要聚焦如期全面建成小康社会这个既定目标，着眼于我国未来 5 年乃至更长远的发展，深刻把握我国经济社会发展新目标、新任务，突出前瞻性和引领性，既不能脱离实际、提过高的目标和要求，也不能囿于一时困难和问题而缩手缩脚。2015 年 8 月 18 日，重庆市发布《中共重庆市委 重庆市人民政府关于精准扶贫精准脱贫的实施意见》，重庆市的扶贫总体目标是到 2017 年年底，实现 18 个扶贫开发工作重点区县全部"摘帽"、1919 个贫困村整村脱贫、165.9 万农村贫困人口绝大部分越过扶贫标准线，基本完成扶贫攻坚任务。其中，2015 年年底，涪陵区、潼南区整体脱贫；2016 年年底，万州区、黔江区、南川区、丰都县、武隆县、忠县、秀山县整体脱贫；2017 年年底，城口县、开县、云阳县、奉节县、巫山县、巫溪县、石柱县、酉阳县、彭水县整体脱贫。15 个扶贫开发工作非重点区县 2015 年年底全面完成贫困村、贫困人口脱贫任务。2018 年，解决好局部、个别特殊困难贫困户的脱贫问题，打扫扶贫攻坚战场，巩固扶贫脱贫成果。一方面，部分基层干部群体赶在上级政府确定的脱贫目标前提前脱贫的精神和做法具有一定的合理性，表现了不甘落后和积极进取的精神；另一方面，也有部分乡镇、村社干部群众在包括旅游扶贫在内的扶贫工作中不顾实际情况，一味地赶时间赶进度，甚至出现脱离实际的"跃进"行为，这是典型的急于求成的功利主义行为。

二是旅游扶贫工作中的短期行为。重庆武陵山片区也存在一些地方基层政府把实现"2020 年（甚至更早）能脱贫"作为扶贫的终极目标，而没有考虑此阶段后扶贫对象是否能真正脱贫、是否会返贫的问题，更没有考虑能否致富的问题。这是一种"短视"行为，甚至是"不负责任"的应付行为①。具体表现在旅游扶贫中，更多地注重旅游扶贫的项目、资金投放到扶贫目的地，短期内贫困人口的人均 GDP 和人均纯收入指标上升，达到或者超过脱贫收入线即算是完成扶贫任务，这一过程中是否通过贫困人口真正劳动获得的纯收入以实现真正脱贫，以及后续可能出现返贫问题，旅游扶贫所涉及的各方则较少进行深入、细致、长远地思考和关注。

---

① 张林洪，张超，胡德斌，曹建军. 生态移民与扶贫工作中存在的问题与对策［J］. 安徽农业科学，2016，44（36）：246－249.

第四章　贫困户与景区融合型旅游扶贫模式

本章将探讨地理资本理论在旅游扶贫中类型划分、扶贫模式构建中的运用，然后分别就每一种亚类从理论到实践进行细化论述。从贫困户的致贫原因持续时间的长短，大致可以分为两个类型。即在某一特定时间段内产生的阶段性贫困，如阶段性疾病，非绝症或非长期慢性病、因学、因灾等因素导致的贫困，可以归为阶段性贫困类型；长期性贫困即在一个相对较长的时间段内持续产生贫困，如绝症、长期或慢性疾病、极度困难的生产生活条件下形成的长期性贫困。

第一节　贫困户与景区空间关系视角下的旅游扶贫类型划分

本节将会就地理资本理论视阈下的旅游扶贫类型划分作简要概述，随后详细阐述地理资本理论的内涵及外延，并就其在本研究类型划分中的具体运用进行分析。

一、概述

如前所述，国外的五种主要旅游扶贫模式的划分依据是参与扶贫的旅游产业性质、产业要素或者扶贫主体。国内研究者提出了众多的旅游扶贫模式设计方案，但总结起来则可以归纳为分别是扶贫主体或者扶贫投资主体、旅游资源客体、空间区域、扶贫主体与扶贫客体的互动关系、综合型等几类主要的旅游扶贫模式。但没有研究者系统地以贫困户与扶贫旅游景区之间的空间关系为划分标准，对旅游扶贫进行分类，然后进行深入细致地分析研究，探寻其中的规律，发现其中的问题、产生的缘由以及破解问题的一系列可行方案。本章拟在这方面作一些开创性探索。

根据贫困户与参与扶贫的旅游景区景点的地理位置关系，可以将旅游扶贫的模式划分为贫困户与景区融合型（贫困户位于扶贫旅游景区内）、贫困户与景区比邻型（贫困户位于扶贫旅游景区的边缘到向外延伸5公里左右之间的空间距离范围，但能够直接或者间接地接受到旅游景区的辐射）、贫困户与景区分离型（贫困户位于距离景区边缘5公里之外到能够接受到旅游功能辐射的空间距离范围，贫困户能够间接地接受到扶贫景区的旅游功能辐射）。然后在每一个类型之中再划分若干亚类，如根据致贫原因可以划分为因病致贫、因灾致贫、因学致贫等亚类。

关于从人地关系的角度进行旅游研究已经有成功的案例。孙九霞在研究我国社区参与旅游时，选择了三种类型的旅游社区进行社区参与研究，包括景区和社区一体化的西双版纳傣族园社区、景区与社区紧密相连的阳朔遇龙河社区、景区和社区保持距离的阳朔世外桃源社区，基本涵盖了二者之间可能存在的位置关系，具有典型意义①。鉴于上述研究的科学性和成功案例，故本章拟采用类似的分类方法研究重庆武陵山片区的旅游扶贫。

对于重庆武陵山片区的旅游扶贫研究而言，并不是本章所列举的几种主要类型之外的其他类型就不符合重庆武陵山片区的旅游扶贫特征。本研究所列的旅游扶贫类型主要是基于该区域旅游扶贫已有类型及经验基础之上，以创新的视角，提出一些适合这一区域的新的旅游扶贫类型，并研究其学理性、适用性、可操作性等系列问题。

需要特别阐明的是，本研究认为除了目前居于主流的精准扶贫理论以外，其他传统的以及新创造的扶贫、反贫困理论仍然可以部分地起到积极的扶贫作用。这些非精准类的扶贫理论可以与精准扶贫理论相互配合、相互补充，扬长避短，各尽其效，共同推动扶贫攻坚任务的如期完成，为推动我国的扶贫事业发展、经济社会文化的进一步繁荣发展贡献力量。本研究将旅游扶贫划分为三个大类，然后在每一个大类里面结合精准扶贫理论、贫困户性质与特征等维度，划分出诸多扶贫模式的亚类，探究各自的特征、对策等。

此外，本研究所选取的典型案例都具有相当的代表性，且都是笔者亲自考察的旅游贫困户。如今，他们之中有的农户已经脱贫，有的户还处于贫困之中。对于已经脱贫的贫困户，本研究则在纵向梳理的基础上，探讨他们当年处

---

① 孙九霞. 旅游人类学的社区旅游与社区参与 [M]. 北京：商务印书馆，2009：1-3.

于贫困期间的旅游扶贫的可行性举措。

2015 年 12 月 15 日，国家扶贫办主任在新闻发布会上介绍相关情况时表示，精准扶贫、精准脱贫是脱贫攻坚的基本方略。实现贫困人口如期脱贫，贫困县全部摘帽，必须实施精准扶贫精准脱贫基本方略，改革现行扶贫思路和方式，变大水漫灌为精准滴灌，变"输血"为"造血"，变重 GDP 为重脱贫成效，解决好"扶持谁""谁来扶""怎么扶""如何退"的一系列问题。他指出，精准扶贫和精准脱贫的基本要求与主要途径是六个精准和五个一批。六个精准是：扶贫对象精准、项目安排精准、资金使用精准、措施到户精准、因村派人精准、脱贫成效精准。五个一批是：发展生产脱贫一批、易地扶贫搬迁脱贫一批、生态补偿脱贫一批、发展教育脱贫一批、社会保障兜底一批①。这是我国精准扶贫的核心和要义，也是我国精准扶贫的理论指导，更是一种方法论和实施路径。这些思想和方法同样可以运用于重庆武陵山片区的旅游扶贫攻坚工作之中。

二、旅游扶贫类型划分的理论依据——地理资本理论

在哈里斯和缪尔达尔提出的关于欠发达地区经济社会发展与地理位置关系的早期空间经济学的基础上，雅兰和瑞福林把多种类似的区域环境差异集合在空间位置这一要素之中，提出了与物质资本、社会资本并列的地理资本。例如经济社会发展中的教育、卫生、社会保障、政治等在城乡之间、贫富人群之间的各种差别，都可以用空间地理位置不同来确定②。

地理资本是空间地理位置与自然环境条件所形成的物质资本、社会资本和人力资本等组合差异的空间表现，对农户收入有一定程度的影响。地理资本正是由自然环境、地域文化以及人口结构所构成，其禀赋差异对农户收入形成多向约束。国内学者从地理因素、地域人口、地域文化和空间位置等四个方面描述地理资本禀赋。地理资本约束因素包括气候条件和地形地貌等。一些长期性贫困地区往往分布在边远地区并由此形成"空间贫困陷阱"。"空间贫困陷阱"的空间特征表现为地理位置劣势、生态劣势、经济劣势、政治劣势等四大劣势。地理资本对农户的收入影响机制包括四个方面：地形地貌对农户收入影

---

① 国务院新闻办公室. 精准扶贫脱贫的基本方略是六个精准和五个一批［EB/OL］. http：// www. scio. gov. cn/xwfbh/xwbfbh/wqfbh/2015/33909/zy33913/Document/1459277/1459277. htm, 2017 - 6 - 13.

② 刘汉成，夏亚华. 大别山旅游扶贫开发研究［M］. 北京：中国经济出版社, 2014：45 - 46.

响；地理因素对农户耕地、草地、林地及自然保护区等生产要素禀赋产生影响，进而作用于农户收入结构并形成收入差异；地理因素对农户资源配置影响；地理因素对劳动力非农配置影响①。

三、旅游扶贫的内在理论基础——布迪厄的资本理论

本研究主要运用布迪厄的资本概念，但是他的资本概念和场域、惯习两个概念是三位一体的概念体系，不能分割运用，故在此要对其实践理论体系作一个全面性概括介绍。布迪厄是法国著名的民族学家、人类学家和社会学家。他的实践理论打破了个人和社会之间、行动和结构之间的二元对立，为了说明结构和行动之间如何相互沟通，他提出了"场域""惯习""资本"等概念，即是他的实践理论的主要内涵。

场域是不同位置之间的客观关系构成的一个网络，或一个构造。由这些位置所产生的决定性力量已经强加到占据这些位置的占有者、行动者或体制之上，这些位置是由占据着在权力（或资本）的分布结构中目前的或潜在的境遇所界定的；对这些权力（资本）的占有，也意味着对这个场的特殊利润的控制。另外，这些位置的界定还取决于这些位置与其他位置（统治性、服从性、同源性的位置等）之间的客观关系②。场是力量的场，而且是斗争的场，是那些为改变或保存这些场中的力量的斗争的场③。场的界限位于场的效应中止的地方④。

惯习就是知觉、评价和行动的分类图式构成的系统，它具有一定的稳定性，又可以置换，它来自于社会制度，又寄居在身体之中（或者说生物性的个体里）⑤。惯习首先体现了一种组织化行动的结果，其含义与结构之类的用语相近；它还意指某种存在方式，某种习惯性状态（尤其是身体的状况），还

① 杨萍，沈茂英. 地理资本视角下的四川藏区农户增收问题探讨［J］. 农村经济，2012（10）：54-58.
② 皮埃尔·布迪厄著；包亚明译. 文化资本与社会炼金术——布尔迪厄访谈录［M］. 上海：上海人民出版社，1997：142.
③ 皮埃尔·布迪厄著；包亚明译. 文化资本与社会炼金术——布尔迪厄访谈录［M］. 上海：上海人民出版社，1997：147.
④ 皮埃尔·布迪厄著；包亚明译. 文化资本与社会炼金术——布尔迪厄访谈录［M］. 上海：上海人民出版社，1997：146.
⑤ （法）皮埃尔·布迪厄、（美）华康德著；李猛、李康译，邓正来校. 实践与反思——反思社会学导引［M］. 北京：中央编译出版社，1998：171.

包括了其他许多方面，特别是某种性情倾向、某种趋向、某种习性或是某种爱好①。

资本是积累的劳动（以物化的形式或"具体化的""肉身化的"形式），当这种劳动在私人性，即排他的基础上被行动者或行动者小团体占有时，这种劳动就使得他们能够以具体化的或活的劳动的形式占有社会资源②。

经济资本可以立即并且直接转换成金钱，它是以财产权的形式被制度化的③。经济资本包括物质和货币财产④。社会资本则是指某个个人或是群体，凭借拥有一个比较稳定又在一定程度上制度化的相互交往、彼此熟识的关系网，从而积累起来的资源总和，不管这种资源是实际存在的还是虚有其表的。要对社会中各种纷繁多样的结构和动力作出解释，不承认资本可以采取不同形式是不行的⑤。社会资本，它是以社会义务（"联系"）组成的，这种资本在一定条件下也可以转化成经济资本，它是以某种高贵头衔的形式被制度化⑥的。社会资本是指由于某种成员身份带来的关系网络资源⑦。

文化资本在某些条件下能转换成经济资本，它是以教育资格的形式被制度化的⑧。文化资本有三种存在形式：具体的状态，以精神和身体的持久"性情"的形式；客观的状态，以文化商品的形式，这些商品是理论留下的痕迹或理论的具体显现，或是对这些理论、问题的批判；体制的状态，以一种客观化的形式，这一形式必须被区别对待，因为这种形式赋予文化资本一种完全原始性的财产，而文化资本正是受到了这笔财产的庇护⑨。文化资本包括稀缺的

① （法）皮埃尔·布迪厄、（美）华康德著；李猛、李康译，邓正来校.实践与反思——反思社会学导引［M］.北京：中央编译出版社，1998：71.
② 皮埃尔·布迪厄著；包亚明译.文化资本与社会炼金术——布尔迪厄访谈录［M］.上海：上海人民出版社，1997：189.
③ 皮埃尔·布迪厄著；包亚明译.文化资本与社会炼金术——布尔迪厄访谈录［M］.上海：上海人民出版社，1997：192.
④ 瞿明安主编.现代民族学（下卷，第一册）［M］.昆明：云南出版集团公司，云南出版社，2009：309.
⑤ （法）皮埃尔·布迪厄、（美）华康德著；李猛、李康译，邓正来校.实践与反思——反思社会学导引［M］.北京：央编译出版社，1998：162.
⑥ 皮埃尔·布迪厄著；包亚明译.文化资本与社会炼金术——布尔迪厄访谈录［M］.上海：上海人民出版社，1997：192.
⑦ 瞿明安主编.现代民族学（下卷，第一册）［M］.昆明：云南出版集团公司，云南出版社，2009：309.
⑧ 皮埃尔·布迪厄著；包亚明译.文化资本与社会炼金术——布尔迪厄访谈录［M］.上海：上海人民出版社，1997：192.
⑨ 皮埃尔·布迪厄著；包亚明译.文化资本与社会炼金术——布迪尔厄访谈录［M］.上海：上海人民出版社，1997：192－193.

符合物品、技能以及头衔①。

布迪厄的场域理论的核心要义在于不论是作为社会制约性条件的社会结构，或者作为行动者整个实践过程的伴随物及产品的社会结构，布迪厄都是从行动者之间的力的关系网的观点，从行动者之间相互施展权力运用策略的观点，从行动者之间的资本总量的竞争的观点去进行分析和说明的。所以，关于社会场域中的权力运作的问题，是布迪厄以新的方法论和姿态论述行动和社会结构的关系中心点②。

四、旅游扶贫的具体类型

根据地理资本理论，在旅游扶贫工作之中，被扶持的贫困户与扶贫旅游景区之间空间位置关系的不同，将会使贫困户拥有差异化的地理资本，其主要影响要素包括贫困户与景区的空间距离、贫困户与景区之间的地貌地势等自然地理状况，以及地域文化、地域人口等人文地理状况。依据地理资本理论，可以依据贫困户与扶贫旅游景区之间的空间关系，将旅游扶贫划分为三大类型，即贫困户与景区融合型、贫困户与景区比邻型、贫困户与景区分离型；然后再根据因病、因灾、因学等致贫原因划分若干亚类进行分类研究。

重庆武陵山片区的旅游扶贫具有"五区重叠"的特征。第一，这一区域是一个地理资本禀赋低下区域，归纳起来主要有四类地理资本要素，即山地、丘陵、深谷、河流。该区域主要是山地、丘陵地形，以喀斯特地貌为主，河流下切深度大，高山与深谷相间，酉秀黔彭历来与地理环境险恶、地理资本低下相生相伴。第二，这一区域是我国中部的重要少数民族聚居区之一，其中酉阳、秀山、黔江、彭水、石柱五个区县是民族自治县（区），武隆和丰都也有相当多的少数民族定居人口。第三，低收入地区，如前所述，这一地区是重庆各亚区域中区域整体经济实力和人均收入最低的区域，是重庆市的一个收入低谷区域和经济发展的洼地。第四，旅游资源富集区，尤其是自然生态旅游资源数量、种类众多，品级很高。重庆民族地区的自然生态旅游资源是该区域的两大核心旅游资源之一，以森林和草场景观为主，形成以武隆仙女山国家森林公园、黄水国家森林公园、秀山川河盖草场等为代表的诸多高品质的自然旅游资

---

① 瞿明安主编．现代民族学（下卷，第一册）［M］．昆明：云南出版集团公司，云南出版社，2009：309.

② 高宣扬．布迪厄的社会理论［M］．上海：同济大学出版社，2006：136.

源。同时，该区域还赋存诸多以喀斯特地貌为基础的高品质地质旅游景观，如武隆芙蓉洞、天坑三桥、黔江大峡谷等。第五，生态脆弱区。重庆武陵山片区的主体部分即渝东南民族地区的定位是国家重点生态区与重要生物多样性保护区，武陵山是绿色经济发展高地、重要生态屏障、生态民俗文化旅游带和扶贫开发示范区，全市少数民族集聚区。该区域的主要任务是把生态文明建设放在突出地位，规划用 10 年左右时间，引导转移人口 80 万人，常住人口减少到 200 万人左右，森林覆盖率达到 50％以上。加强扶贫开发与促进民族地区发展相结合，引导人口相对聚集和超载人口有序梯度转移。上述目标的实现路径是突出保护生态的首要任务，加快经济社会发展与保护生态环境并重，建设生产空间集约高效、生活空间宜居宜业、生态空间山清水秀的美好家园。

重庆武陵山片区在我国生态脆弱区划分上，主要属于西南石漠化及山地地区，主要包括岩溶山地石漠化脆弱区和山地农牧交错脆弱区。岩溶山地类脆弱区是我国生态脆弱区的主要类型之一。重庆武陵山片区是属于表层土壤浅静、水土流失严重的山地区，地处温带气候而降水量较大，流水侵蚀严重。改革开放前的传统农业生产时代，人们过度砍伐山体林木资源，过度放牧，大面积的陡坡开荒，造成严重水土流失，植被覆盖率低。加上喀斯特石山区土层薄、基岩出露浅、暴雨冲刷力强，大量的水土流失后岩石逐渐裸露，呈现"石漠化"现象。在大雨的作用下，极易发生山体滑坡、泥石流等自然灾害。改革开放以后，尤其是近年来，该区域的青壮年劳动力基本外出务工，部分土地抛荒，农村剩余的老年人对土地的精耕细作程度降低，某种程度上间接帮助恢复了自然生态环境。但是近年来快速推进的城市建设、企业建设、交通等基础设施建设等占用了大量的土地，毁坏了大量植被，破坏了许多地区的地质地貌环境，一定程度上又加剧了生态环境破坏。

在此，笔者尝试根据地理资本理论对旅游扶贫类型进行新的划分。第一，贫困户与景区融合型旅游扶贫模式，即贫困户位于旅游景区的地理边界范围之内者，属于上述类型。第二，贫困户与景区比邻型旅游扶贫模式，即贫困户位于扶贫旅游景区的边缘到向外延伸 5 公里左右之间的空间距离范围，但能够直接或者间接地接受到旅游景区的辐射。因为在 5 公里以内的距离状态下，步行约需要半个小时，在这个空间和时间范围内，贫困户步行到景区上班、出售物品、人员交流交往等，能够比较顺畅地进行，也即能够受到旅游景区比较多的直接或间接地影响和辐射。第三，贫困户与景区分离型旅游扶贫模式，即贫困户位于距离景区边缘 5 公里之外到能够接受到旅游功能辐射的空间距离范围，贫困户能够间接地接受到扶贫景区的旅游功能辐射。因为在这样的空间和时间距离下，贫困户与旅游景区互动的时间等成本增加，也处于地理资本劣势，贫困户较少受到旅游景区的直接影响和辐射，故称之为分离型扶贫模式。

贫困户的致贫原因多种多样，主要有因学致贫、因病致贫、因残致贫、因智致贫、因孤致贫、因老致贫、因灾致贫等。本书主要探讨因学致贫、因病致贫和因残（疾）致贫三种类型的贫困户与扶贫旅游景区之间的旅游扶贫关系。无论哪一种贫困户与景区之间的关系模式下，也不管是何种致贫原因，如果贫困户家庭没有劳动能力，属于政府兜底型贫困家庭，则不属于本书研究的范围。

在旅游扶贫各个具体类型的论述中，将会采取理论——案例——对策——模型建构与理论提升的研究范式进行研究。理论具有预测和解释功能，并且能够指导实践活动；理论能够为我们提供准确的交流手段和思想过程；能够为我们分析和研究问题提供广阔的视野和知识背景，有利于我们对问题进行分析或者综合研究。本研究通过理论指导，对案例进行深入分析研究，然后在将本区域的案例与国内外的相似案例进行比较分析的基础上，提出具有针对性和可行性的旅游扶贫的对策，且将这些对策进行提升和总结，进行相关的理论建构，力争实现理论的突破和建树。

第二节 贫困户与景区融合型旅游扶贫模式

本节将会就贫困户与扶贫旅游景区融合型扶贫模式相关的理论进行阐释，然后利用具体案例进行分析论证，最后提出相应的对策建议。部分研究也将贯穿精准扶贫的思想，将这一思想贯彻到旅游扶贫的各种亚类，对其进行详细阐述。所列举的案例是各种类型的亚类的典型代表。

一、相关理论系统

本部分主要涉及的内容包括与融合型旅游扶贫相关理论介绍，即是"选择性空间封闭"理论。贫困户与扶贫旅游景区融合型扶贫模式的概念及内涵阐释，贫困户与扶贫旅游景区融合型扶贫模式的主要特征等内容。

（一）相关理论——"选择性空间封闭"理论

斯特尔与托德林（Stöhr and Tödling）于 1977 年提出了"选择性空间封闭"的发展理论。这一理论既不赞成把各地方、各区域更紧密地结合起来以构成一体化经济，也不主张各地方、各区域搞闭关自守。而是主张把权力分散给各地方各区域的"社区"，使得它们不仅能按照自己的需要来规划其人力和物力的发展，而且还能够控制对其发展有消极影响的外界联系。

施特尔与托德林采用了"空间平等"即减少生活水平在空间上的不平等作为评价区域政策成功的标准。"生活水平"既要用物质进步来衡量，也要用"生活质量的非物质方面"进行衡量，其中包括地方与区域凝聚力，个人与群体价值的自我实现，个人与社区参与地方政策决策的机会等。他们认为，在大多数市场经济或混合经济中，物质生活水平在空间上的不平等并没有缓解；或者是虽在某一层次上（如区际间）有所缓解，但可能在另一层次上（如区域内）有所加剧。为了减少生活水平在空间上的不平等，他们提出了三种可供选择的战略：第一，优先考虑功能变革，即继续实行传统的中央集权的再分配机制；第二，优先考虑地域的自主性，即把权力分散给"地方社区"；第三，实施功能变革与地域整合相互协调的复合系统模式。他们认为，第一种模式只能减少物质生活水平在空间上的不平等，但同时必然加剧非物质生活水平在空间上的不平等。而第三种战略则过分强调了专家治国论，并且也超出了现有的系统分析能力。唯一的选择只能是优先考虑地域"自主性"模式，即采用不同层次上的选择性空间封闭这一区域发展模式。这就意味着，把越来越集中于按功能组织的纵向单元上的某些决策权力分散到按地域组织的横向单元上来，从而使得不发达地区能最大限度地发挥其发展潜能①。

（二）概念阐释

所谓的贫困户与扶贫旅游景区融合型扶贫模式是指贫困户位于扶贫旅游开发的景区范围之内，更多的是指两者在空间上的重合性和包含关系，即贫困户位于扶贫旅游景区内。上述类型的划分依据是基于人地关系的角度，因二者的空间关系重叠而作为划分依据。

---

① 李仁贵. 西方区域发展理论的主要流派及其演进 [J]. 经济评论，2005（6）：57-62.

二、贫困户与景区融合型旅游扶贫模式主要特点

贫困户与扶贫旅游景区融合型扶贫模式中，贫困户位于旅游景区之内，这种旅游扶贫模式下具有几个明显的特征。

第一，贫困户与旅游景区融合为一体，贫困户与旅游景区是零距离或者是极其近的距离。首先，进一步的影响将会随之而来，积极影响包括，旅游景区建设过程中修建的大量基础设施和公共服务设施将会直接为景的贫困户脱贫致富服务。景区景点基础设施和公共服务设施水平的高低，是衡量景区旅游经济发展状况的重要标志。同时，提升景区基础设施和公共服务设施水平也是间接促进扶贫开发的重要内容。把对景区基础设施建设、文化娱乐、医疗卫生、体育康养等供给作为重要指标，推进景区景点的基础设施和公共服务设施水平的大力提升，促进扶贫旅游景区的经济、社会、文化事业快速发展，更好地让景区内的贫困户直接从基础设施和公共服务设施中获益，助力贫困户加快脱贫致富的步伐。其次，贫困户生活在景区范围之内，可以相对获得更多的社会资本。因为我国的乡村民众多是聚族而居，这种家族、亲戚、朋友组成庞大的社会关系网络，就是贫困户在旅游景区内巨大的社会资本来源。在旅游业发展中，这些社会资本能够为贫困户带来经济收益，亦即社会资本可以转化为经济资本。再次，景区内贫困户比景区以外的贫困户有更好的就业机会。这些就业机会的来源主要有以下几种类型，旅游非正规就业方式、就近正式录用的正规就业岗位、照顾性质的帮扶就业岗位。国家也认识到"就业是13亿多人口最大的民生"，促进贫困人口旅游就业，是实现贫困户收入增加最有效、最直接的办法，有利于推进脱贫攻坚工作。最后，位于景区的贫困户能够节省更多的时间成本，无论是就业、农产品出售、社区居民与游客交流互动等方面都存在这一个便利条件，因为距离近便会节约时间成本，增加经济等方面的效益。

第二，贫困户生产生活范围的地理要素与旅游景区的地理要素重叠，它们是相同或者基本相同。渝东南地区岩溶地貌特征明显且覆盖面广，主要是山地、丘陵、河谷、坡麓或者高山平坝等自然地理景观单元，或者是古城、古镇、古村等人文地理景观单元分布较多，这些地貌单元形成的旅游景区，贫困户在其中居住生活。如果在非旅游开发的年代，这些地貌用于农业生产的效率比较低下，地理资本禀赋较差，经常容易陷入"空间贫困陷阱"。如果在此生活的民众只是依靠土地进行农业生产以维持生计，以往的发展实际表明，附着在这些土地上的农

民最好的状态也只能够在温饱线上徘徊。随着旅游开发的来临，这些贫瘠的土地转变为奇特的旅游景观，颇具旅游吸引力，变为了旅游业的金矿，真正实现了绿水青山到金山银山的转变。如以前基本无法进行农业生产的"荒芜之地"武隆天坑三桥地区，现在变为了世界自然遗产景区。2016 年武隆区接待游客 2 450 万人次，比上一年增长 13.5%，实现旅游总收入 751 626 万元，较上一年增长 15.2%①。成为重庆市旅游业发展的标杆区县，也是全国著名的旅游胜地。天坑三桥世界自然遗产景区是其核心旅游吸引物，也是旅游收入的主要组成部分。国家已经减免农业税等相关涉农的收费，把许多权利归还给农民，把诸多利益让渡给农民，故贫困户也能够从中获得相当的收益。

第三，贫困户与扶贫旅游景区融合型旅游扶贫模式中的利益关联紧密性。一方面，表现为利益一致性方面，二者因为空间的重合性和利益的密切关联，具有利益一损俱损、一荣俱荣的相关性特征。另一方面，表现为贫困户与景区的利益冲突数量增多，程度加深，并且在特定的情况下可能形成猛烈爆发的态势。例如，在旅游开发中的征地、拆迁、补偿等方面，贫困户的弱势群体特性更加明显，他们要么选择默认，要么选择坚持自己的意见，与管理部门进行对峙，如果处理、协调不当，则有可能产生激烈冲突，甚至可能形成系列、长期性的冲突、矛盾等社会问题。

三、贫困户与景区融合型旅游扶贫模式案例剖析——彭水县鞍子镇罗家坨苗寨

彭水县鞍子镇罗家坨苗寨是全国首批 100 个少数民族特色保护村寨之一，也是一个兼具民族文化保护和旅游发展功能的旅游景区，故选取这一景区为研究案例点具有典型性。笔者从 2010 年开始，一直在跟踪调研罗家坨苗寨的旅游产业发展与产业扶贫工作。笔者为完成毕业论文于 2010～2013 年对其进行了系统、深入的田野调查，积累了丰富的资料，也与当地的干部、村民建立了广泛、深入的联系。此后，笔者一直关注和支持罗家坨旅游产业发展和旅游产业扶贫，如前几年，笔者每年带领所在学校的大学生艺术团前往鞍子镇和罗家坨苗寨，参与当地组织的旅游节艺术表演，受到当地干部群众的热烈欢迎，效果非常理想。笔者还经常组织专家团队到罗家坨苗寨，指导当地的农业生产和

---

① 重庆市武隆区人民政府. 2016 年武隆县国民经济和社会发展统计公报 [EB/OL]. http://wl. cq. gov. cn/zwgk/news/2017 - 5/56_ 77054. shtml，2017 - 7 - 31.

旅游策划，为当地的旅游产业融合和全域旅游发展答疑支招儿。

罗家坨苗寨是一个具有典型苗族文化特征的传统苗族村寨，本研究所选取的罗WL、罗WN、罗XF三个不同性质的贫困户家庭都是典型的木质吊脚楼家庭，都位于罗家坨苗寨的核心区，都从事旅游接待或者与旅游业有密切关联，故这三户都属于典型的与扶贫旅游景区融合型贫困户家庭。

（一）彭水县旅游扶贫相关政策及实施概况

彭水县在2014年的"专项扶贫工作组工作任务分解的通知"六个专项扶贫工作组中的产业发展项目之一是旅游业，即发挥旅游资源优势。加大对贫困地区旅游业的扶持力度，注重旅游资源开发，大力发展旅游业，努力建设一批具有吸引力的旅游景区（点），配合扶贫办搞好乡村旅游项目，使旅游业成为贫困地区脱贫致富的支柱产业。旅游业四个季度的分解目标分别是：推进摩围山景区回购工作，举办2014·幸福彭水·金色田园旅游季及周家寨开游活动；完成摩围山旅游度假区建设性详细规划；开展"阿依河国际漂流赛暨爱情治愈圣地体验季活动"以及组织百家电视台集中采访、欣宜度假村开业等活动；启动摩围山旅游度假区建设及蚩尤九黎城开游活动；配合开展县庆有关活动，按时序推进重点旅游（景）区建设工作。产业发展项目之二是发展乡村旅游，即以摩围乡村旅游扶贫为重点，继续提升桂花新村、野鹅池、樱桃井、菖蒲塘、周家寨、鞍子苗寨、水田坝、研山坝等乡村旅游点的旅游接待服务品质；新发展农家乐100家、1 400张床位。乡村旅游四个季度的分解目标分别是：春季举办长生镇、岩东乡乡村旅游宣传营销活动；夏季举办摩围山乡村旅游宣传营销活动；秋季实施摩围山片区乡村旅游扶贫项目建设，完善旅游设施，举办周家寨、鞍子苗寨乡村旅游宣传营销活动，举办全县各点乡村旅游农户培训；冬季继续实施摩围山片区乡村旅游扶贫项目；新发展农家乐（农家旅馆）100家、1 400张床位；筹备2015年乡村旅游扶贫项目。

彭水县在2014年的"高山生态扶贫搬迁工作的通知"中的重点措施之一是各乡镇（街道）要重点依托集镇、行政区划前原乡镇场镇所在地、传统自然村落、旅游景区、交通干线，科学规划集中安置点。凡新规划建设的集中安置点（含2013年计划启动但实际未启动建设的集中安置点和2014年计划启动建设安置点），须报相关城建规划部门按程序审批，并报县农委、县发改委备案。措施之二是强化产业支撑。各乡镇（街道）要充分利用搬迁腾退的土地、林地资源，通过入股、分红等方式和"龙头公司＋专业合作社＋农户"模式流转土地、林地，引领搬迁农户参与特色产业的生产、加工和销售，切实解决搬迁农户生计问题。对进入城镇安置、不再耕种土地的搬迁户，建立人户分离机制，指导其流转土地给当地企业或大户发展，确保搬迁户获得稳定的土地流转收益。依托旅游景区和集中安置点自然禀赋，因地制宜发展田园踏青、避暑纳凉、果实采摘、农事体验等形式多样的乡村旅游。县农委、县林业局、县畜牧兽医局、县扶贫办、县旅游局等相关部门要制定和落实集中安置点产业配套相关政策，鼓励和支持集中安置点发展特色种养、旅游服务项目，促进搬迁农民安稳致富。县农委、县扶贫办、县人力社保局、县教委等部门要把新型职业农民培训、阳光工程培训、中职教育培训等向安置户所在村（社区）倾斜，加强对安置农户的技术指导和创业培训，让他们掌握特色产业发展的基本技能，通过税收优惠、贷款贴息等方式，促进安置农户实现就业创业，加快增收致富步伐。此外，高山生态扶贫搬迁工作涉及旅游部门职责包括：加强旅游景区及附近集中安置点选址与规划的指导，确保符合全县旅游景区规划；指导并督促乡镇（街道）加强旅游景区红线控制、管理；根据安置点规划，配套完善旅游要素设施。

彭水县在 2015 年"产业扶贫工作方案"中的重点措施之一，是主导产业优先向贫困村、贫困户覆盖。要求县级各有关部门、各乡镇（街道）要按照贫困村、贫困户优先的总体原则和巩固发展粮油、蔬菜（魔芋为主）、生猪等基础特色产业，突出发展烤烟、高淀粉红薯、蜂业等区域特色产业，积极发展牛羊、中药材、生态渔业、油茶、乡村旅游等优势特色产业的总体要求，不断优化特色主导产业布局，因地制宜、因户施策，鼓励支持贫困农户发展特色效益农业，确保主导产业贫困村、贫困户覆盖率 60% 以上。工作措施之一是，积极引导非公经济领域社会力量参与支持扶贫开发工作，做好捐赠资金和物资的使用、管理工作，与县农业和旅游产业商会协商，开展清水村旧茶园改造工作，壮大村集体经济。与茂田能源开发有限公司协商，捐助水泥对清水村委会院坝进行硬化。广泛动员行业商会和会员企业，捐款捐物为清水村配齐办公设备，完善村民活动中心。

彭水县在 2015 年的"精准扶贫精准脱贫的实施意见"中的精准落实产业扶持措施之一，是引导贫困地区群众通过入股、劳务等方式，参与高山旅游地产、乡村旅游和休闲观光农庄等服务。鼓励贫困村以集体建设用地使用权、贫困户以宅基地使用权，采用入股、租赁、联营等方式与其他单位、个人共同举办企业，发展农产品加工等；措施之二是充分保障贫困村发展必要的用地空间，优化建设用地布局。支持贫困村建设项目用地，精准用于贫困村和贫困户发展乡村旅游、养老、特色农产品加工等产业。该"意见"中的精准实施高山生态扶贫搬迁措施中要求，加大搬迁后续产业扶持力度，特色效益农业、乡村旅游、休闲观光农庄、技能培训、外出务工等扶持政策优先覆盖搬迁户，实现每户搬迁户有 1～2 个增收项目。多渠道落实搬迁户必要的"菜园地"。对每个新增的高山生态扶贫搬迁集中安置点补助特色产业资金 10 万元。推进社会公共服务向搬迁安置点延伸，实现对搬迁户全覆盖。对搬迁任务重的乡镇基本公共服务建设给予重点支持。

彭水县 2015 年"扶贫攻坚阶段性宣传工作方案"中的主要措施之一是，抓好交通干道形象宣传。县委宣传部牵头确定规范，沿县城分别至 G65 高速公路彭水西站、彭水东站、乌江彭水电站、阿依河沿线，县城经实验中学至彭水一中沿线，乌江 4 桥至摩围山沿线，以弘扬正能量为总基调，突出社会主义核心价值观、四个全面、扶贫攻坚、产业发展、生态旅游、特色文化，各涉及单位自行对过时宣传标语进行清理、修复、更新。

彭水县 2015 年"产业扶贫工作实施方案"实施方案之一是选准产业项目，即重点贫困户应大力发展烤烟、红薯、蔬菜、油菜、紫苏、食用菌、农家乐、中药材和山羊、中蜂、土鸡等快速增收产业；巩固脱贫的贫困户宜适度发展油茶、干果、茶叶、花卉苗木、乡村旅游、农村电商及粮油、魔芋、生猪、肉牛等长效产业和保供产业，从而真正形成帮助贫困农户脱贫致富的产业支柱。

近年来，彭水秉持"兴于生态、立于经济、成于家园"的发展理念，实现了新型城镇化、旅游产业化、新型工业化、农业现代化、扶贫精准化"五化"统筹推进。其中"旅游产业化"作为最重要的环节之一，在助推脱贫攻坚过程中起到了重要作用。以旅游助力扶贫攻坚，这只是彭水县实施旅游扶贫的一个缩影，彭水县自然风光秀美、旅游资源丰富。近年来，彭水县集中打造"五大精品景区"和鞍子苗寨、长生度假乐园等 23 个乡村旅游示范点，年接待游客 1 300 万人次，旅游综合收入 52.6 亿元，带动 7 500 多户贫困户增收致富[①]。

（二）罗家坨苗寨概况

笔者从 2009 年开始持续关注罗家坨苗寨的旅游发展和旅游扶贫工作。彭

---

① 赵朝秀．彭水：以旅游助力脱贫攻坚 让贫困户吃上"旅游饭"［EB/OL］．http://www.cqps.gov.cn/ps_content/2016-09/15/content_4187142.htm, 2017-7-5.

水县鞍子镇新式村四组罗家坨苗寨 2009 年被确立为全国首批 100 个民族特色保护村寨之一，鞍子镇被农业部命名为"全国一村一品示范村镇"，被文化部命名为"中国民间文化艺术之乡"，新式村被国务院扶贫办列为"全国乡村旅游扶贫试点村"。2016 年，旅游扶贫成效显著的新式村正式被国家旅游局确定为旅游扶贫观测点，由专人填报各项观测指标，定期上报。足见其作为旅游扶贫研究案例点的典型性。

　　鞍子镇位于彭水苗族土家族自治县东南，东邻黔江县鹅池镇，西接善感乡，北靠鹿角镇，南与酉阳庙溪乡接壤，面积 124.08 平方公里，距县城 54 公里。罗家坨苗寨地处鞍子镇新式村四组，鞍子、梅子、诸佛三个乡镇结合部，东邻梅子的甘泉村、诸佛的小里村，北与鹿角镇横路村隔河相望，西南与本乡的鞍子村相连，距镇政府所在地 6 公里，面积约 8 平方公里。

　　罗家坨苗寨现有房子 50 栋，人口 290 人。村民绝大多数属于苗族，以前除外面嫁入的媳妇外全村人都姓罗，是一个罗姓祖先繁衍下来的家族苗寨；现在仅有 5 户是上门女婿的户主及子女不姓罗，但其家庭主妇姓罗，是罗姓族人的亲戚。罗家坨土地 1 500 余亩，山林 2 500 余亩，田地 800 余亩，森林下户，因为搞旅游开发而禁采林木。它目前是国家民委资助的全国少数民族特色村寨保护与开发的村寨之一，主要保护苗家吊脚楼等物质文化遗产，保护娇阿依民歌等非物质文化遗产，如今，这一项目正在实施当中。

　　罗家坨是一个典型的传统农业社区，以农业为主要的谋生手段和收入来源。种植的农作物主要有水稻、玉米、小麦、薯类、豆类等；主要经济作物有烤烟、花生、油菜和林业、原生药材等；饲养的牲畜主要有猪、牛、羊、鸡等，是自给自足型的农业经济形态。2016 年人均粮食 500 公斤，人均收入 3 000 多元[①]。前些年，烤烟种植比较普遍，因为烤烟是重要的经济作物，能为每个家庭带来几千、上万的收入，但这几年基本上没有种植。代之而起的是青壮年基本外出打工，一人一年能有 1 万多甚至几万的净收入，这就造成人们忽视农业生产和烤烟种植的现状：主要是老年人留在当地耕种土地和照看小孩[②]。

　　罗家坨苗寨的发展足迹为：2010 年，罗家坨村被重庆市评为"民族团结进步试点示范村"；2015 年实现整村脱贫；2016 年全村共接待游客 10 万余人次。

　　罗家坨苗寨的产业结构逐步调整。在乡村旅游带动下，目前罗家坨所在的

---

① 2017 年 4 月 12 日电话访谈罗家坨所在的村社领导时提供的最新数据。
② 陶少华. 人类学视野下罗家坨苗寨旅游开发和实践研究［M］. 北京：线装书局，2014：18－39.

村共有专业合作社 2 家，种植养殖大户 100 户，依托旅游发展了 2 200 亩经果林。专门从事旅游服务的人员有近 100 人。罗家坨苗寨所在的新式村村支书说，在"乡村旅游＋扶贫"的新模式下，罗家坨村坚持用好用活当地的自然、人文、民族、历史等资源，将这些资源优势融入乡村旅游发展，让这些资源优势成为发展优势。"通过几年的发展，乡村旅游已经成为了带动当地村民脱贫致富的主导产业。①"

（三）旅游扶贫田野调查概况

1. 2011 年旅游扶贫田野调查概况

笔者在罗家坨苗寨田野考察期间，于 2011 年 11 月 1 日碰到鞍子乡（当时还是乡，2012 年开始改为鞍子镇）经济发展办公室李主任组织长安车运送旅游扶贫物资到罗家坨苗寨分发。当时，绝大多数属于具备旅游接待潜在能力的农户都免费领取到了彩电、电开水壶、蚊帐、枕套、被套等物品，用以布置木质吊脚楼的卧室，进行旅游接待。而且，几乎家家木门上都用钉子钉了"旅游扶贫示范户"的红色小铁牌子。但当时实际上开展旅游接待的主要是罗 WF，罗 XF、罗 H 家，他们三家只有长假和周末偶尔有一日游游客光顾，且这 3 户都不属于贫困户。一直到现在罗家坨苗寨也只有 4 户人家开展了旅游接待。所以这些物品基本上没有发挥旅游接待功能，或闲置在农户家中，或为这些农户家用。

此外，据笔者在考察期间了解到，罗家坨苗寨的旅游开发与旅游扶贫同步开展，县扶贫办也注入大量扶贫资金进行农户改造厕所、厨房、院坝，以及用以修建道路等基础设施和村级活动室等公共服务设施建设。2013 年以后，笔者也一直在关注该村的旅游扶贫工作。在此，我们可以得出一个结论，罗家坨苗寨仍然是"大水漫灌式"旅游扶贫。当时为了发展旅游扶贫建设了众多的基础设施，虽然对于改善当地的生产、生活环境起到了很大的作用。但是，贫困人口在旅游扶贫中的受关注度不高，他们能够从旅游业发展中获得的净收益微乎其微。而 2015 年后在实施精准扶贫的大环境下，按照六个精准的要求来对照此地的旅游扶贫工作，其差距仍然不小。

2. 2016 年旅游扶贫田野调查概况

笔者于 2016 年 8 月 3 日对罗家坨苗寨进行了一次田野调查，对村支两委

---

① 赵勇. 推行乡村旅游＋扶贫新模式 罗家坨：把资源优势转化为发展优势 ［EB/OL］. http：//www. cqps. gov. cn/ps_ content/2017－07/05/content_ 4353466. htm（中国彭水网），2017－7－9.

和村民进行了访谈。村领导介绍，当时的罗家坨苗寨有贫困户9户，低保户2户，五保户3户。贫困户的评定标准为以前的标准，即家里有在读的大学生、中专生、长期病人。另外，全村精神贫困即等、靠、要思想严重的有2户，其中一人50多岁，是光棍，无直系亲人，不种庄稼，好吃懒做，坐吃国家救济，平时东拼西凑吃一顿。另外一个例子，村里有一位40多岁的光棍，父母均80多岁，自己不劳动养父母，等、靠、要国家补助，2015年村支书主动免费给他一亩海椒秧苗，公司保护价收购海椒，他拒绝栽种。笔者向村支书建议给这两个人介绍对象让他们成家，可能有助于从根源上解决他俩的贫困问题，村支书认为没有这种可能性（没有人愿意嫁给他们）。

村干部介绍，现在政府投资上千万元改造道路和基础设施，用以扶贫和发展旅游业。其中，旅游投入未专门考虑贫困户，如为寨内村民添置室内接待设施，进行室内外装修，需要政府认为符合旅游接待条件的，才予以投入。

村干部介绍说，罗家坨所在的新式村和善感乡周家寨所在村的村干部到县里开会，新式村村干部提出打造罗家坨苗寨周边的森林等景观的建议，被县领导否定，他让罗家坨只发展民俗文化旅游，以保护传统文化为主，目前，罗家坨苗寨正在考虑观花摘果类树木的栽种。

村民冉MZ说，现在旅游生意没有以前好，道路坏了，许多设施未修建。如环山路毛路勉强修通，以及之前修建的荷花池均未验收。有人准备在罗家坨寨门所在的垭口修建砖房，在池塘边的路上修建猪圈，如果政府解决不好，村民就会效仿，大家都想修砖房。

3. 2017 年旅游扶贫田野调查概况

2017 年 4 月 12 日，笔者电话访谈了罗家坨所在村、社干部，主要内容是旅游扶贫的近况。截至 2017 年 4 月，罗家坨苗寨所在的新式村 4 社在 2015 年已经脱贫，最后的 10 位贫困户全部纳入低保兜底，争取实现全体脱贫。此时的新式村就只有 1 个贫困户，即是罗 XY。罗 XY 在罗家坨苗寨的垭口处的村办公楼斜对面修建了一栋规模较大的木质吊脚楼，修建的质量较好，但修建吊脚楼把钱都花光了，现在装修完不成，因此将他定为贫困户。村干部认为此吊脚楼装修完工后会成为罗家坨的亮点。政府刚给了罗 XY 5 万元扶贫支持资金，用以发展大棚蔬菜等扶贫产业。罗家坨苗寨目前有罗 H、罗 WL、罗 XH、曾 QY 四户农户在从事旅游接待，刚给了罗 H 和罗 WL 两户每户 5 万元的旅游发展补贴。其中，罗 WL 曾经是贫困户。罗 WN 以前因为家中有一个患脑萎缩症的儿子被确定为贫困户，现在已经脱贫，但仍然享受扶贫政策。现在主要是节假日和周末有比较多的游客到罗家坨苗寨旅游，例如 2017 年清明小长假期间，重庆某企业集团组织 71 人到罗家坨苗寨旅游。清明节期间每天有 400～500 个游客，周末每天有 200～300 个游客。外事办给彭水县 5 000 万元扶贫资金支持，分别给罗家坨苗寨和善感乡周家寨各 2 500 万元，罗家坨苗寨正在利用这 2 500 万元帮扶资金绿化房屋周边，搞基础设施建设，发展相关产业，修建吊脚楼等旅游接待设施等①。

笔者于 2017 年 8 月 22 日～23 日到罗家坨苗寨，有针对性地对因病致贫的贫困户罗 WL、因学致贫的贫困户罗 XN、因残（智障）致贫的贫困户罗 XF（因其本人表达能力问题，主要通过访谈罗家坨所在的新式村 4 社社长罗 SF）就旅游扶贫问题进行了深度访谈。下面关于贫困户与扶贫旅游景区融合型旅游扶贫模式探讨的材料主要来自于此次专题调研和访谈。罗 WN 说，今年有几个中老年避暑游客刚回去，在罗家坨吃住一个月 900 元。

（四）因学致贫——彭水县鞍子镇罗家坨苗寨罗 WL 案例

1. 罗 WL 及其家庭概况

罗 WL，男，苗族，1968 年生，初中文化，务农，他是鞍子镇新式村 4 社人，即罗家坨苗寨的村民。2010 年以前在外地打工，先后到湖北省、湖南省、河北省、成都市和重庆主城等地打工，打工每个月收入在 2 000～3 000 元（见图 4－1）。其妻子任 DC，1970 年生，苗族，小学文化，务农，也跟随丈夫先后在成都市、重庆等地打工多年，每个月收入 1 000 多元。罗 WL 的大女儿罗 HL，1997 年出生，苗族，今年已经大学毕业参加工作。罗 WL 的二女儿罗 JY，2002 年出生，苗族，现在在彭水一中上高中。罗 WL 的小儿子罗 YM，2004 年出生，苗族，今年在彭水一中上初中。

罗 WL 是罗家坨苗寨的社区精英。在 2010 年以后的两三年时间里，笔者经常在罗家坨做田野调查，得知他在当地社区具有相当的号召力，身边能够聚集一些"铁哥们"。他从打工回到家乡以后，经常承包罗家坨苗寨的民族村寨保护和旅游开发工程建设中的一些小型项目，成为了一个小包工头。2017 年 8 月 22 日笔者对罗 WL 进行访谈，他讲到，中央、市里来采访，都是他给他们做宣传（当地农民的代表），上面要选一个估计在这不会乱说话的农民做代表。

---

① 资料来源：2017 年 4 月 12 日电话访谈罗家坨所在的村社领导。

图4-1　因学致贫贫困户罗WL家

注：本书所有照片均由笔者田野调查期间拍摄。

其父亲罗SM，79岁；其母亲李SX，77岁。原本是分家以后二老独立居住，但他们还在帮助二儿子罗WL送孩子在县城读住校。现在罗SM的大儿子罗WF举家外出打工，罗SM夫妇就在小儿子罗WL家吃饭。2017年8月22日下午五点钟左右，我们去访谈罗WL一家的时候，正巧碰上罗SM夫妇正在跟罗WL的妻子、女儿和儿子一起吃当天的第二顿饭。

在2013年罗WL一家有3个学生同时上学，按照当地的标准（家里有学生在上大学、中职学校的）列为贫困户，属于因学致贫的贫困户。罗WL介绍，一个学生从在县城上初中开始，一直到大学毕业，每年的花费是2万元左右。他家的3个孩子一年的学杂费在5万元左右，这笔开支是一个农村家庭的沉重负担。罗WL讲，他现在还有两个小孩在读书，如果把最小的一个小儿子送到大学毕业，至少还需要九、十年，这十来年得过苦日子。2015年他的妻子任DC患宫颈癌，花去医药费13余万元，现在每年至少还要花费2万元以上进行复查和疗养。一年孩子上学的学杂费及家里一位重病病人，要开支十几万元。所以他家既是因病致贫的贫困户，又是多重原因叠加的深度贫困户。

2. 罗WL家旅游扶贫现状

罗WL讲，在罗家坨搞民族特色村寨保护和村寨旅游开发之初，即2009年开始，整个罗家坨是他家最先搞农家乐和旅游接待的。后来从2010～2013年左右，他的哥哥罗WF开始搞农家乐和旅游接待。他父亲留给两个兄弟的房子是三合院，他哥哥住左边一半，他家住右边一半。他说他哥哥家搞农家乐，他就没有搞了。他哥哥2013年以后没有搞农家乐，全家外出，在彭水县城等地承包工地当包工头，嫂嫂到城里儿子家带孙子。2013年后，罗WL又开始搞农家乐，从事旅游接待。罗WL说，现在他家每年得到政府的贫困资助是几千元，今年还得到政府给的5万元旅游发展补贴。

罗WL从2013~2015年，每年搞农家乐从事旅游接待，每年能够挣7万~8万元。2015年以后，由于他老婆患了癌症，经营农家乐就缺乏人手，他也就没有把搞农家乐作为主业，而是把主要精力放在附近承包小型工程项目上，以打工挣钱为主。但2015年以后，他家的农家乐在节假日和黄金周也零星从事旅游接待，每年有2万元左右的旅游纯收入。罗WL说，尤其是一些老顾客，经常光顾他的农家乐，老顾客要来，推也推不开，来之前打电话说要来不到别处去。老顾客习惯了在他家食宿，也比较熟悉他家的环境，他们之间建立了深厚的友谊。

罗WL家院坝前边立了一块木牌（见图4-1），木牌正中竖写"福禄山庄"四个大字，木牌右上角雕刻一朵长方形花纹，里面竖写两个小字"鞍子"。"福禄山庄"就是罗WL与其哥哥的农家乐的名称。这家农家乐的名称牌子在2012年立起来，笔者曾经在当时问过罗WF，为什么给农家乐取名叫"福禄山庄"？他说当时的鞍子镇党委书记是戴YC，戴书记说，哥哥姓名的最后一个字是"福"，弟弟姓名的最后一个字是"禄"，兄弟二人姓名各取一个字，农家乐的名称就叫"福禄山庄"。罗WL兄弟接受了书记的建议，这个名称一直沿用至今。

罗WL说，他已经在罗家坨以外的村寨买了一栋九柱两间两层楼的木质吊脚楼，花了几万元。他准备在空闲的时候，把其他地方购买的当地淘汰的这栋木质吊脚楼搬迁到他家的右边，与他家原来的木质吊脚楼挨着复建。

罗WL对罗家坨未来的旅游发展充满了信心，他认为这里是中央以及各地地方政府对口支援的乡村旅游发展示范点，以后旅游业会大发展。现在罗家坨周边的山上森林修建了环山的人行步道"二环路"和"三环路"。罗家坨苗寨活动中心下面半山腰的"龙洞"深度在10公里以上，是避暑休闲的好去处，政府即将进行开发，下面的小溪也可能要开发。

3. 贫困户与景区融合型模式下因学致贫贫困户旅游扶贫存在的问题

从上述罗WL的案例中，我们可以看到，虽然罗WL已经脱离贫困，现在属于享受政府规定的脱贫后巩固阶段的政策，即脱贫不变扶贫政策。但本研究运用的是追溯的研究方法，即通过回顾性宏观审视其家庭在处于贫困期间，因学致贫的问题及其深层次原因，并为探寻切实可行的解决措施做好铺垫。

第一，贫困户与景区融合型旅游扶贫模式中，因学致贫的贫困户家庭在旅游旺季，从事旅游经营的劳动力缺乏。因为从高中阶段开始，学生如果未上学而在家干活，就可以成为一个正式的劳动力。但他们离开家庭求学，将导致旅游旺季以家庭为从业单位的农家乐经营户缺乏人手。如罗 WL 家，三个孩子都到县城及省城上学，旅游旺季就只有夫妇两个在家经营农家乐，根本忙不过来，加之他的妻子患重病，他也就放弃了过去的以旅游经营为主业的家庭收入模式，转而以打工为主的家庭收入模式。

第二，贫困户与景区融合型旅游扶贫模式中，因学致贫的贫困户家庭存在劳动力季节性过剩问题。因学致贫的贫困户家庭的学生将会在寒暑假回到家里，有 3 个月左右。这一时间段不一定与旅游旺季重合，将可能会使返家的学生成为闲置的旅游劳动力。如罗家坨苗寨的罗 WL 家庭，三个孩子在寒暑假回家，而这一季节非罗家坨苗寨的旅游旺季，他们以前经常参与家庭的旅游接待活动，逐渐培养了基本的旅游接待服务技能，三个孩子在这一季节往往成为闲置的旅游劳动力。

第三，因学致贫的贫困户家庭的贫困具有阶段性特征。因学致贫的家庭往往因为学生有比较高的学杂费负担，致使家庭在学生求学期间处于贫困状态。这就表现出因学致贫贫困户家庭贫困的阶段性特征。例如，罗 WL 一家之前有 3 个学生同时在县城和省城读书，他家在 2016 年以前处于贫困状态下，恰好是因学致贫的学生求学期间，这就是其贫困的阶段性。

第四，贫困户与旅游景区的旅游业关联性强、依赖程度高。这种因学致贫的贫困户家庭的贫困问题在贫困户与扶贫旅游景区融合型旅游扶贫模式下具有特殊性。因为在贫困户与景区融合型旅游扶贫模式下，贫困户位于旅游景区内，对于旅游景区的旅游业的关联性强，依赖程度高。贫困户家庭介入旅游业越深，则关联性和依赖性就越大，在一定程度上具有一荣俱荣、一损俱损的关联特征。其家庭与旅游业的关联性很强，具有一定程度的依赖性。罗 WL 家的部分耕地已经在建设罗家坨苗寨这一民族村寨保护项目和旅游开发项目的过程中，被政府相关部门和相关公司征用、占用或者租用，导致其家庭的农、林、牧、副、渔业等传统的农业用地减少，这方面的收入也减少。而其家庭及其周边环境皆由政府或者是家庭出资按照旅游接待的标准进行打造，旅游功能增加而传统的农业生产功能减少，故其家庭对于旅游业的关联性和依赖性就更强。罗家坨苗寨目前的旅游业呈现出明显的假日经济特点，游客主要集中于节假日和周末前来参观游览，故其旅游业具有间断性特征。加上游客规模不大，目前只有几户农家乐开展了旅游接待服务，其旅游接待服务还主要是家庭经营为主的农家乐模式，经营服务人员主要是家庭成员，传统的"个体户"色彩突出。

所以罗 WL 的 3 个孩子上学以后，罗 WL 的母亲到县城陪读。其妻子患重病，他自己就由以经营旅游业为主要收入来源，转而变为以打工为主要收入来源，原因在于缺乏经营农家乐的人手。这里的村寨旅游业的不连续性、农家乐的小规模而非社会化生产，都导致雇佣外来员工不大可能。

4. 贫困户与扶贫旅游景区融合型模式下因学致贫贫困户旅游扶贫的对策

针对贫困户与扶贫旅游景区融合型条件下，如何对因学致贫的贫困户进行有的放矢的旅游扶贫，提出如下一些旅游扶贫路径。

第一，旅游业大发展来带动与景区融合为一体的贫困户的发展致富。一方面继续发挥政府在规划、宣传、基础设施建设等方面的主导作用。另一方面，把一些业务性权力分散到旅游景区和贫困户所在的旅游扶贫社区，充分发挥社区的积极性、主动性和创造性，使社区和景区更好地融为一体，使旅游者、旅游目的地东道主居民、旅游管理者和经营者等旅游利益相关者更好地交往、互动和交流，按照全域旅游的理论甚至走向融合。因为贫困户与旅游景区是融合为一体的，旅游景区及旅游业的进一步大发展，会直接带动旅游景区所在区域经济的更好发展，尤其能够更加直接、大力度地增加从事旅游经营的贫困户的收入，使已经在参与旅游接待的贫困户家庭更深入参与旅游业，更多地从旅游业中获益，从而促进这些家庭脱贫致富。如罗家坨苗寨的贫困户罗 WL 家就是在景区内直接从事农家乐经营服务，如果罗家坨苗寨景区能够提档升级，就可能吸引更多的客源四季不断地前来观光、休闲、度假，那么罗 WL 家的农家乐就可以常年不间断地经营，甚至如他所打算的还可以扩大经营规模，可以雇佣许多外来的、专业的旅游从业者帮助他家经营农家乐。从个体户式农家乐向规模化、社会化乡村旅游企业发展，能够使罗 WL 摆脱家庭人力资源短缺和季节性波动的困境，从而实现他家旅游经营的稳健发展，也能够更好地促进他的家庭脱贫致富。

第二，充分利用贫困户与扶贫旅游景区融合的优势，帮助未直接兴办旅游接待、服务实体的因学致贫的贫困户家庭从旅游业中获益，从而实现脱贫致富的目标。因为旅游景区与贫困户融合为一体，贫困户就具有旅游景区空间距离近的地理资本优势，更加利于贫困户家庭参与就业和进行农副产品销售等增收活动。根据笔者的田野调查获得的资料和信息，很多贫困户家庭无法直接参与旅游业以及从中获益，或者无法直接兴办旅游接待、服务类型实体，因而无法更多、更直接地从旅游业中获益。此类家庭的旅游扶贫方法是：一是帮助因学致贫的贫困户家庭的主劳动力实现在旅游业中的就业。帮助他们找寻一些技术性和技巧性不强的工种，主要以体力劳动、后勤服务为主的工作岗位。例如可以安排罗 WL 家的劳动力打扫清洁卫生、搬运货物等。二是定向销售。即旅游景区和企业与因学致贫的贫困户签订协议，让因学致贫的贫困户按照订单为旅游公司或者企业喂养家禽和家畜，或者生产农产品，然后旅游企业或公司按照保护价收购，以帮助因学致贫的贫困户增收脱贫。例如，可以利用旅游企业与罗 WL 家签订协议，实行订单式生产，向罗 WL 家定向购买粮食、家禽家畜等物品。三是生态购物模式。目前，以中产阶层为主体的游客对生态和文化特别青睐，而且自驾游游客爆发式增长，他们也愿意在景区及周边购买到真正的生态食品。因此可组织游客到因学致贫的贫困户家庭购买粮食、肉类、蔬菜、活禽等食品，以及手工艺品等物品。2017 年 8 月笔者在罗家坨苗寨考察期间，在罗 WL 家购买了红苕粉，12 元每斤，高于市场价很多，甚至在 1 倍以上。其他游客也经常前来购买，售卖的价格也比较高。例如，政府相关部门或者旅游企业可以介绍游客到罗 WL 家购买红苕粉、腊肉等农副产品，既可以满足游客的绿色食品需求，又可以为贫困户带来收益，是一种比较理想的方法。四是非正规就业模式。非正规就业是指那些因在付酬、劳动时间、劳动关系、工作形态、社会保障以及经营活动这六个方面存在不固定性、不稳定性或不规范性而与正规就业有性质上区别的劳动就业形式。非正规就业要以劳动者的辛勤和积累为基础，并在总体上要对经济发展和社会稳定有利。旅游非正规就业具有上述非正规就业的特点，它本质核心包含三点：没有在政府部门登记，劳务处于税务监管的盲区；没有纳入社会保障体系，或者虽有制度性的规定，但很少被执行；劳动关系不规范，不稳定，劳动契约随时可能被终止。旅游非正规就业主要是存在于旅游非正规部门的就业。一般以个人或家庭为经营单位，小本小规模经营，自产自销。由于旅游服务或产品大多不需要较高的技术，主要以手工和人力为主，因此他们通常以家庭、亲族或邻里为单位，聚集在一起，对原生产品进行简单地加工，例如，给珍珠穿线做成项链或手链等。这些非正规就业者没有统一组织。他们位于旅游景区或交通要道，或者与正规部门并存于中心城市，向外来大众游客或国外背包散客兜售产品。由于投入少成本低，所以提供的服务具有低质低价的特点。例如，销售旅游纪念品和地图册的小贩、街头小手工艺人、人力车司机、没有营业执照的家庭旅馆、无证导游和景区附近路边的小吃摊等①。所以，罗 WL 可以在景区及其周边区域进行一些投资小、

---

① 郭为，厉新建，许珂. 被忽视的真实力量：旅游非正规就业及其拉动效应 [J]. 旅游学刊，2014，29 (8)：70 - 79.

见效快的非正规就业，如开设售卖水果和小吃等食品的小摊，或以个体户形式经营家庭旅游、交通拉客、景区用具出租、售卖手工艺品的小摊等。这在旅游景区，对贫困户来讲，是一种比较实用的旅游就业方式和旅游扶贫方式。

第三，学生利用寒暑假可以开展灵活多样的就业活动。因学致贫家庭的学生可以充分利用家庭位于旅游景区内的优势，通过利用自己所学的电脑、财会等知识和技术的优势，在家庭或者景区内从事与旅游业相关的工作。一是在家庭就业。如果因学致贫的家庭自己在从事旅游接待服务活动，寒暑假放假回家的学生可以在家从事电脑操作、收银、传菜、广告宣传等知识性、技术性较低的工作。例如，罗 WL 家的 3 个孩子均可以在家里帮助农家乐旅游接待服务活动。二是如果因学致贫的家庭没有直接从事旅游接待服务工作，则放寒暑假回家的学生可以在本地的旅游业相关企业或者经营实体打工，以赚取一定的工资收入，减轻家庭的学杂费负担，同时也增加自己的实践能力。例如，罗 WL 的两个大女儿，可以利用寒暑假在罗家坨的旅游商品合作社打短工。三是因学致贫家庭的学生可以在景区从事非正规就业。根据笔者的观察和估计，年龄在十四五岁以上的学生，都可以在景区独立或者与父母配合摆摊设点，销售具有地方特色的小吃、农副产品、手工艺品等物品，这也是一种培养锻炼学生自立自强意识的好方法。例如，罗 WL 的 3 个孩子，可以在当地景区设点销售当地著名的红米、红苕粉、腊肉、小米花生、干豇豆等农副产品，以及苗族刺绣等手工艺品，这些旅游商品颇受游客喜爱，应该有不错的销售收益。

第四，因学致贫家庭学生寒暑假异地就业模式。因为贫困户与扶贫旅游景区融合的地理资本优势条件，因学致贫家庭的学生常年生活在旅游景区，他们会耳濡目染，日常接触到一些旅游接待的常识、方法和技巧，加上他们也在学校学习到一些通用的电脑、计算机等基础知识，所以他们具备到离家较远的其他旅游景区从事旅游业相关的工作的能力。因此，这些学生也可以利用寒暑假到其他旅游景区从事旅游业相关的短期工作。例如罗 WL 的 3 个在校学习的孩子，其中的两个大女儿就可以利用寒暑假到其他旅游景区从事旅游业相关的工作。

（五）因病致贫——彭水县鞍子镇罗家坨苗寨罗 WN 案例

贫困户与扶贫旅游景区融合型扶贫模式下，因病致贫的贫困户位于旅游景区内，其旅游扶贫要充分利用贫困户家庭与景区零距离的地理资本优势，利用旅游业开发扶贫。本案例中，罗家坨的罗 WN 的儿子在 2015 年去世，他家也在 2016 年属于脱贫后的巩固户,本案例探讨他家在孩子生病期间的贫困状况及利用扶贫问题,探究一些旅游扶贫的新方法。笔者于 2017 年 8 月 22 日对罗 WN 就旅游扶贫进行了深入访谈。结合前些年一直在罗家坨做田野调查,与罗 WN 进行多次深入交流、访谈所获得的相关资料,以及从侧面了解到的材料,作出下面一系列问题的研究。

1. 罗 WN 及其家庭概况

罗 WN,男,苗族,1957 年生,小学文化,务农。他小学毕业,校长叫他继续读书,因为才十四五岁,但是家里缺劳力,父母就叫他出去打工(见图 4-2)。到彭水县修朱山洞电站打工时,他是打先锋。一个月挣 500 多分,一分值二角多钱,一个月能挣一百多,那个时候算高工资,所以饭钱等生活费用除去 30 元,每月还剩 70 元左右。几年后水电站修好,他拒绝了电站的挽留执意跑回家,没有留在电站上班而丢掉一个端"铁饭碗"的机会,他现在感到很后悔。后来成家以后,他就外出打工。在外打工 20 多年期间,跑遍了全国绝大多数省区市,如北京、东北三省、新疆、浙江等,在北京打工 3 年多,上海、福建、江西等少数省份没有去打过工。2008 年回来后,他就再也没有到远处打工。

图 4-2 罗家坨因病致贫的贫困户罗 WN 家

他的妻子马 DJ,1964 年生,苗族,初中文化,务农。在外打工十七八年就回来了,主要是回来照顾患重病的大儿子。罗 WN 妻子伤心地说,她大儿子要是在世的话,现在三十岁了。

罗 WN 的大儿子,名叫罗 YH,1987 年生,苗族。罗 WN 夫妇介绍说,他在读初中的时候成绩好,在镇上很出名,字也写得好,那个时候就发现他写字的时候，双手抖动得厉害。后来在彭水县城读重点高中，成绩也非常好。在最初犯病的时候，认为他是患风湿病，结果后来发现是脑萎缩症。大概在2005年前后，重点高中还没有毕业就正式犯病，脑萎缩症十分严重，没法继续完成学业，便回到家中。夫妇俩开始带着生病的大儿子，一边在外省打工一边给儿子看病，那些地方的医生和民众就说，你们重庆的 XN 医院治疗脑萎缩症是出名的，但罗 WN 认为那个医院也治不好，便没有带儿子到那里看病。他大儿子在生病的最后两年完全瘫痪，吃饭、上厕所等一切活动都不能够自理，需要父母照顾。罗 WN 大儿子在 2012 年去世。他大儿子从病重到去世，共 7 年多，每年医药费花费 2 万多元，总共花费十几万元。

罗 WN 小儿子，罗 GB，2001 年生，苗族，初中在读。他家 2015 年被列为贫困户，也享受低保政策，一年获得 3 000 元补贴，是先买猪崽 5 个花费 3 000元，然后政府部门才把 3 000 元补贴到位。2017 年可以一次性获得无息贷款 5万元，3 年内还清，他家也申请到了，主要用于小孩读书。

在这样的大热天，他夫妇俩在笔者此次访谈的时候，还煮了白糖糯米籽开水来招待笔者，他们的热情让笔者非常感动！夫妇俩在描述他们大儿子的聪明和好成绩时，显得很是骄傲。随着时间的推移，在描述他们大儿子的病情，大儿子遭受的痛苦，以及大儿子的重病给家庭带来的经济负担、照顾大儿子的艰辛的时候，夫妇俩没有过度的悲伤或者掉眼泪，但他俩说话的语气缓慢而沉重，显然这种悲伤深深地埋在他们心灵深处，他们在某种程度上也表现出对此事的无奈。

2. 罗 WN 家旅游扶贫状况

2011 年，是罗 WN 的大儿子病得很严重的一年，他家也处于极度贫困状态。这一年罗家坨苗寨大量地进行民族村寨保护和旅游开发的基础设施建设。这一年，政府在罗家坨垭口外的左边平地上修建旅游接待中心兼村级活动中心，由彭水老板张 WJ 承包修建，建筑老板平时在罗 WF 家吃住，罗 WF 跟罗WN 是堂兄弟，罗 WF 看到 WN 家大儿子病情严重，导致家庭太贫困。罗 WF就介绍罗 WN 晚上去帮张 WJ 老板照看工地，主要就是在工地上睡觉，防止有人偷盗工地上的财物。晚上照看工地 20 元一天。总共照看了 1 年左右，1 年下来照看工地挣了 7 000 多元。后来张 WJ 经常要罗 WN 免费加班，被罗 WN拒绝，两人关系搞僵了，他就没有继续照看工地。罗 WF 还介绍罗 WN 在张WJ 的工地上干杂活，150 元每天。一年下来挣了 2 万多元的工钱。

罗家坨的旅游业至今仍然在发展。政府也在不停地进行扶持。罗家坨的贫困户现在处于脱贫后的巩固阶段。罗 WN 说，精装修这样一间吊脚楼室内的卧室总共花费了 3 万多元，政府补贴 1.86 万元，自己出资 1 万多元，仅卧室内的厕所改造花费 6 000 多元（见图 4-3）。政府委托公司承办改造、修建，农户不参与改造、修建，农户把自己应该出的部分资金交给装修公司即可。目前没有钱买床和相关用品，床铺也很贵，一个床要 1 000 多元。每一间房屋需要买两个床，一台电视，总共还要花费 4 000 多元。他家明年准备搞旅游接待。现在也不是每家每户都精装修旅游接待的客房，有些家庭不愿出钱就没有装修，因为自己要贴一部分钱。按照约定，罗 WN 把院坝前面的花坛及屋后面的堡坎修葺好之后，政府给了 6 000 元补助。

图 4-3　罗 WN 家精装修的旅游接待客房

3. 贫困户与景区融合型旅游扶贫模式下因病致贫家庭旅游扶贫存在的问题

本研究主要探讨因病致贫的贫困户罗 WN 在孩子生病致贫期间，如果利用旅游扶贫的方式进行扶贫，可能存在的一些主要问题和困难。

第一，缺乏从事旅游业经营和就业的劳动力。因为家庭有病人拖累，成年的病人自己本身不能从事劳动，就减少了家庭的劳动力，如果需要其他家庭成员照顾病人，则家庭减少了 2 个甚至更多的劳动力。这就导致与景区融合的因病致贫的贫困户家庭能够从事旅游业经营服务性工作的正常劳动力减少，也影响了通过旅游业扶贫的效果。如罗 WN 家庭，其大儿子患病期间，尤其到了后期脑萎缩症导致大儿子完全瘫痪，其妻子天天全身心地照顾其大儿子，这就减少了 2 个正常的劳动力。只能靠罗 WN 一个人在外打工维持家庭 4 个人的开支，导致其家庭迅速坠入深度贫困。尽管罗 WN 自己家里也有木质吊脚楼，但缺乏劳动力从事自己家庭的农家乐经营,也缺乏劳动力进行旅游行业打工。家庭唯一的劳动力罗 WN 也只是偶尔在罗家坨苗寨的旅游基础设施建设中打工。

第二,缺乏资金。缺乏资金是与旅游景区融合型贫困户遇到的比较普遍的问题,贫困户主要是指经济方面的贫乏。原因可能是家庭经济基础薄弱,管理部门的资助金额有限,社会团体和个人的捐助资金不到位,家庭没有找到合适的增收渠道等。就贫困户罗 WN 而言,他家从病人治病到全家人的开支,再到准备将吊脚楼改造成为农家乐和民宿旅馆等,都缺乏大量的资金。罗 WN 在大儿子未生病之前,是一个普通的农民家庭,不属于贫困户,能够勉强维持家庭的运转。家庭的主要目标就是将两个孩子抚养、培养成人,家庭的主要希望和骄傲是大儿子能够金榜题名,成就一番大事业,光宗耀祖。但是,大儿子患脑萎缩症一下子就将这个家庭拖入深度贫困的深渊。主要原因是大儿子治病需要大量的资金,为了给大儿子治病,家庭欠下了大笔债务。

第三,贫困户与旅游景区融合型旅游扶贫模式下,贫困户在景区直接就业面临缺乏技术的困境。在贫困户与旅游景区融合型旅游扶贫模式下,贫困户具有与旅游景区零距离的地理资本优势,贫困户在本地旅游行业直接就业是一种常见的、快速的、可行的旅游扶贫模式。但贫困户多数是非熟练工人或者半熟练工人,需要进行技术培训后才能上岗,所以旅游行业部分工种的直接就业对于贫困户来说,具有较高的"门槛"。如罗 WN 家,夫妇二人是两个健全的劳动力,但他们都是普通农民,对农业生产十分熟悉,在外打工也主要干体力活,他们俩基本不具备任何旅游行业就业的工作技能。而旅游行业中,游客是十分挑剔的,对许多服务要求非常高,像罗 WN 这样的普通农民如果要直接在旅游行业就业,会遇到重重困难,需要经过大量培训方可逐步适应这一行业的就业要求。

第四,贫困户与旅游景区融合型旅游扶贫模式下,因病致贫贫困户的自我发展能力弱。具体表现为贫困户家庭单打独斗,相对比较缺乏政府或者旅游业的主流企业的业务引导和帮扶,没有形成贫困户和普通农户的抱团取暖的发展势头,导致贫困户的自我就业能力、自我创业能力和抗风险能力等方面的弱势。例如,因病致贫的贫困户家庭罗 WN,他自己家庭因为大儿子生病,在资金和技术都缺乏的条件下,他们一家人属于比较弱势的群体,在他儿子患病而家庭处于极度贫困期间,如果让他自己出资进行旅游就业知识和技能培训,或者出资上 10 万元将自家吊脚楼改造成为农家乐或者民宿旅馆,是不可能的。要实现上述发展愿景,需要借助外力的帮助,需要组织的引导和整个行业的帮扶。

第五，因病致贫贫困户家庭的社会权益保障机制不够健全。因病致贫的贫困户家庭由于人手有限，精力分散在治疗和照顾病人上面，其家庭的一般性和照顾性社会福利、优惠政策等往往被忽略掉、排挤掉。如罗 WN 讲，他家在大儿子生病期间，有很多政策福利没有能充分享受。如 2011 年，政府资助罗家坨的每一个家庭每一间用于旅游接待的客房两个床，以及床单、被子等配套的床上用品，一台价值 1 000 多元的液晶屏幕彩色电视机，他家里有病人，就没有给他家计划，他自己家里也啥都没得到。木质吊脚楼的墙壁、房盖等的装修他家没有得到资助，也就没有装修。当时每家每户改造厨房灶台、地砖等，罗WN家只得到了这部分补助。

4. 贫困户与扶贫旅游景区融合型模式下因病致贫贫困户旅游扶贫的对策

如前所述，在直接就业贫困户与扶贫旅游景区融合型扶贫模式下，针对因病致贫的贫困户的旅游扶贫模式主要有如下几种类型。

第一，照顾性直接就业。因病致贫的贫困户家庭，如果有健全的、空闲的劳动力，可以在本地景区内安排照顾性工作，以增加贫困户家庭的收入，缓解甚至消除贫困。如前所述，2011 年罗 WN 在堂弟罗 WF 的介绍下，在罗家坨苗寨工地打工挣了 3 万元左右。这是一种依靠社会资本而偶然性介绍的工作。除此以外，还可以建立经常性、制度化的贫困户在景区内直接就业照顾性机制，以帮助贫困户实现本地就业。

第二，对贫困户家庭就业人员进行就业技能培训。因为贫困户家庭的劳动力在本地就业具有先天优势，可以利用政府资金、公益资金、企业无偿培训资金等资金来源对贫困户家庭中没有旅游行业就业技能的劳动力进行培训。培训方式一是采用传统的理论授课、现场操作展示的方式培训；二是采用师傅带徒弟的方式进行培训；三是采用现场参观、观摩式的培训等。但需要注意培训的针对性，针对农民的文化程度、年龄等特征，以浅显、简单、易操作的内容为主；还有应该注意培训的实效性，避免以往许多培训流于形式，少有实际效果的弊端。如罗 WN 处于贫困期间，他是一位 50 多岁的老农民，小学文化，如果要对他进行旅游行业就业的知识、技能培训，则要针对他的个人特征进行。

第三，针对因病致贫的家庭多属于弱势群体家庭的特点，可以用"组织"的方式给予旅游帮扶。根据选择性空间封闭理论，将权力分散给各地方各区域旅游社区，使得旅游社区按照自己的需要来规划其人力和物力的发展，而且还能够控制对其发展有消极影响的外界联系。一是成立自发的、民间的行业协会组织，尤其是防止协会实体化行政化，防止协会被少数强势家庭或者个人控制，成为他们独自牟利的工具，要注重吸收贫困家庭成员加入，并且保证他们的话语权和权益。这一举措在我国是非常重要的，它可以在旅游扶贫中发挥重要的作用。二是建立政府、旅游企业、旅游社区、公益组织等多个组织共同制定和推进旅游扶贫计划，为因病致贫的贫困户参与旅游业提供更多的资源和机会。这样可以在一定程度上克服贫困户从事旅游就业和经营活动时面临的散、小、弱、差等劣势。如提供旅游扶贫的服务和咨询，督促执行旅游景区的政府用工政策等。如因病致贫的贫困户罗 WN，如果有当地旅游协会和多个机构的关注和支持，他就可以在处于贫困期间获得更多的组织援助，获得更多的就业机会和旅游收益。

第四，贫困户自主创业的旅游扶贫模式。同样根据选择性空间封闭理论，将权力分散给旅游社区，激发贫困户的内生动力，让他们积极参与到旅游业当中。因病致贫的贫困户家庭，如果有富余的劳动力，且具备一定商业经营的基本能力，可以寻找和分析商业机会，建立小微企业。政府在基础设施建设、资金、技术、市场开拓等方面予以支持，帮助这些贫困户建立的小微企业成长起来，并且能够持续发展下去。这样的小微企业能够具备一定的自我良性发展能力和造血功能，有利于可持续旅游扶贫。如罗 WN 家庭处于贫困期间，可将他家的部分吊脚楼打造成为民宿旅馆，或者利用他们的土地等资源打造或开发一些小型的收费娱乐项目。

第五，游客参观捐助、资助就医的医疗性旅游扶贫模式。贫困户与旅游景区融合模式下的因病致贫贫困户，可以采用引导部分愿意了解、参观因病致贫贫困户及其家庭的游客，前往参观贫困户家庭或者病人。游客在了解旅游社区的因病致贫贫困户的具体贫困状态以后，出于爱心、责任感等原因，对贫困户进行直接的钱物捐赠、以购物的方式进行资助、介绍治疗途径、愿意承担一定的治疗费用等方式进行旅游扶贫。因为负责任的生态旅游既包括自然生态旅游，也包括人文生态旅游，除了欣赏景区自然和人文生态美景之外，还要关注景区自然和人文生态的可持续发展，关心和帮助景区的贫困户和弱势群体，也是关注景区人文生态可持续发展的具体表现，也是人文生态旅游的应有之意。例如，2011 年笔者在罗家坨做田野调查时，罗 WF 就说，他家后面的罗 WN 家的小孩患重病，没有钱医治，也不知道哪里有这个技术可以治好脑萎缩症，他说希望媒体关注呼吁，希望社会捐助。

第六，物品直接销售。即是因病致贫的贫困户直接将原材料、半成品或者成品等物资直接销售给旅游类企业，也可直接到旅游地所在市场进行销售。销售的内容包括食品、手工艺品、基础设施建设材料等生产和生活资料，以及民宿旅馆、地方特色交通工具等旅游产品直接面向游客销售。因病致贫的贫困户也可到旅游地所在的市场销售物品，游客也能够直接或者间接购买。如笔者2017年8月28日在贵州省雷山县西江苗寨政府办公楼前的当地市场看到，许多当地农民摆摊设点的农副产品销售摊位前，有很多游客直接购买农民的农副产品。以罗WN为例，他家的田地里种植了各种粮食、蔬菜、水果等农产品，还饲养了各类家禽家畜，这些物品可以直接销售给旅游类的宾馆等企业，也可以直接售卖给游客，包括摆摊设点销售给游客，也可带领游客上门购买。如笔者经常到罗家坨苗寨做田野调查，每次都要购买当地的生态食品，如2017年8月22日这一次的田野调查，笔者在罗WN家购买了3斤腊肉，笔者给了100元，不需要他找零，而罗WN老婆觉得这样价格太高要找补零钱，被笔者婉拒。她又赠送三小捆自家产的红苕粉给我。

（六）因残致贫——彭水县鞍子镇罗家坨苗寨罗XF案例

贫困户与扶贫旅游景区融合型扶贫模式下，罗家坨苗寨的因残致贫的贫困户典型案例就是罗XF。笔者于2011年3月5日对罗XF家进行了问卷调查。2017年8月22日，笔者对罗家坨苗寨所在的新式村四社社长罗SF，就罗家坨苗寨因残致贫的贫困户罗XF的旅游扶贫状况进行了深入访谈。因为罗XF夫妇属于轻度智障，故直接交流可能获得的有效信息有限，所以下面的研究主要以此次访谈的内容为主进行研究。罗XF是属于因为智力残障的贫困户，是因残致贫的贫困户的典型。下面就以罗XF为典型案例，分别介绍和探讨其家庭基本状况、旅游扶贫概况、旅游扶贫存在的问题，最后探讨和研究贫困户与扶贫旅游景区融合型扶贫模式下因残致贫家庭的扶贫新方法和新模式。

1. 罗XF及其家庭概况

罗XF，男，1940年生，苗族，文盲，务农。罗XF的妻子名叫任WX，1943年生，苗族，文盲，务农。他夫妇俩都说，年轻的时候会唱当地民歌，现在焦愁大，忘记了。

罗XF领养了一个儿子，名叫罗SQ，1967年生。罗SQ的妻子名叫饶SF，1969年生。罗SQ家两个女儿，一个儿子。大儿子和大女儿现在都20多岁；小儿子才10岁，在读小学。罗SQ夫妇俩常年在外打工，勉强能够维持家庭开支。罗SQ自己家庭人口多，在温饱线上挣扎，也比较贫穷，无力赡养二位老人。罗 XF 夫妇两个有轻度智障，劳动能力弱，加上二位老人都年事已高，靠种地的收成难以维持生活，属于因残致贫的家庭。

罗 XF 前几年把肋骨摔断了，留下残疾。现在他家同时属于市属五保户，每个人每个月有 300 多元的补贴，每个人每个月领取 100 多元的养老保险金。现在整个罗家坨苗寨属于脱贫后的巩固阶段。在此，我们着重探讨其家庭之前处于贫困阶段的贫困状况及旅游扶贫策略。

2. 罗 XF 家旅游扶贫状况

罗 SF 是新式村 4 社即罗家坨苗寨所在社的社长，他和罗 XF 也是一个家族的族人，按辈分罗 XF 还高罗 SF 一辈。罗 SF 对罗 XF 一家的情况是非常了解的。罗 SF 说，罗 XF 家现在就种点庄稼，没有搞旅游接待服务。罗 XF 就在家里面摆了一个小摊，卖点副食、小孩的零食等生活日用品。但是没有卖腊肉、红苕粉等当地的特色农副产品。主要靠政府帮扶一点，他家自己挣一点，把生活搞起来。

罗 XF 家的店子每个月销售额可以达到 3 000 ~ 4 000 元。他家旁边也有 1 户人家在卖香烟、矿泉水、啤酒等东西。他家店子的利润在 70% 左右。游客在此买东西的销售额占他家整个销售额的 1/3 左右。有些游客有钱，或者有些游客出于同情心，看他这家老两口为人老实，人很好，有时候买 1 瓶一般的矿泉水，就给 10 元或者 20 元，不要罗 XF 找补零钱，相当于献爱心。有些游客甚至拿 100 元买个小东西也不要他找补零钱，这纯属于是帮助他家。社长罗 SF 有时候也向游客介绍，这是一家穷人。游客不在乎钱，以购物的方式献一份爱心。罗 SF 社长说，游客有一种做好事、希望大家都有好的心理。

罗 XF 老两口每逢 2 日、5 日、8 日赶场天，还要亲自在鞍子场上把批发来的物品用小背篓背回罗家坨，罗家坨的人有骑摩托车的碰到这种情况就帮忙把他们连人带物送回罗家坨，自发帮助二位老人。因为智障，年纪太大，加上领养的儿子无能力赡养二老，老两口生活困难，现在在社长呼吁下，政府部门已经完全解决了老两口的生活问题。前几年，社长每天还要在几百米以下的小河沟用摩托车为老人拖两桶水。社长说，他是党员干部，应该为贫困户做一些事，罗 XF 是他长辈，他也该为长辈尽一片孝心；他自己也老了，50 多岁，老了也需要晚辈照顾，照顾长辈老人体现亲情、人情味。

3. 贫困户与扶贫旅游景区融合型模式下因残致贫家庭旅游扶贫存在的问题

贫困户与扶贫旅游景区融合型模式下，因残致贫家庭旅游扶贫存在诸多问题，主要包括缺乏制度性针对性的旅游扶贫举措、被边缘化等。

第一，被强势、精英旅游经营户排挤而导致边缘化。因为因残致贫的贫困户家庭至少有1人残疾，导致这个人部分丧失甚至完全丧失劳动能力，甚至需要另外的1位健全人进行看护，有可能导致家庭丧失两位健全的劳动力。这样就导致家庭的劳动收入减少，造成家庭的经济、社会实力下降，在旅游目的地强烈的旅游经营活动竞争中，往往处于劣势，遭受到挤压而被边缘化。事实上，笔者在全国各地大量的旅游扶贫调查中发现，贫困户家庭尤其是因残致贫的贫困户家庭兴办旅游实体，直接从事旅游接待服务的为数极少。因残致贫的家庭缺乏经济实力，缺乏人手，而且往往缺乏强大的社会资本，处于旅游产业的边缘化境地，甚至与旅游产业毫不沾边。如罗家坨因智障而致贫的罗XF家庭，根本没有能力利用自家的木质吊脚楼开展农家乐饮食、住宿等旅游接待服务活动。村里实力较强的几户家庭开设了农家乐，并且做了广告，经营业绩还不错（见图4-4）。

图4-4 罗家坨垭口处竖立的六户农家乐广告牌

第二，缺乏制度性旅游扶贫的举措。虽然因残致贫的贫困户得到了政府和社会各界的关注和帮扶，但面对旅游景区内的地理资本优势，缺乏系统的、针对性的旅游扶贫举措。例如，罗家坨的因残致贫家庭罗XF，只有在政府部门、亲朋好友和邻居的帮助下，建立一个爱心小卖部，游客和居民照顾性的在那里购买一些生活物品。但这只是临时性政策，是权宜之计，其可持续性难以保证。

第三，依赖性比较强。贫困户与扶贫旅游景区融合型模式下，加之我国目前的旅游发展模式主要还是以政府主导为主，这就形成了社区旅游发展对政府的依赖性，包括规划、基础设施建设、市场开拓、经营接待业务等。总体趋势是从政府的扶持开发逐步演变为对政府的高度依赖。以罗家坨苗寨为例，这一重庆境内最大的家族苗寨，从最初的发现、开发至今已经有 10 年左右的时间，其最初的启动依靠政府，当地的基础设施建设、景区打造、广告促销、举办各种活动等都由政府一手操办。政府前前后后已经投入资金数千万元，现在仍然在为这个景区的未来发展谋划、继续投资。在此过程中，罗家坨苗寨的社区居民始终处于被动的、依靠的地位，他们的积极性、主动性、创造性等完全没有得到发挥，也没有发挥的机会和余地。像罗 XF 这样的因残致贫贫困户则是随大流，而且是处于大流的末端。

4. 贫困户与扶贫旅游景区融合型模式下因残致贫贫困户旅游扶贫的对策

本研究立足于从长远和可持续的角度出发，利用旅游景区与贫困户家庭融合的地理资本优势，致力于建立长效的针对因残致贫的贫困户家庭的旅游扶贫机制和模式。可以借用地理资本理论和选择性封闭理论，将权力下放给旅游社区，更大地激发起旅游发展的活力和动力，更好地促进旅游扶贫。这可以采取多种多样的组织形式，运用多样性的方法和手段，以实现自上而下与自下而上相结合的路线来推动旅游扶贫。

第一，充分利用现代的经济发展模式，为因残致贫的贫困户建立合资经营、租赁经营等旅游扶贫新模式。针对因残致贫的贫困户缺少资金、劳动力等具体困难，由政府管理部门引进有实力的公司、个体经营者等经济实体，在旅游景区开展合资经营或者租赁经营，在同等条件下优先照顾因残致贫的贫困户。这需要政府管理部门的组织、监督、管理，尤其是因残致贫的贫困户常常是弱势家庭，更加需要政府部门的关心和帮助，如协议的签订与执行、后续的利益分配公平性监督等。如罗家坨发展民族村寨旅游，罗 XF 家的木质吊脚楼经过装修以后可以开展民宿旅游，可以将罗 XF 的住宅与外来资本进行合资经营或者租赁经营。罗家坨苗寨里的农民土地可以发展牡丹花或苹果等花卉、水果种植，开展垂钓活动，建设游乐设施等。可以优先将因残致贫的贫困户罗 XF 家的土地与外来资本进行合资经营，村民以土地入股，或者将罗 XF 家的土地租赁给外来资方经营者，收取租金以实现旅游扶贫。

第二，定点采购、爱心购买的旅游扶贫模式。如果因残致贫的贫困户家庭有正常劳动力，能从事农业生产和手工艺品的生产，可组织旅游企业、商贩等对因残致贫的贫困户家庭进行定点的物资采购，包括旅游业相关的各种原材料、食品、手工艺品等物资。通过这样的方式帮助因残致贫的贫困户销售农副产品，增加旅游业相关收入，加速此类家庭的脱贫致富。例如，罗 XF 老两口也种植了水稻、玉米、土豆等粮食作物，也饲养了家禽，可以组织旅游类企业和商贩进行定点采购，以增加老两口的收入，帮助他们改善生活境况。

第三，"造血式"爱心捐助。"造血式"扶贫模式就是指扶贫主体通过投入一定的扶贫要素（资源）扶持贫困地区和农户改善生产和生活条件，发展生产，提高教育和文化科学水平，以促使贫困地区和农户生产自救，逐步走上脱贫致富道路的扶贫行为方式，也称为开发式扶贫模式①。我国提出的精准扶贫思想的生产扶贫、易地搬迁扶贫、生态补偿扶贫、教育扶贫四类扶贫方式就体现了"造血式"扶贫的思想。

在针对因残致贫的贫困户家庭的捐助式扶贫中，可以让爱心捐助者将捐助的财物用于发展生产、发展教育等制约贫困户发展的根本性因素方面，为贫困户的发展、致富提供可持续的动力。这就是常讲的一个道理——"授人以鱼不如授人以渔"。例如，经常在游客中出现的爱心帮扶贫困户的人士，可以告知、引导他们优先帮助因残致贫的贫困户罗 XF，捐钱物以旅游标准装修木质吊脚楼，用以发展农家乐和民宿旅游。装修完善以后可以交给罗 XF 自己经营，也可出租给其他商户经营，从而增加罗 XF 的收入，实现旅游扶贫，改善他家贫穷落后面貌。

第四，社区旅游扶贫模式。社区旅游是一种将社区作为资源加以利用的产业，它将社区作为产品销售，并从这一过程中影响到每个人的生活②。研究者进一步指出社区旅游是本地社区介入并从中获利的旅游③。以木质吊脚楼为物质文化代表、以娇阿依苗歌为代表的国家级非物质文化遗产保护项目的罗家坨苗寨，无疑是一个典型的民族旅游社区，它是将少数民族的生活社区作为旅游景区，即景区与社区重叠、融合。

---

① 赵昌文，郭晓鸣. 贫困地区扶贫模式：比较与选择 [J]. 中国农村观察，2000（6）：65－72.

② Murphy，P. E.. Tourism Management in Host Communities [J]. Canadian Geographer，1980（24）：1－4.

③ Mann，M.. The Community Tourism Guide：Exciting Holidays for Responsible Travelers [M]. London：Earthscan Publications Ltd.，2000：26.

我国的政府主导型社区旅游在旅游业发展初期阶段具有多方面的积极作用，如大量的投资、基础设施建设、社会资源的动员等。另外，在民族社区旅游中，政府部门和相关企业普遍处于比较强势的地位，社区居民处于比较弱势的地位，社区居民与政府和企业之间没有平等对话、协商的地位和平台，这对于社区居民从旅游业中平等获益不利，对社区及旅游景区的可持续发展也不利。在社区旅游发展比较成熟的阶段，政府的地位和作用应该逐步弱化，政府更多地发挥鼓励、协调和引导作用，社区的地位和作用反而要逐渐提升，把各种权力更多地分散和赋予旅游社区，增强社区发展旅游业的动力和活力。其次，要通过税收、财政、金融等政策杠杆，保障社区获得可持续的旅游扶贫收益。再其次，注重社区旅游的自然生态和人文生态的保护，使社区旅游拥有可持续获得的旅游资源，才能够保证社区旅游的可持续发展，才能够使社区旅游扶贫获得可持续的动力源泉。像罗家坨苗寨，在此阶段应该增强社区的决策、参与和利益分享的权力，这样能够从整体上为罗 XF 这样的因残致贫家庭带来更多的旅游收益。社区获得的更多的税收等收益也可以直接或者间接有益于罗 XF 的家庭。在罗家坨苗寨建设的初期，对于自然生态和人文生态的破坏是十分严重的，在建设的时候忽略了生态保护，这种做法值得警醒。保护生态才是保护生产、生活和发展之源，才能够保护社区旅游的可持续发展。罗家坨的社区旅游持续发展，罗 XF 家庭才能够持续从旅游业获益，旅游扶贫才能够健康持续地发展下去。

第五章　贫困户与景区比邻型旅游扶贫模式

第一节　概　述

一、理论依据——旅游乘数理论

乘数这个概念是由理查德·卡恩（Richard Kahn，1931）提出来的，后来被凯恩斯采用并进一步完善。所谓乘数是指自变量变化一个单位所引起的因变量的变化量，即因变量的变化量与自变量的变化量之比。由于各个经济部门在技术和经营上是相互关联的，一种经济量的变化，可以导致其他经济量的相应变化，而且这种变化是连续发生的，最终可导致数倍于最初经济量变化的结果，所有变化产生的最终总效应称为乘数效应[①]。

旅游对经济的积极影响是复杂的，不仅对旅游目的地经济如国内生产总值（GDP）、居民收入等产生直接影响，还对旅游目的地经济有很强的间接影响和诱导效应。旅游间接效应是指旅游目的地用旅游直接收入购买旅游再生产所需的产品和服务等，促进旅游目的地经济产出、就业机会以及居民收入等进一步增加的现象；旅游诱导效应是指旅游目的地的相关人员工资因为旅游收入的增加而增加，收入水平的提高促进了其消费水平的提高，进一步刺激了该地区的消费需求，增加该地的就业机会、居民收入等经济现象。旅游诱导效应的增加效应是间接效应的3倍。旅游间接效应和旅游诱导效应在一起被称为旅游继发效应。旅游继发效应和旅游诱导效应合在一起又称为旅游乘数效应，因此，旅游乘数效应是用旅游者在某一目的地的停留期间的消费，即该目的地的旅游收入，为

---

① 刘汉成，夏亚华．大别山旅游扶贫开发研究［M］．北京：中国经济出版社，2014：50.

该目的地所带来的全部经济效应（直接效应＋继发效应），如图5-1所示①。

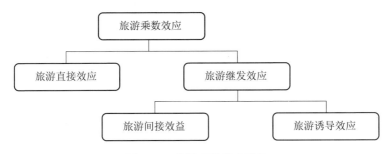

图5-1 旅游乘数效应结构

旅游扶贫的乘数效应是指旅游者在贫困人口所在地消费，给贫困地区或者贫困人口带来的收入或者就业的增加量。旅游对于扶贫的直接效应是指旅游者在贫困地区或者贫困人口所在地消费旅游产品或者旅游服务，对贫困地区或者贫困人口的经济收入和就业带来的影响。旅游扶贫的间接效应是指旅游扶贫的目的地地区，运用旅游扶贫所获得的直接收入购买扶贫旅游所需要的产品和服务以扩大旅游扶贫再生产，如购买旅游交通车辆、住宿类床上用品、各种食品原料等，从而促进贫困地区或贫困人口的经济增长和就业机会增加等。旅游扶贫的诱导效应是指旅游扶贫地区或者贫困地区的相关人口随着旅游收入的增加而增长了工资总收入，这些人员的消费水平也随之提高，刺激和提升了贫困地区的消费需求，从而引起贫困地区或者贫困人口的经济收入增长、就业机会增加等经济现象。

二、贫困户与景区比邻型旅游扶贫模式的特征

贫困户与扶贫旅游景区比邻型旅游扶贫模式下，旅游景区中的贫困户接受旅游扶贫，其与景区的距离远于分离型旅游扶贫模式中的景区，近于融合型旅游扶贫模式中的景区。比邻型旅游扶贫模式下，其旅游扶贫具有如下一些主要特征。

第一，比邻型旅游扶贫模式下，旅游景区中的贫困户具有比较明显的地缘优势。按照本研究的界定，比邻型旅游扶贫的空间距离为处于旅游景区边缘以外，且在距离边缘5公里以内的旅游扶贫户。在此种模式下，这一空间距离下的贫困户能够很好地接受到旅游景区的旅游产业功能辐射，能够直接或者间接地以多种方式从旅游业中获益，具有十分明显的地缘优势。这种由于贫困户与

---

① 丁林主编．旅游学概论［M］．北京：机械工业出版社，2013：279-280.

旅游景区处于比较近的位置联系而形成的关系就形成地缘。由于贫困户距离景区较近，贫困户对所在区域的文化、历史和人群习俗比较了解和熟悉，特别是在景区及其辐射范围内具备了相当的人脉资源即社会资本，相对于外来的人员则称之为具有地缘优势。这种地缘优势使相对弱势的人员，比如因残致贫的贫困户在市场竞争中具有特殊的竞争实力。

第二，相对于另外两种模式下的旅游扶贫，与景区比邻型旅游扶贫模式下的贫困户接受旅游扶贫具有灵活性。在此种地理资本环境下的贫困户，处于可进可退的灵活境地。一是这些区域的贫困户土地完整地保留，没有受到旅游产业发展占用，土地可以更多更加灵活地运用于发展各种产业。二是贫困户就业的灵活性，贫困户可以从事与旅游业相关的第一或者第三产业就业。三是旅游扶贫的灵活性。处于此种地理、文化环境下的贫困户能够非常容易地接受到来自于各种渠道的直接或者间接的旅游扶贫支持。

第二节　贫困户与景区比邻型旅游扶贫模式案例
——石柱县黄水镇

一、石柱县黄水景区旅游业发展概况

近几年石柱县的旅游业发展比较迅速，堪称重庆武陵山片区旅游业发展的典范之一，尤其是以黄水景区的夏季避暑休闲旅游为龙头的旅游业独占鳌头。石柱县黄水景区包含附近的黄水国家森林公园、千野草场、油草河景区、西沱古镇、大风堡景点等众多的景区和景点，正在着力打造"黄水国际民俗生态旅游区"。黄水景区的旅游业在 2015 年取得了辉煌成绩，其 2016 年的旅游工作也卓有成效。

（一）石柱县旅游业近况

2015 年，石柱县完成各类旅游投资 24 亿元，接待游客 600 万人次，旅游综合收入 30 亿元，同比增长 14.9%①。"十三五"期间，石柱县将按照"全县

---

① 重庆市旅游政务网．刘旗局长与石柱县主要领导共商石柱旅游发展 ［EB/OL］．http：//www.cqta.gov.cn/lyzx/ttxw/system/2016/05/25/000000418.html，2017－7－15.

兴旅、全域旅游、提速打造、差异发展"思路，着力发展民俗文化生态旅游，努力把石柱建成全国优秀民俗文化生态休闲旅游目的地。石柱县旅游业的兴盛源于黄水景区的自然生态游，其旅游产品的内容正在由自然生态游向民族、民俗文化游拓展。其旅游业兴旺的爆发点是黄水旅游景区，该县目前正在实施以点带面、点面结合的旅游业发展的地域拓展战略，也在积极实践国家提出的最新的县域全域旅游战略。总之，石柱县自下而上、自上而下的各界都在旅游业发展中尝到了"甜头"，正在努力将该县的旅游业做大做强，承接"乡村旅游、休闲旅游、大众旅游、全域旅游"这一我国目前的旅游业发展的大趋势。

（二）黄水镇 2015 年旅游业发展概况[①]

2015 年以来，以邓小平理论和"三个代表"思想为指导，深入贯彻落实科学发展观，全面贯彻落实党的十八大、十八届三中、四中全会、市委四届五次全会和县委十三届六次全会精神，紧紧围绕县委县政府"科学发展、富民兴石"总任务，遵循第三次党代会"135"发展思路，大力发展"生态立镇、农业稳镇、旅游强镇、商贸活镇"战略，进一步解放思想，深化改革，加快建设"黄水国际民俗生态旅游度假区"，把旅游业培育成我国国民经济的战略性支柱产业和人民群众更加满意的现代服务业。

第一，全年基本情况。全年各景区 8 个，宾馆酒楼 148 家，农家乐 135 家，土特产店 45 家，娱乐所 5 家，共接待游客 128 余万人次，全镇接待游客 300 万人次，旅游综合收入达 17 亿元。配合县委、县政府协助消夏节活动工作，举行篝火晚会 52 场，民族才艺表演 25 场，露天舞会三处 180 场，并且带动了前来黄水休闲避暑的多个队伍组织参加坝坝舞活动，活跃了氛围，露天电影 60 场，天上黄水大剧院演出 42 场，植物园灯会展 50 场，增设报刊亭 3 个、阅报栏 4 个。开展旅游行业从业人员培训 6 次共 1 100 人次，进一步提高旅游行业服务质量。督促整改餐宾馆 95 家，严格执行最高限价、餐馆明码标价。以"黄水人家"接待中心为平台，设置游客投诉接待中心，公开游客投诉热线电话，在旺季全天候值班接待游客，妥善处理游客反映的问题 298 件次。协调管理浦辉公司、旅投公司、游客接待中心、季佳、油草河漂流、休闲公司、懒人谷等旅游项目 35 次共 82 人次。黄水人家乡村旅游专业合作社实现浆洗部对外承包，开展黄水人家行业管理例行检查 50 余次共 95 人次，整改各类问题 50 余个，黄水人家接待各级各类调研参观 35 次共 1 200 余人次。开展旅游景

---

① 本部分资料数据由黄水镇旅游办公室于 2016 年 8 月提供。

区安全检查 52 次共 180 余人次。

第二，景区景点提档升级。一是景区品质不断提升，大风堡继续巩固 4A 级景区创建成果，新增步游道旅游环线运行正常，维修玻璃长廊；油草河景区进一步扩展，漂流项目进一步完善，漂流线路增长至 5 公里；太阳湖旅游码头进一步整改运行，月亮湖新增游船 10 个。二是天上黄水大剧院及配套设施建设全面竣工，灯光调试整改结束，节目编排更进一步完善，2017 年共演出 42 场，参加观看达 4 万余人次。

第三，接待水平大幅提升。一是宾馆业发展迅速。2017 年新开宾馆 42 家，累计达到 498 家宾馆，接待床位 14 217 张。二是餐饮业接待能力逐步提高。全镇有餐馆 446 家，餐桌 4 642 张。"黄水人家"20 家，餐桌 258 张；农家乐 55 家，餐桌 383 张；乡村旅游户 88 家，餐桌 691 张。三是娱乐休闲设施和土特产店逐年增加。

第四，乡村旅游蓬勃发展。一是"黄水人家"乡村旅游专业合作社健康运行，黄水人家规模得到提升。二是万胜坝乡村旅游蓬勃发展。今年新发展乡村旅游户 18 家，累计达到 68 家，新增床位 538 张，累计达到 1 250 张，新增餐桌 250 张，累计达到 598 张，全年户均收入 8.9 万元，逐步实现从接待短期游客向中长期游客、从提供单一的住宿餐饮服务向休闲体验服务延伸的两大转变。

第五，旅游节会圆满成功。2015 年 6 月 ~ 8 月，全镇 70 余名干部职工周末无休，积极奋战 3 个月，带领全镇人民以主人翁的姿态，配合县委、县政府在黄水成功筹办了 2015 年旅游节会。节会期间，镇容镇貌整洁靓丽，景区集镇安全有序，集镇居民热情好客，节会活动精彩纷呈，受到广大游客的好评，黄水旅游形象明显提升，客源市场深入拓展，在旅游收入大幅度增加的同时，镇域经济社会得到快速发展，真正达到了"节会搭台、经济唱戏"的目的。

第六，项目服务保障有力。建立"一个项目、一个领导、一套班子、一条龙服务"的重点项目服务机制，克难攻坚扫清项目征地拆迁尾欠，及时协调解决项目建设过程中的矛盾纠纷 258 起，未发生严重阻工和集访现象，确保了浦辉旅游开发、旅投游客接待中心、天上黄水大剧院民族文化中心、国投东方晨光、明月戴斯、医科大、太阳湖码头等镇域内 18 个旅游重点项目的顺利推进。

第七，旅游安全常抓不懈。2015 年来全面贯彻落实科学发展观，牢固树立旅游安全发展理念，按照"治标与治本、当前与长远、预防与查处相结合"

的原则，做到"全覆盖、零容忍、严执法、重实效"，针对旅游出现的新情况、新问题，全力抓排查、打非法、重整改、强管理，集中解决旅游安全生产面临的突出问题，进一步提高景区、旅行社和星级宾馆的安全防范能力，推动全镇旅游企业全面落实安全生产主体责任，并鉴定全年旅游安全目标责任书，每月旅游办对各景区进行两次安全大检查，发现问题立即限期整改，确实减少了一般事故、有效防控较大事故、坚决杜绝重特大事故，确保了全年旅游安全零死亡事故目标。

第八，旅游投诉有效处理。该镇成立专门的队伍，抽出专门的工作人员，设立专门的游客接待和投诉办公室，尽全力解决和处理游客的各种意见、建议和矛盾纠纷。一年来，共收到解决游客的各类意见、建议 312 件，处理各类矛盾纠纷 128 起。

第九，旅游行业管理有序。一是对涉旅行业进行了全面整治。会同县级相关部门坚持集中整治和常态化管理的办法，对宾馆实行最高限价管理。对餐饮、土特产商店实行明码实价管理，整治规范餐饮行业店容店貌、食品卫生，旅游服务水平和诚信经营形象得到新的提升，游客满意度明显增强。二是加强从业人员素质培养。共组织和协助组织各类培训 6 批次，参加受训人员 1 200 余人次，从业人员服务技能、诚信水平有了极大的提高。三是培植了"巴乡缘、土家风情酒"等 4 家特色餐饮企业，实现了服务人员能唱土家山歌、穿土家服饰等土家文化与餐饮的有机结合。四是引进了"土家女儿绣"在黄水开设分店，填补了黄水没有土家服饰和刺绣专卖的空白。五是认真开展并全面完成 2015 年旅游统计和相关考核内容。

（三）黄水镇 2016 年旅游业发展的重点工作

黄水镇在 2015 年取得旅游业发展大成功的背景下，决定百尺竿头更进一步，力争在 2016 年的旅游业发展工作中，采取更加有效的措施，做好旅游业发展过程的跟踪管理，以取得更好的成绩。其一，认真配合县委、县政府搞好 2016 年旅游消夏节各种活动。组建两支文艺队伍，举办好周五、周六篝火晚会、民族才艺表演、露天舞会、露天电影、协助县文化委搞好天上黄水大剧院的演出。其二，加强旅游景区的管理。协助植物园灯会展、各旅游景区游客高峰期的秩序维护。其三，旅游宣传。营造旅游氛围，加大旅游宣传，认真管理好集镇的 3 个报刊亭和 4 个阅报栏。其四，开展好旅游行业从业人员培训工作。进一步提高旅游行业服务质量，督促整改餐饮宾馆，严格执行最高限价、餐馆明码标价，核实登记新增宾馆、酒楼、农家乐、土特产店。其五，加强"黄水人家"管理工作。继续对黄水人家乡村旅游专业合作社浆洗部对外承包。其六，加强游客投诉工作。全天候值班接待游客，妥善处理游客反映的问题。其七，协调管理各旅游项目。加强对浦辉公司、旅投公司、游客接待中心、油草河漂流、休闲公园、懒人山谷等旅游项目的建设和完善工作。其八，加强旅游安全工作。认真开展旅游景区安全大检查。其九，加大旅游投入和发展。加强对冷黄路、黄洋路、黄枫路等沿线农家乐进行提档升级改造，对悦黄路进行星级农家乐发展规划，对黄洋路沿线进行招商引资发展原生态休闲避暑、开心农场、星级农家乐等旅游项目。其十，加快懒人山谷景区的发展步伐，促进黄水旅游春游、冬游、秋游、夏游的新格局①。

二、黄水镇万胜坝村及其旅游扶贫概况②

按照本研究的界定，黄水镇万胜坝村村委会所在的位置距离黄水镇12公里，但村委会位于距离正处于开发阶段的太阳湖1公里左右，尤其研究所选取的3位不同性质的贫困户都位于太阳湖5公里以内，属于本研究多界定的距离景区边缘5公里以内的距离范围。如前所述，黄水镇的旅游业发展迅速，发展业绩在重庆市堪称表率，社会各界都非常重视旅游扶贫工作，采取众多的举措，而且也取得了不俗的成绩。故本研究选取黄水镇万胜坝村作为贫困户与景区比邻型旅游扶贫的大类，就具有典型性和代表性。

（一）黄水镇万胜坝村概况

当地基层领导生动地将扶贫攻坚工作比喻为一场战役，故绘制了黄水镇万胜坝村的扶贫"作战图"（见图5-2）。石柱县黄水镇万胜坝村图片上的几个大字的中间部位即为村委会所在地，左上方的蓝色地带为太阳湖，太阳湖的左上方即为黄水镇所在的方向。

万胜坝村位于黄水镇东南部，距黄水场镇12公里，环抱太阳湖景区，紧邻大风堡4A级景区，冷黄公路穿境而过，具有良好的生态、独特的产业、淳朴的民风。全村面积40平方公里，耕地面积3 025亩，森林覆盖率90%，辖七个村民小组，957户、2 470人，党员62人，现有贫困户33户、104人，主

---

① 石柱县黄水镇旅游发展办公室2016年8月提供资料。
② 本部分资料数据由黄水镇万胜坝村于2017年8月提供。

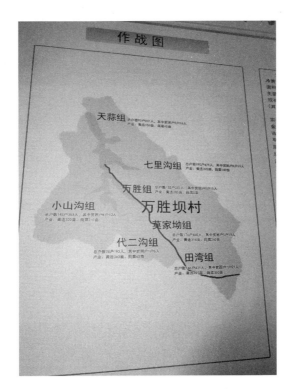

图 5－2　黄水镇万胜坝村扶贫示意图

要产业以黄连、莼菜和乡村旅游为主，其中黄连常年在地面积 3 000 亩，莼菜基地面积 1 300 亩，现有乡村旅游家庭宾馆 89 家共 1 704 张床位、农家乐 78 家。2016 年全村农民人均纯收入实现 12 196 元（其中乡村旅游占 43%，莼菜产业占 25%，黄连产业占 22%）。

（二）黄水镇万胜坝村旅游扶贫概况

目前万胜坝村正在配合全县和全镇建设区域旅游示范村。万胜坝村几乎所有产业都跟旅游业挂上了钩，万胜坝村的所有扶贫事业也都与旅游业之间具有直接或者间接的关联。通过了解，万胜坝村目前的产业长效增收带动贫困的模式主要有莼菜、黄连等类型的科技公司以多种方式带动扶贫等。

1. 黄水镇万胜坝村脱贫攻坚基本情况

该村几年来，通过"打捆项目、整合资金"，先后整合水库后扶，农村撤并村公路通达、民宗委、发改委、新农村建设、农业综合开发、农村旧危房改造、农村环境连片整治等各类项目资金 1 900 余万元，改造中低产田土 5 600

亩，新建渠堰、耕作便道21公里，人行便桥197米。复建巴盐古道1.4公里，硬化、整修公路31公里，硬化人行便道12公里、院坝1.2万平方米，新建花台2 100平方米，改厨改厕102户。改造农村危旧房76户，实施木房原生态保护修缮32户，扩建改造村便民服务中心，新建水厂1个、人畜饮水工程11处，解决1 100人饮水困难，新建、整修沼气池60口、垃圾池6个；安装太阳能热水器73台，秸秆汽化炉15台。每家农户基本实现了"五通"（即通水，通路，通电，通网络电话，通电视），群众生活生产条件日益改善，村容村貌整洁有序。

近年来，万胜坝村以创建基层服务型党组织为抓手，通过转变党员干部作风、健全服务群众工作机制、完善服务群众工作平台，采取了创新服务群众致富载体等举措。

配强村级班子，加强干部队伍建设。2013年底换届，重新组建村支"两委"委员8人，配齐配强村"两委"班子，平均年龄是41岁，其中中专以上学历3人，初中以上学历5人。选派了1名大学生村官（硕士研究生）担任村支部书记助理。换届以来，村"两委"强化党员日常教育管理，先后以会代训开展党员培训8次，引导党员干部强化宗旨意识，增强群众观念，切实转变作风，努力为群众办好事。

聚焦服务功能，健全民主管理机制。清理规范村级承担的事务。目前，由村上负责的43项，协办27项，比清理前的137项减少了67项。完善村"两委"议事规则、村民自治章程、党员代表会议、村规民约等制度17项，促进了村"两委"工作的规范化，制度化。规范建设便民服务中心，实行村干部一人多岗轮流坐班，认真落实群众事务代办"一卡通"制度，切实方便群众办事。

服务产业发展，带领群众脱贫致富。组建"一社一会"，服务群众发展乡村旅游，在水库移民安置区组建"黄水人家"乡村旅游专业合作社，发展家庭宾馆89家（其中贫困户11户48人），在冷黄公路沿线组建万胜坝乡村旅游扶贫协会，发展乡村旅游扶贫示范户（农家乐）53家，共有接待床位2 800多个，可同时容纳近4 000人就餐。近3年来，累计接待游客食宿31万余人次，户均年收入6.8万元，直接吸纳142户、600余人就地转移就业，带动相关产业年新增收益超过2 000万元。组建黄连专业合作社7个，服务群众发展黄连产业，引领516户农户种植黄连3 000亩，户均年收入超过2.5万元。组建莼菜专业合作社五个，引进一个莼菜产业龙头企业（潘婆婆莼菜科技有限公司），服务群众发展莼菜产业，引领 342 户农户种植莼菜 1 300 亩，户均年收入超过 2.6 万元，带动贫困户 27 户，89 人脱贫。同时，大力发展紫菀、杜仲、金银花、核桃等特色产业 1 000 余亩，中蜂 100 群。

2. 黄水镇万胜坝村脱贫攻坚基本制度

A. 黄水镇扶贫攻坚督促检查制度

第一条　督察目标。为全面完成县委、县政府下达我镇的扶贫攻坚任务，全力打好扶贫攻坚战，确保我县镇贫困村 2016 年前出列，2017 年贫困户全面脱贫。

第二条　督查对象：各村（社区）党支部、村民委员会。各扶贫驻村工作队、帮扶责任人。

第三条　督查方式。由镇组织成立扶贫督查小组根据年度复评工作安排和工作需要，制订督察计划，确定督查重点，每月围绕重点工作对各村进行一次专项督查，同时不定期进行抽查。主要形式：一是听取被督察村的有关工作情况汇报；二是查阅、摘录、复制有关文件资料、档案、会计资料；三是实地察看项目实施情况，调整、核实项目的具体情况；四是召开相关人员座谈会，走访入户，调查核实情况。

第四条　督促检查内容。（1）贫困人口减贫任务，按照减贫人口计划任务，考核贫困人口减贫任务完成情况。（2）贫困村验收任务，按照贫困户解决"八难"，贫困村实现"八有"目标，进行验收。（3）基础设施到村到户，协助完成镇下达的扶贫目标。（4）结对帮扶到户，帮扶责任人是否每月至少走访帮扶 1 次以上。（5）产业扶持到村到户，制定产业规划，落实 1～2 项支柱产业，实现脱贫目标，村级互助资金有效运行。检查结果套算，贫困户有脱贫规划，有帮扶措施，实现脱贫目标，扶贫信息管理系统的信息填写全面真实，并与扶贫手册一致，以建档立卡系统录入的为准。（6）教育培训到村到户，协助完成贫困户产业技能培训 2 次以上。（7）农村危房改造到村到户，完成下达的危旧房改造任务。（8）生态移民到村到户，主要考核高山生态扶贫搬迁及深度贫困户搬迁任务完成率，搬迁户档案收集整理情况。（9）完成镇扶贫办交办的其他事项。

第五条　健全驻村干部驻村帮扶机制情况

（1）驻村工作队是否实现蹲点帮扶。（2）是否制定帮扶措施，落实扶贫任务，帮助贫困村、贫困户脱贫致富。（3）是否落实驻村工作"四项制度"。（4）抽查群众对驻村工作队的满意度。

第六条 "一票否决"事项

有下列情形之一的，对扶贫工作实行"一票否决"：（1）未完成下达的贫困村验收和贫困人口脱贫任务的；（2）出现擅自调项、滞留、虚报骗取、挤占挪用扶贫资金等违规违纪行为的，或因扶贫资金管理使用及扶贫项目实施问题，导致大规模信访集访，造成恶劣影响的；（3）该村扶贫工作被各类媒体负面曝光造成恶劣影响，经查证属实的；（4）所在村的村社干部，因扶贫项目资金管理混乱、监管不到位出现违法犯罪行为的。

第七条 结果运用

（一）奖励

当年扶贫工作通过市、县验收合格的村镇党委、政府给予通报表彰。

（二）惩罚

（1）被"一票否决"的村，镇党委、政府给予通报批评。（2）被"一票否决"的村，村（社区）主要领导组织处理。（3）被"一票否决"的村，集体和个人一律不得评优选先。

第八条 本办法由镇扶贫开发办公室负责解释。

B. 黄水镇精准识别扶贫对象"十不准"

一、不准妄议曲解扶贫攻坚政策，敷衍对待扶贫攻坚安排部署，负面传播不利于扶贫攻坚工作的言论。

二、不准任何领导干部滥用职权，打招呼、走后门，优亲厚友。

三、不准在申报、审核、审批等过程中吃拿卡要，收受钱物，刁难申请人。

四、不准用村干部会议代替村民会议，以村（居）"两委"的意见代替广大群众的意见，以不公开、不透明的方式确定贫困户。

五、不准擅自拆户、分户，骗取贫困户名额。

六、不准漏报、瞒报、谎报贫困户情况或编造虚假数据，套取、骗取扶贫物资和资金。

七、不准截留、挤占、挪用、贪污、拖欠扶贫物资和资金。

八、不准接受村组的吃请，参与公款娱乐消费、酗酒滋事、聚众赌博，收受土特产品或向村组、农户提出不合理要求。

九、不准让村组干部代为遍访，填写问卷。

十、不准脱岗离岗，出现不作为、慢作为、乱作为行为。

C. 精准扶贫"八个一"工作流程

精准扶贫　执行政策一丝不苟

精准核查　基础数据一厘不差

精准识别　调查摸底一户不落

精准公示　扶贫对象一人不漏

精准管理　台账资料一应俱全

精准帮扶　结对牵手一家不少

精准施策　帮扶措施一律细化

精准脱贫　咬定目标一帮到底

D. 精准扶贫四项纪律

帮扶责任不上肩，帮扶人员职务不升迁；

帮扶措施不落实，帮扶人员考评不称职；

帮扶成果不见效，责任人员年终不评模；

帮扶对象不脱贫，责任人员帮扶不脱钩。

E. 驻村工作队工作职责

驻村工作队应坚持吃在村、干在村，实行目标责任制。由县委组部、派出单位和乡镇（街道）党（工）委共同管理，不脱贫不撤离，不巩固脱贫成果不撒手。主要职责任务是帮助贫困村做好以下工作：

一、制定脱贫规划。对贫困村村情、民情开展深入调查研究，广泛听取当地干部群众对脱贫工作的意见和建议，从问题出发帮助贫困村制定脱贫规划。同时，深入了解贫困户致贫原因和发展需求，"一户一法"制定贫困户帮扶规划。

二、落实扶贫项目。主动认领贫困村扶贫项目，积极到相关县级部门汇报衔接，为贫困村争取资金、项目和政策支持。

三、建好基础设施。着力加强贫困村水、电、路、房、网等基础设施建设，积极推进农村环境卫生综合整治，改变村容村貌。

四、发展特色产业。因地制宜引导贫困村党员群众发展特色效益产业，通过成立专业合作社、产业党支部、发展农村电商等方式，引导群众科学化、规模化发展种养殖业。

五、开展技术服务。邀请专业技术人才深入贫困村、深入田间地头、深入生产一线，开展技术指导和帮扶服务，推进贫困村特色产业健康发展。

六、解决贫困群众生产生活生计困难。驻村工作队队员采取"一对多"

的方式结对帮扶联系贫困户，原则上每周对贫困户遍访一次，及时掌握他们的生产、生活情况，根据农时和贫困户实际需要定期或不定期地入户开展帮扶活动。

三、因学致贫——石柱县黄水镇万胜坝村陈 RC 案例

笔者于2017年8月15日上午专门驱车到位于黄水镇万胜坝村田湾组的因学致贫家庭陈 RC 家进行旅游扶贫田野调查。前一天从村委会了解到，陈 RC 家属于因学致贫家庭。下面将以因学致贫的贫困户陈 RC 家为典型案例，来剖析重庆武陵山片区贫困户与景区比邻型旅游扶贫模式下旅游扶贫的困境与对策。

（一）陈 RC 及其家庭概况

陈 RC 家离村委会 3 公里左右，我们去调查的时候他家大门紧锁（见图 5-3）。村民说他的女儿在公路边摆摊卖东西。这里居民的摊位位于公路拐弯处的外侧，我们在离摊位 200 米左右的地方停下来，这里位于陈 RC 家和摊位中间。村民将陈 RC 家女儿叫了过来。陈 RC 家女儿在得知我们的来意之后，热情地给我们介绍情况。她说她叫陈 F，16 岁。她大姐已经出嫁，现在家里还有 4 口人，父母、大哥在外打工。她自己今年刚考上石柱县最好的市级重点中学——石柱县中学，石柱县 2017 年的重点高中分数线是 706 分，软上线分数线是 640 多分，她考了 650 多分，属于软上线，软上线不拿 2 万多元的"门槛"费，9 月份入学。

陈 F 说假期在这里卖东西，平均一天卖七八十元，多的时候一天卖一百多元，少的时候卖四五十元。8 月 24 日她要到学校去军训一周，放假之后才在这里卖了四五天。她说这些摊位都是国家出钱修建的，有些人已经在这里卖了两三个月了。其他人卖的东西种类多些，有十几样，其他人最多的时候一天能够卖 1 000 元，平均一天能够卖上百元，她只卖莼菜和四季豆这两样。当地出产莼菜等物品来销售，新鲜莼菜可以存放一两天，用开水煮过的可以存放四五天，存放在冰箱里可以保质半个月。她是利用假期在亲戚和邻居的摊位旁边临时卖东西。

我们还到陈 RC 家里进行了调查，陈 RC 到成都铁路工地上打工去了。我们就访谈了陈 RC 的妻子文 DL，得知我们来她家买土特产，她马上从正在采

摘莼菜的田里回家。文 DL 介绍她自己说，她娘家是沙子镇，她是土家族，黄水镇这里姓文的人很少。她还介绍说，她是 1964 年生，陈 RC 是 1963 年生。她读了初一就退学了，她一家有五六个姊妹，她是老大，就没有读好多书。陈 RC 父亲死得早，他是三弟兄六姊妹，陈 RC 只读到小学毕业。

文 DL 觉得她女儿的这个成绩，在石柱县城读高中，如果成绩不下降，不去乱混，考个二本没有多大的问题。如果要去"恍"，这个就没有深浅，如果使劲努力考个一本也说不清楚。她小女儿陈 F 在小升初的时候，她和丈夫都在外面打工，女儿分到了镇中学最差的一个班，最后一年分到好班，不然初中毕业的成绩还要好点。文 DL 说她的大儿子 19 岁了，初中才毕业，跟他妹妹是一届的，读书成绩不行，连一个普通中学都没有考取，让他去读职高他也不愿意。她大儿子到过陕西、成都等地打工。

文 DL 说，他和丈夫平时一般不在家。以前，她和丈夫在湖北那边租的山种植黄连，黄连卖了又把山还给当地人。前几年去种的黄连还不能采摘，黄连要六七年才能够采摘。如果采摘之后，按照今年这个价钱，一年要挣几万块钱。她还介绍说，黄连很苦，一缸开水放进一颗黄连，整缸水苦得不得了，如果人非常口渴的时候喝黄连水感觉不到这种苦。

图 5-3 因学致贫的贫困户陈 RC 家

（二）陈 RC 家旅游扶贫现状

文 DL 也说，她女儿陈 F 今年考上高中，就不愿意像往年那样随父母到湖北那边去山上种黄连，文 DL 就让他女儿在公路边向游客卖点地方土特产。文 DL 说她今年没在家，在湖北那边种黄连，女儿才在这里摆摊没有几天。她女儿还将在公路边卖六七天的地方土特产，然后就要到石柱中学报道参加军训。

文 DL 说，以前她家的腊肉是她的亲家母在这里摆摊帮忙卖，其他腊肉早都被路过的游客买光了。黄水街上的腊肉只要十几、二十块钱一斤，但是那些腊肉没有把握（可能不正宗）。她说，去年隔壁农家乐那里的游客，把公路边摊位上的腊肉都已经称了重量，还没有付钱，有一个游客就到她家看见墙壁上挂的腊肉，那些游客都赶忙把那边的腊肉退了来她这里买正宗的腊肉，那边的腊肉 25 元一斤，她这里的腊肉 30 元一斤。那些游客来闻她家腊肉的气味，觉得是真正的腊肉。公路边卖的腊肉是猪没有长大就死了，然后把它的肉做成腊肉，那种腊肉要便宜一些，但那种腊肉不好吃。笔者此次在她家买了 7 斤多腊肉，每斤 30 元，共 260 多元；莼菜 4 斤，10 元每斤；黄豆 4 斤，3 元每斤。她还给笔者赠送了茄子、野蘑菇、豇豆等土特产。

文 DL 家在公路里边挨着公路修建了一栋新的砖混结构房屋，现在还是毛坯房。她家原来在对面山上住，政府把她家列为建卡贫困户，她们家搞了高山移民搬迁就搬过来了，人均 1 万元补贴经费，她们家 4 个人共补助 4 万元。修建房子总共花了 20 多万元，自己出资 16 万元，还欠账 6 万多元。笔者刚跟文 DL 开始交流，社长就来了。社长来要求她把对面山上旧的土房子上的电表拆下来，把老房子的土墙拆除掉，因为房子要垮掉了。文 DL 说，她家搬迁到新址的时候，在两楼一底的楼房旁边未经批准修建了一间厨房，被政府管理部门强制拆除。因为管理部门只批准了 80 平方米，修建厨房属于超标部分。她家在两楼一底的上面又加修了一个屋脊房，第一次修建超高部分遭到强拆。2017年政府对房子进行风貌改造，经过她的请求，政府同意她家把瓦片屋脊重新修建好，最上面勉强可以算一层楼。这样就可以装修出来三楼一底的避暑旅游接待房屋。

文 DL 家的移民搬迁房在 2015 年 10 月动工，2016 年 5 月完成主体部分，2017 年才完工。现在还有点扯皮，文 DL 家的房子后面有一小块地是其他人的，那家人想让文 DL 把地再让一部分出来给那家人修建农家乐，但文 DL 说那家人想占用她家的地得给她拿代价（租金）。文 DL 说，她家的这个房屋所在的这个地盘及上面的房子别人（老板）已经出了 100 万，她没有卖。现在房子的左右两边都可以分别修建几间房子。文 DL 说她这个房子和地盘的位置、座相都好，她的房子和院坝紧邻公路里边，减少修路成本，交通也很方便。

笔者问文 DL，莼菜一年是否能够收入 5 000 元，她说今年没得这么好的收成。有一年她种的八分一厘五田，莼菜长得好，价钱好，总的卖了1万块钱，仅那一年有这么好的收成。一般情况一亩田里种的莼菜可以卖两三千元。她说，她们这里种水稻一亩只产一两百斤谷子，因为太冷了，不过这个地方产的大米相当好吃。这里出产红谷子，一般的谷子拿到这里不出产。笔者准备在她家里买点大米，她说家里没有大米卖，她家也是买大米吃。

文DL家有各种从山上采回来的野生菌，有的是刚采回来的新鲜野生菌，有的是之前采回来已经用开水煮过。新鲜的野生菌存放时间较短，更容易腐烂，一般拿到市场上去卖。煮熟的野生菌可以存放时间相对长一些，一般存放起来自家吃。她还热情介绍了山上采回来最好吃的几种野生菌。米汤菌，又叫白奶酱菌；还有子菌，黄丝菌、石灰菌、泡粑菌等；刷把菌，炒来吃特别香。这些都是叫得出名字的菌，叫不出名字的菌都不敢采。还有些野生菌味道不好就没有采，例如牛辣牯菌吃起来很辣就不采。散把菇是一种很名贵的野生菌，本来要卖80元一斤，结果她女儿拿去20元一斤就卖了。

文DL家里的腊肉基本上卖完了，小的腊肉最少也卖了一百多元，一般是四五斤一块，总共卖了1 000元左右。文DL的说法跟她女儿的说法有差别，她说她女儿一天卖的东西都在100元以上，最多的一天卖了300多元的东西，卖几十元一天的情况有2天，这之前的五六天她女儿一共卖了七八百元的东西，平均一天至少100元。因为她家去年修房子，湖北那边去得迟，她两口子都在湖北那边租山种黄连，两个孩子放暑假之后也都过去种黄连，暑假避暑旅游期间家里一点东西没有卖成钱。她家人在那边刚租的山，得把棚搭好，把荒地挖出来栽了黄连，几年以后才有收成，所以去年在那边也没有找到钱。她家是在湖北利川那边租的山种黄连，石柱县这边的山上种黄连，黄连就是爱烂，利川那边气候好些，那些山是老山没有种过黄连，黄连更高产稳产。她家去年在那边没找到钱，在屋头也纯粹没找到钱。她以前根本看不起种菜和卖菜的，认为菜值不了几个钱。但她今年在房子旁边种了六七排四季豆，已经卖了100多元，都是卖给避暑游客。她家今年卖了腊肉、四季豆、莼菜、野生菌给避暑游客，总共从卖东西给游客中收入了三四千元，其中女儿摆摊收入一部分，野生菌卖了三四百元，10元一斤的莼菜卖了一些钱。当天她家里还有六七十斤已经采摘回来的莼菜，如果拿到公路边或者镇上可以卖几百元。自己在镇上摆摊卖东西，需要交十元摊位费。她说白天把莼菜采摘回来，晚上有老板来收购，老板收购莼菜然后卖到国外去，主要是卖到日本、韩国等国家。如果是租种别人的田，采摘回来的莼菜要给田地的主人分一半。她家今年种的莼菜总共可以卖三四千元。她说，旅游搞起来了对当地的农民还是带动好大。这房子地盘她不卖，至少有 50 个老板承认来跟她在这里合伙搞农家乐，她说她人老实，崽崽也小，只要答复了别人就不是开玩笑的事，那是涉及几十万上百万的事。她说如果她的小女儿有那个本事读书出来，找个好的工作，小女儿想来发展的话就很方便，免得小女儿再拿资金去别处投资，来这里就随便好弄些了；她还有个儿子，虽然读书不行，但他以后可以在这里守这个地方搞农家乐；她大的孩子是女儿，大外孙 9 岁，小外孙 7 岁了，大女儿嫁到忠县，女儿婆家在大山上条件不好，但是现在在忠县县城里买了房子。其他游客到这里来也说，你这个大姐这里这么好的条件，咋不搞农家乐。少数游客曾经在这里吃住一人一天 150 元。她说她打算明年争取把房子装修出来，哪怕装修简单点也行，一间房一两百元出租给游客随便组合住宿。

（三）贫困户与景区比邻型模式下因学致贫贫困户旅游扶贫存在的问题

贫困户与扶贫旅游景区比邻模式下，因学致贫的贫困户的贫困状况具有一定的特殊性，具体表现为以下几个方面。

第一，资金缺乏是旅游扶贫的重要制约"瓶颈"。对于处于景区边缘的贫困户来讲，可以借发展旅游业的有利条件，间接获益于旅游业。但他们常常缺乏基础设施建设、旅游服务用品购买、旅游商品采购等方面的必备资金，这就影响了旅游扶贫的效应。例如，文 DL 说，她家就是差钱，要不是差钱去年就可以把房子装修出来接待游客。她说，给 10 万元也没有老板愿意来承包装修这栋房子，主要是厕所太多，装修老板说主要是厕所耗费材料，加上顶楼才400 个平方，有十几个厕所。房子设计的时候是按照标间设计，只是说看做出来能不能赚钱。文 DL 讲，其他游客看到他家有这么好的基础条件，就建议她家也开农家乐。但是她说，两个孩子在读书，自己是个病人，没钱装修房子开农家乐，只有她老公一个人是个正常劳力在外打工挣钱，实在是没那个实力。

第二，旅游业赖以发展的生态环境遭受破坏，也直接或者间接地影响了旅游扶贫的发展。首先，环境污染影响了旅游业的可持续发展，也影响了旅游扶贫的健康持续发展。在发展乡村旅游扶贫的过程中，政府管理部门在旅游业发展对于乡村环境的负面影响方面存在一定程度的忽略情况，这种状况长久在持续下去势必对乡村旅游业本身造成比较大的伤害，影响甚至阻碍乡村旅游的良性发展，也直接或者间接地影响旅游扶贫的健康发展。例如，在黄水镇万胜坝村田湾组的 RC 家，他的女儿陈 F 说，她家周围的植被很好，但是她家旁边开了 3 家大型农家乐，污水直接排放到下面小河沟里面，小河沟污染很严重，以前没有这 3 家农家乐排放污水，这小河沟里面的水都可以直接喝。河水污染影响了当地人的生产、生活用水，甚至影响当地人的粮食产量和质量，影响当地的景观美学价值，影响了当地避暑休闲旅游的健康、可持续发展，也就影响了其中的贫困户接受旅游扶贫的效益。其次，大规模的基础设施建设破坏了旅游生态环境，也影响旅游扶贫的开展和效果。例如，陈 RC 的女儿陈 F 说，她家以前养了很多鸡、狗等牲畜，但因为这里来往的车太多，大多被车撞死了。笔者建议鸡、羊等牲畜圈养，她说房子周边的地不是她家的，没有办法圈养，所以她家没有养鸡、鸭子、狗等畜禽。笔者想在她家买些土鸡蛋，但她说家里没有。同样，这里经常可以看到公路上被汽车碾压致死的野生动物；大规模的旅游基础设施建设破坏了山体和水系，占用了良田沃土，毁坏了植被，破坏了动物的生存环境等，这些都对旅游地的生态环境造成了比较严重的破坏，也直接或者间接地影响了位于景区边缘的因学致贫贫困户的扶贫工作的开展。

第三，旅游扶贫措施精准度比较欠缺。针对位于景区边缘的因学致贫的贫困户家庭，其旅游扶贫的措施比较少，精准度不高，也没有很好地落实。例如，文 DL 说，建卡贫困户的补助只是读书的孩子有，家长一点补助没有。以前两个孩子读初中，每个孩子每年有 1 250 元补助。其他就没有任何补贴。读高中据说有 3 000 ~ 5 000 元的补助。但小女儿去报名，每学期只有 1 160 元补助，六个学期下来有六七千元补助。从政策的角度，这就是管理部门给予的全部的因学致贫贫困户的帮扶。这当中也有相当部分的补贴经费间接来自于旅游业的收益，因为旅游业现在已经成为石柱县的支柱产业。但当地没有更多具体的、因户打造的旅游扶贫举措。

第四，管理部门针对贫困户的旅游业扶贫引导不足。首先，贫困户的观念比较保守。如果贫困户生活在景区内，则其土地、房屋被征收、租用，或者积极参加旅游业活动，发展旅游的商业观念自然得到加强；如果贫困户距离旅游景区很远，则其发展旅游业的商业观念相对更加落后。位于景区边缘的贫困户发展旅游业的商业观念总体上介于上述二者之间，相对比较传统落后。如文 DL 讲到，她家修建的清水房面积宽，房前的大坝子紧邻公路边，至少有 50 个老板找她要投资合伙搞农家乐。她不愿意去跟别人合伙经营，因为她觉得家里的人做事不行（不够聪明）。上半年就有一个来租她家房子的老板，先装修再租用好多年。她认为房子租期满了要重新装修，相当于这几年是白送给老板用。她打算自己有点钱就装修一部分房子，把房子装修好一点，就多管些年。

这就是贫困户的保守观念的具体表现。如果借用外来资金，利用合资、合伙、租赁等多种现代的经营方式，可以克服资金短缺、管理经验不足的弊端，盘活存量资产，增大收益率，实现借船出海的目的，力促贫困户尽早脱贫致富。其次，管理部门具体针对贫困户的引资、引项目等举措不到位。比如，像文DL这样的贫困户家庭，拥有几个完整的劳动力，拥有闲置房屋、宽敞的院坝，而且紧邻通往景区的干线公路，可以凭借此有利的条件，打造以食宿为主要功能的农家乐。如果政府进行针对性的引资嫁接，成功之后则这一因学致贫的贫困户就可以增收，学生读书期间的学杂费就有保障，实现阶段性脱贫；当学生毕业以后，这个家庭即可实现脱贫，如果家庭旅游业继续发展，则可以实现长期的致富。但实际上这样的举措没有落实。

第五，旅游商品市场环境逐渐恶化。在旅游业发展的初期阶段，游客被旅游目的地的优美景色、良好生态、凉爽的气候所吸引，也被旅游目的地东道主民众的和谐生活环境所吸引，对旅游目的地拥有良好的印象。但如果旅游目的地的旅游商品从最初得到游客的喜爱和好评，到偶尔出售假货，到大面积出售假货，再到基本都是假货，这将失去游客对旅游目的地的信任，甚至旅游目的地被游客抛弃，这对旅游目的地的管理者和民众来说，将是一个灾难性的后果。笔者这几年在黄水景区考察期间注意到，从黄水镇到鱼池镇、悦崃镇、龙沙镇等主要旅游公路沿线，到处摆满了临时摊点，销售腊肉、稻米、土豆、番茄、猕猴桃、玉米棒子等当地的农副产品，离黄水镇越近则摊点密度越大。但是，据可靠的信息来源得知，这当中有相当大比例的旅游商品是假冒伪劣产品。比如，笔者跟某村主任和当地一中学校长的交流中，他们讲述了当地农民在七八月份将尚未成熟的比大拇指稍大的猕猴桃采摘下来，冒充野生猕猴桃，以5元一斤的价格销售，这比猕猴桃成熟以后的销售收入高很多。笔者在公路边也专门询问过销售者关于猕猴桃的品种和价格，证实了上述二人的讲述内容。其他类型的假货也随处可见，如腊肉、野生小番茄等，这些东西要么是当地所产而并非是野生食品，比如野生小番茄是他们自家所产；要么是从外地购进的假货，比如腊肉是工业化、规模化生产，而非农民家里的柴火慢慢熏制。又如，新鲜的莼菜只能存放一两天，而经过开水煮熟的莼菜则可以存放半个月左右，杜氏商务酒店的老板就讲，这是因为农民在煮莼菜的时候，往里面加入了防腐剂。现在以自驾游为主的避暑休闲游客，经常在公路边大量购买，他们总体上很信任这里的农民和他们所销售物品的质量。但实际上假货在慢慢增多，当地农民的诚信在慢慢丧失，这样下去对当地的旅游业和旅游扶贫都将产生极坏的影响。管理部门应该知悉这些售卖假货的情况，放任不管则可能使情况越来越糟糕，将危害当地旅游业的发展。

（四）贫困户与景区比邻型模式下因学致贫贫困户旅游扶贫的对策

因学致贫的贫困户家庭往往都具有一个或者多个健全劳动力，而且这样的家庭紧邻景区边缘，可以利用地理资本的优势，借用旅游产业进行扶贫。与另外两个类型的贫困户相比较，此类贫困户的贫困程度相对较浅，扶贫的难度相对较小，而且旅游扶贫的内生动力更大。

第一，解决学生的学杂费等因学致贫家庭的贫困问题。因学致贫贫困户家庭的致贫原因是学生上学的学杂费等费用，解决了这一困难就解决了此类贫困家庭的贫困问题。学生学习期间的学杂费除了上述家庭自筹、政府政策性帮助外，还可以采取以下一些措施来解决。首先，对口支援模式。借助此类因学致贫的贫困户家庭位于景区边缘，利用游客进出的必经之地的地理资本优势，由旅行社、散客、团队等多种方式发起爱心之旅、人文生态之旅等公益旅游活动，对位于旅游景区边缘结对帮扶，解决学杂费等问题。其次，联系旅游类企业进行爱心学杂费资助活动，帮助此类家庭的学生完成学业，助力此类家庭脱贫致富。例如，陈 RC 的孩子在上重点中学，现在到大学毕业还有 7 年，可以组织爱心游客、旅游类爱心企业对她予以学习费用公益资助。

第二，政府引导、精准帮扶。更加充分地发挥政府的引导、服务功能，认真分析因学致贫贫困户家庭贫困的具体现状及引致原因，引导因学致贫家庭更好地发展旅游业以实现旅游扶贫，根据精准扶贫的六个精准具体要求，将项目、资金、措施等精准落实到因学致贫贫困户家庭及其每一个成员身上。如陈 RC 家因为准备借助位于通往主要景区的公路旁边，新建的移民房比较宽敞等有利条件开设农家乐，但是比较缺乏资金，当许多人愿意合资、合伙、租用他家的房屋和院坝开设农家乐的时候，他的老婆文 DL 顾虑太多，最终将良好的固定资产闲置浪费，她要等到自家有了资金以后慢慢发展农家乐。这当中主要是她家里的人思想意识保守所致。政府管理部门，尤其是基层干部应该更多地开展针对性宣传教育，主要帮助这样的因学致贫家庭引进资金、项目，在贫困户与外来方的合资中政府应加强对贫困户的帮扶、解释，加强对合同、协议执行中的监督，以"借鸡下蛋"的方式，借用外来力量帮助陈 RC 家发展旅游业，实现旅游扶贫的目标。

第三，景区延伸至贫困户家庭，实现因学致贫家庭的正规就业和非正规就业。此种类型的旅游扶贫模式中，因学致贫的家庭位于景区边缘，可以结合全域旅游发展战略将景区进行延伸，将贫困户纳入景区范围内，这样更能够帮助贫困户家庭实现就近就业，包括正规就业和非正规就业。例如，目前陈 RC 夫妇及其大儿子均是健全的劳动力，如果旅游景区进一步扩展至他家所在的区域，更加有利于他家的 3 个劳动力从事旅游方面的正规就业，如景区的各种勤务工种等。景区延伸也更加有利于他的家庭成员的非正规就业，如通过自设摊位进行农产品、手工艺品、旅游纪念品等的销售，开设小吃摊位销售食品等形式的非正规就业。

第四，政府制定管理、帮扶的税收、财政、市场整治、生态环保等规章制度。由于处于旅游发展的上升阶段，许多问题也处于孕育和成长期，尚未完全爆发出来，政府管理部门也许尚未发觉这些问题，或者虽然发现但是未意识到这些问题的严重性，未引起足够的重视，例如环境保护问题、市场诚信问题、旅游形象塑造和维护问题、旅游对文化的负面影响问题等。其实，针对旅游业发展中的这些问题，政府应该及早谋划，防患于未然或者消灭于萌芽状态，为旅游业发展打造良好的宏观环境，助力旅游业的持续健康发展，也有利于旅游扶贫事业的更好开展。如本案例所在的黄水镇及其所属的万胜坝村，政府管理部门应该在此阶段注意到旅游业发展对生态环境造成的破坏，如生活污水污染溪流和农村饮用水水源，旅游基础设施建设破坏山体河流和动植物生态系统及其赖以依存的环境，及时发现并分析制定解决问题的可行措施，防止发生大面积的污染和严重的生态环境破坏情况，为旅游业的健康发展创造良好的外部环境，促进旅游业可持续发展，也为陈 RC 这样的因学致贫贫困户家庭实现旅游扶贫创设良好的产业环境。目前，黄水镇的旅游行业非正规就业基本处于自发状态，需要政府的管理和监督，规范经营的场地、人员、物品等，建立投诉应诉机制、纠纷解决机制、奖励惩罚机制等系列针对黄水旅游非正规就业的机制，以便为黄水镇旅游创造良好的外部环境，也间接有利于黄水镇诸如陈 RC 这样的家庭开展旅游扶贫工作。

四、因病致贫——石柱县黄水镇万胜坝村李 J 案例

贫困户与扶贫旅游景区比邻型扶贫模式下，重庆武陵山片区内位于景区边缘的因病致贫的贫困户在旅游扶贫的过程中，存在哪些困难和问题，以及能够探索出怎样的应对之策？本部分将以石柱县黄水镇万胜坝村因病致贫的贫困户

李J家庭为例，来探讨重庆武陵山片区位于旅游景区边缘的因病致贫贫困户的旅游扶贫模式和路径。

（一）李J及其家庭概况

笔者于2017年8月15日对位于石柱县黄水镇万胜坝村莫家坳组的因病致贫贫困户李J家进行了调查（见图5-4）。笔者一行于当日下午到他家进行了田野调查，恰好李J不在家，他的妻子即这个家庭的病人在家。为了避免给对方带来压力和伤害，也为了调查能够顺利进行，没有直接说明是针对因病致贫的贫困户家庭进行旅游扶贫调查，只是说听别人介绍她家有很多的土特产，想前来购买。女主人热情接待我们，端出板凳让我们在屋檐下和院坝坐下来。张MS还把别人送给她的李子，用清水洗净后拿出来招待笔者一行几个人。

图5-4 黄水镇万胜坝村因病致贫的贫困户李J家

从她家屋檐下墙壁上粘贴的"石柱县2017年贫困户精准扶贫精准脱贫到户政策明白卡"上的内容，可以得知她家因病致贫的具体情况。第一行：户主，李J；贫困人口，4人；建档时间，2014年6月；拟脱贫时间，2016年；联系电话，×××。第二行：贫困户属性，低保户；主要致贫原因，因病；其他致贫原因，无；家庭住址，黄水镇万胜坝村莫家坳组。第三行：帮扶责任人，候GQ；工作单位，石柱县黄水镇××政府；职务，专职副××；联系电话，×××。第四行：安稳住房保障□；基本医疗保障□；股权收益扶贫□；基金收益扶贫□；信贷收益扶贫□；旅游收益扶贫□。第四行的六项内容的左边都是文字，右边为空心方框（表格左下边的表格下面的小字说，"已解决√；未解决×；无此情况□"）。

表格第四行的左下方是致贫原因描述："家属张MS患风湿性心瓣膜病，

二尖瓣狭窄，心衰、肺炎、纤颤等慢性病，长期不能干活"。第四行下面的中间和右下方分别是享受政策内容、政策咨询部门和联系电话，享受政策内容共六项。享受政策内容一是教育资助：次子李 G 石柱中学初中部 9 年级 2 班享受825 元/学期的住宿费补助；政策咨询部门是县教委；电话联系×××。享受政策内容二是股权收益扶贫，石柱县潘 PP 莼菜科技股份发展有限公司；政策咨询部门是县农委；电话联系×××。享受政策内容三是旅游收益扶贫：黄妹休闲山庄；政策咨询部门是县旅游局；电话联系×××。享受政策内容四是医疗救助：居民医保（14）种慢性疾病救助；政策咨询部门是县人社局；电话联系×××。享受政策内容五是精准脱贫保：小额意外保险、大病补充保险、疾病身故保险、贫困学生重大疾病保险、农房保险五种；政策咨询部门是县扶贫办；电话联系×××。享受政策内容六是生活保障：农村低保；政策咨询部门是县民政局；电话联系×××。表格下方是一排小字"石柱土家族自治县扶贫开发领导小组办公室制"。

李 J 的妻子张 MS 说，她 36 岁开始生病，今年 44 岁，有 8 年多的时间了。她娘家是万胜坝村田湾组，就在旁边一个组。她说，她丈夫也是 44 岁。她有两个儿子，大儿子 21 岁，现在在外打工，自从她生病以后，大儿子就把书包拿回家不上学了。小儿子 14 岁，马上读高中，已经报名，在石柱县民族中学读高中。大儿子早就没有读书，自己挣的钱只够他开支。她家房子很窄，大儿子要结婚很扎实（房子窄不够住）。她丈夫就出去打工挣钱，在石柱县城照看仓库，3 000 元一个月。她觉得这个家庭她丈夫拖垮了就扎实（很麻烦）。

张 MS 说，她是天天吃药，从不间断，是现在政策好，慢性病每年有 1 000元的免费药品可以领取。这部分之外的由自己支付。现在的药物也很贵，她患的是风湿心脏病，要是哪一天不吃药就不行。

要是不感冒的话，她还是不容易住院；一年要是不感冒，保持用药，一年的药费要花费好几千块。要是感冒了住院，那花费的费用就说不清楚，住院一次花费不会低于两三千元，高的时候一天花费几千元，最多的时候上万元。

张 MS 说丈夫和大儿子出去打工，家里基本上没有种庄稼，她家的田土都在山坳下面，肥力不好，也没有人来租种。她家十多二十年没有种植水稻，因为亩产只有一两百斤，现在买米吃。她家种植了五六分田的莼菜，因为她有病，她丈夫和孩子不让她下田摘莼菜，莼菜种下去之后就让她婆婆自己去管理、采摘。

张 MS 说，她这几年生病，全靠政府帮助。每年直接领取的资金不是很多，但是看病的时候在政府的政策支持下能够减免很多费用，医疗保险费也是国家帮她交。还有房屋保险费，以及每个人 20 元的意外保险费，这些费用她家都不用自己交。小儿子马上读高中，据说是学杂费等费用可以免除，具体情况她目前还不知道，因为她没有亲自到学校去。她反复地说，她这种人全靠政策帮助。笔者告诉她，她家小儿子以后把书读好读毕业了就好了，她觉得这个很难说，她家小儿子成绩一般。但是她家小儿子小学的时候成绩好，参加全县比赛得了特等奖。她说，现在国家政策好，她家这种贫困户家庭子女读高中每学期给 1 500 元。她去住院床位费都可以免除好多。以前住院要自己拿钱去垫付，现在不要自己垫付。她说她这种人要不是政策这么好的话，早就（死了）。

张 MS 说，她家 4 个人很团结。大儿子现在找了一个女朋友，老丈人对他很好，就像对待他自己的儿一样。她大儿子就让她在家，奈不何的事都不要去做。她两个儿子在外面有啥好吃的东西都拿回来给她吃，自己说不喜欢吃，实际上很喜欢而舍不得吃，拿回来孝敬她。她说自己的两个儿子像两个女儿，很贴心很有孝心。

（二）李 J 家旅游扶贫现状

在因病致贫的贫困户家庭之中，病人将会失去部分或者全部劳动能力，对家庭的整体劳动能力是一个削弱，也削弱了家庭从事旅游业的就业能力。病人以外的其他劳动力可能在旅游业就业，也可能不从事与旅游业相关的工作。如果是后面一种情况，则这一因病致贫的家庭接受到旅游业的扶贫效应就很小或者没有。张 MS 说，他家的房子是二三十年前修建的老房子。房子外观的风貌改造，全部是政府组织改造完成。她家基本没有从旅游业中挣钱，主要是她一个人在家奈不何。笔者问她能不能种一些水果、粮食在这里卖。她说，她家这个地方水果不肯生长，不怎么出产水果，她家没有水果卖给游客。她丈夫刚出去打工的时候，她在家种了一些洋芋，她现在每天在家挖一点回来，主要是早晨凉快的时候每天去挖一撮箕回来，都被那些游客买走了，现在都卖完了。往年游客来了，她一分钱的东西都没有卖到。今年她家的洋芋卖得便宜，洋芋卖一块钱、一块二毛一斤，上面那些农户卖一块五毛一斤。都是那些游客上门来购买，她没有力气背到上面大公路边去卖。所以她今年卖给游客的洋芋不到 200 斤。

（三）贫困户与景区比邻型模式下因病致贫贫困户旅游扶贫存在的问题

贫困户与扶贫旅游景区比邻型模式下，因病致贫的贫困户家庭从事旅游业而获益具有一定的优势，同时也存在一些特定的困难和问题。

第一，缺乏资金。虽然缺乏资金对于很多类型的旅游扶贫都是共性的问题，但是在此种情况下，位于景区边缘的因病致贫的贫困户，其资金缺乏的主要原因是因为治疗疾病花费的金钱过多，同时病人不能劳动要消耗掉家里的部分资源，这将会导致家庭的贫困加深。因而这样的家庭缺乏必要的资金，包括进行旅游业发展和投资的资金。如黄水镇万胜坝村莫家坳组因病致贫的贫困户李J家，那栋房子靠最右边的一间是她家的；另外三间是她小叔子家的。她家那间单间房屋楼上有2层，共3个小房间。目前的房屋太狭窄，无法搞农家乐接待。靠近她家房屋的右边还有1间屋子的地基，修两楼一底可以增加三个小房间，但她家目前没有资金扩建住房。但要搞农家乐接待，没有地盘修建车库也不行。院坝下面小路外侧的地是她家小叔子的，她家小叔子不愿给她家修建农家乐的停车场，加上她家目前也没有资金来修建停车场。他小叔子一家在外面搞农家乐接待。她公公以前是一位教师，她公公退休之后有点儿地就划在黄水镇车站旁边，黄水镇上她小叔子的老婆和孩子在娘家那边还有地基，修建房屋搞农家乐接待，因而她小叔子就不愿意在老家搞农家乐接待。她小叔子家往年没有搞农家乐接待，2017年开始在镇上搞旅游接待，赚了些钱。

第二，诚信品质的逐渐缺失。位于景区边缘的因病致贫贫困户家庭可以间接参与旅游业，随着全域旅游的发展，他们也可以逐渐直接参与旅游业而获益，实现旅游扶贫的目标。但在这一过程中，人们出于关心和同情，对于因病致贫的贫困户格外多一份信任、关爱和支持，但如果贫困户也存在不诚信的行为，甚至这种不诚信行为扩散和普遍化，那将会产生非常严重的不良后果。例如，笔者在调查张MS家庭的当天非常希望在她家购买土特产。她说她家实在没有什么出售的土特产，实在要买就是她家有两斤土豆片。笔者问多少钱一斤，她说上面的卖25元一斤，两斤土豆片就给了她50元。但是这个土豆片非常的白，切得很均匀，不像是手工做的，与街上其他摊位上卖的从外地采购的机器加工的土豆片一样，她还特地说了一个理由来解释土豆片为什么这样白。显然这不是手工做的土豆片，也不是她家里出产的东西。50元倒是次要的，诚信是无价的。

第三，贫困户的信心不足，精神贫困。贫困户普遍存在一定程度信心不足的现象，尤其是因病致贫的贫困户家庭，如果家里长期有病人，不仅仅是花费医药费的问题，而且可能在家里营造一种不愉快的气氛，可能陷入"贫贱夫妻百事哀"的不良境地。从而导致凡事退缩，怨天尤人，对事对人缺乏自信的心理状态。例如，黄水镇万胜坝村莫家坳组因病致贫的贫困户张 MS，笔者在与她进行交流访谈的过程中，感觉她时时处处表现出一定的畏难情绪，对生活和未来的发展缺少憧憬，任何语言和行动都表现出一丝淡淡的、灰色的忧伤色彩。如她在对待大儿子未来的生活和小儿子的学习上，就具有一定的忧郁情绪和忧伤情感。对于把房子建设好，开展农家乐旅游接待活动，她也没有足够的信心和勇气。

第四，劳动力缺乏。这也是一个在诸多形式的旅游扶贫模式中都存在的共性问题。但是，在此种模式下的贫困户位于旅游景区边缘，家庭中的病人本身部分或者完全丧失劳动力，如果病人还需要其他人照料，则更加削弱了家庭的整体劳动能力。这将导致这类贫困户家庭缺乏劳动力。例如，在本案例中，家庭中的病人张 MS，她从生病至今已经整整 8 年，她几乎没有参加正常的劳动，而且她还消费家庭中的优质生活物质，如家庭中比较好的食品，这给家庭带来不小的压力和负担。也减少了对其他正常劳动力的饮食供应和体力补充，整体上削弱了这个家庭的劳动能力。

（四）贫困户与景区比邻型模式下因病致贫贫困户旅游扶贫的对策

对于重庆武陵山片区的旅游扶贫，一些具体的模式和路径具有共通性，如购物、合资合作经营等模式，也可以尝试发展一些新颖的旅游扶贫模式和路径，如旅游中的精神文化扶贫。

第一，直接购物的旅游扶贫模式。这是一种简单易行的旅游扶贫方式，即旅游者或者旅游企业直接向因病致贫的贫困户购物的模式。这种方式的中间成本较低，容易被旅游者和旅游企业接受，贫困户的收益量高，售物的利润率也高。国外的研究也证明，旅游企业愿意对企业所在地区的贫困群体提供帮助，旅游者也乐意对曾经游览过的地区的贫困人口提供能力范围内的帮扶。如本案例中的因病致贫贫困户张 MS 家庭，她的家庭 2017 年卖自家产的洋芋也收入上百元，要知道这些东西放在家里会烂掉，或者是喂养牲畜，几乎是不值钱；要是平时拿到本地市场上卖，那比卖给游客低几倍甚至上十倍的价钱。游客的到来，使农民家里的农副产品"变废为宝"，而游客则更热心于能够购买到绿色食品。游客到贫困户家里购买可以同时献一份爱心。像张 MS 家庭的直接销售，还可以扩大规模，如到较为偏远的农户购买当地的土特产品，以贱买贵卖、批发赚零售等方式，赚取更多的利润，在旅游扶贫中获得更多的收益。

第二，引用外来资金和企业进行合资和合作经营。贫困户位于旅游景区边缘，具有一些动产或者不动产，可以充分利用位于景区边缘的地缘优势，借用这些资源直接或者间接发展与旅游业有关的产业。而贫困户往往缺乏必要的资金、技术、管理经验等软硬件条件，可以引进外来资金、技术或者管理经验等，与当地进行合资，尤其要向贫困户倾斜，做到取长补短，共谋发展，让贫困户从中获益。例如，本案例中因病致的贫困户张 MS 家庭，她家已有的 3 间房屋可以开发为民宿旅馆，旁边的地基可以引进资金共同开发民宿旅游，土地等资源可以引资共同开发旅游商品生产等。这样的话，贫困户张 MS 家庭可以获得股份、股权等收益，助力这一家庭的脱贫致富。而在实际的情况中，张 MS 家种植的莼菜，家庭并没有从中获益。

第三，发展中、小、微企业。利用位于景区边缘的地理资本优势，创立中、小、微企业，为具有简单就业能力的病人本人和家庭成员提供就业岗位和收入来源。这些企业的性质包括饮食、住宿、交通、游览、零售、娱乐等。这些企业的特点是规模小、投资少、见效快、操作灵活等，企业的控制权归于贫困户家庭或者当地社区的民众，当地社区有更多的动力和投资促使此类企业可持续发展，有利于贫困户自己经营此类企业，或者很容易地在此类企业中就业而获得收益。如因病致贫的贫困户张 MS 家庭，可以在通过景区的公路边为她设置一个爱心销售摊位，也可以在她家开设农家乐，或者照顾性地在当地的小微企业中为她的丈夫和大儿子优先解决就业，助力这个家庭的减贫、脱贫。

第四，对贫困户进行精神文化扶贫。扶贫先扶"智"，扶贫先扶"志"。借助位于景区边缘的地缘优势，开展多种形式的精神文化扶贫活动，从精神上消除穷根，树立战胜贫困与生活具体困难的信心和决心。具体举措包括，一是开展多种形式的结对精准精神扶贫，如利用有爱心和此类意愿的游客，结对帮扶贫困户，进行精神文化扶贫。其他方式包括，组织精神贫困户到景点参观、与游客一起开展形式多样、积极健康的文体活动、利用旅游志愿者队伍助推精神扶贫。例如，笔者在与贫困户张 MS 交谈的时候，发觉了她的不自信和畏难情绪，主动鼓励她，主要让她看到他的两个儿子是她的骄傲和希望，两个儿子成年、成才以后，她就能够脱贫致富，就能够过上更好的生活。她赞同笔者的看法，情绪和精神受到鼓舞。

第五，定向帮扶。对于位于景区边缘的因病致贫贫困户，可以让政府或者公益组织列出一些需要帮扶的清单，通过政府或者媒体方式进行发布，让爱心团体或者个人了解，包括贫困户的类型、特征、具体需求等内容，并进行"认帮"，组成定向的帮扶对子。可以充分利用贫困户位于景区边缘的地理资本优势，让爱心人士一边帮扶贫困户一边旅游，实现"扶贫旅游"。例如，本案例中，因病致贫的张 MS 家中，她的疾病情况，家庭的资源情况，孩子的就业和学习情况等，可以公布或者提供给帮扶志愿者，结成帮扶对子，从而实现定向帮扶。

五、因残致贫——石柱县黄水镇万胜坝村贺 SW 案例

在贫困户与扶贫旅游景区比邻型扶贫模式下，重庆武陵山片区位于景区边缘的因残致贫家庭的发展具有类型的特殊性，也具有致贫原因的特殊性，下面将在对石柱县黄水镇万胜坝村贺 SW 的田野调查、分析、研究基础上，从理论和体制上探寻重庆武陵山片区与扶贫旅游景区比邻的因残致贫贫困户的现状、困境与对策。

（一）贺 SW 及其家庭概况

2017 年 8 月 14 日，笔者跟万胜坝村的领导进行交流时，他即介绍到该村因残致贫的贫困户贺 SW 家的情况。贺 SW 是个智障残疾者，基本没有生活自理能力，以前跑来一个女人跟他生活一段时间，生育了一个男孩，后来这个女人跑掉了，就留下贺 SW 和他的儿子。

2017 年 8 月 15 日，笔者对贺 SW 家进行了访谈。贺 SW 家位于黄水镇万胜坝村七里沟组，从太阳湖大桥黄水镇一端的右岸进去，从弯弯曲曲的单行道公路行走大约 1 公里，即看见在太阳湖一个半岛的尾端一侧有一栋瓦房即是贺 SW 家（见图 5-5）。家里当时无人。笔者一行就拨打前一天从村领导那里问来的贺 SW 的电话号码。接电话的是贺 SW 的哥哥，原来这个电话号码是贺 SW 哥哥的。然后，贺 SW 的哥哥就让他自己的儿子（贺 SW 的侄子）开车从黄水镇上回到贺 SW 家。贺 SW 的侄子有 20 多岁，已经成家，与另外一个小伙子一起回来。笔者与贺 SW 侄子见面，首先给了 200 元让贺 SW 侄子转交给贺SW，表示笔者小小的心意。

图 5-5　黄水镇万胜坝村因残致贫的贫困户贺 SW 家

　　贺 SW 的侄子带领笔者看了贺 SW 的房屋。其房子正房为一间，楼上楼下共两层。用木楼梯从屋檐上下楼。侧室为厨房，外面一个小间烤火，里面一个小间是灶台做饭。房屋用瓦片盖屋顶，墙壁全用木板镶嵌。屋里没有一样像样的电器和家具，看得出屋里雨天漏水。

　　贺 SW 的侄子详细回答了笔者询问的关于贺 SW 家旅游扶贫的相关问题。贺 SW 50 岁左右，智力上有点问题。贺 SW 和他的哥哥原来都在现在的太阳湖湖底居住，后来修建了太阳湖，就移民搬迁到现在的湖边的位置。贺 SW 和他的哥哥以前还都在湖底居住的时候就分了家。后来修建太阳湖淹没了房屋和土地，他们就没田地可种，没有居住的地方，2006 年前后就搬上来，当时贺 SW 的侄子有约 20 岁。贺 SW 的哥哥还有一个小女儿，1993 年出生。修建太阳湖的时候，因为淹没搬迁的移民获得的赔偿较少，贺 SW 那时候又没有多少田地可耕，搬迁时按照房子、土地的数量多少进行赔偿。贺 SW 那时候在下面的房子面积较小，按照标准获得了一些赔偿，加之他的房子没有登记在房产证上就赔偿得相对少些。贺 SW 哥哥家就搬迁到黄水镇上居住，还开办了家庭旅馆。贺 SW 非常困难，有时候遇到下雨天，贺 SW 就到黄水他哥家一起吃住。

　　贺 SW 的儿子现在有七八岁了，贺 SW 自己没能力抚养，小孩一直由他哥哥家抚养。吃饭、读书等所有费用由贺 SW 哥哥家开支。贺 SW 的儿子不肯长个子，但是智力是正常的，只要以后他成人了，赡养他父亲是没问题的，这样贺 SW 哥哥家的负担就会小一些。贺 SW 的侄子说，他们一家之所以这样帮助他，主要是出于亲情，毕竟父辈是亲生兄弟。

　　贺 SW 侄子说，他自己有时候在外面打工，有时候回来，他去年在四川茂县那边打工，在工地上修路修房子。今年那边活儿少就没去。贺 SW 侄子去年把贺 SW 带到四川茂县去打工，贺 SW 在那里干一两个月就不行了，到年底就跟着他侄子回到黄水。因为贺 SW 神经有点问题，他在工地上干活基本不行，又很不安全。贺 SW 不像正常人，有时候让他拿个东西过来，他拿一下就忘记了。

就在笔者一行考察结束，刚开车离开贺 SW 家不久，贺 SW 的哥哥就打电话过来，对笔者给予的 200 元资助表示感谢，说他自己没有做好，让我们去帮助。笔者告诉他，他已经做得很好了，笔者做这点小事不值得一提。

回到黄水镇大约半个小时后，贺 SW 的侄子打电话来，说他采摘了一些自家产的李子送给笔者一行吃，问住的旅馆的地址，他亲自送过来以示感谢。被笔者婉言谢绝。

在电话访谈中，贺 SW 的哥哥介绍了贺 SW 得到的四类扶贫救济款项情况。第一，扶贫补贴。贺 SW 与他的哥哥一起以贺 SW 的名义每年合种一亩黄连，搭建种植黄连的棚，因为贺 SW 是贫困户，政府补贴 900 元每亩。第二，贫困户救济。因为贺 SW 的小孩没有户口不能享受。后来他的小孩就单独上户口。出去打工政府总共给贺 SW 补贴 3 000 元，去年已经到位，今年就没有，这种补贴款项总共只有一次。第三，低保。贺 SW 和他的儿子每月各领 3 000 元。第四。过年慰问费。政府每年给每户贫困户 100 元。

在电话访谈中，贺 SW 还询问了笔者的姓名、工作单位、来自哪里等，并且一再表示感谢。笔者只告诉他职业和来自哪里。他还说，他家就在黄水车站附近，开办了群芳楼宾馆。

（二）贺 SW 家旅游扶贫现状

贺 SW 的侄子说，这里夏天凉快，下雨天就冷得很。贺 SW 的侄子还介绍说，当地的旅游业对贺 SW 基本没有影响，不能帮助他致富，因为他不能单独去就业。有时候贺 SW 哥哥让他种点东西拿到公路边去卖他都不行，他有时候神经还是像正常人一样的，有时候就不行。

贺 SW 土地全部被淹没，太阳湖边又不准大面积开垦土地种植黄连，他平时就没有哪样事可做，缺乏经济来源。贺 SW 有时候跟他哥哥一起出去，在需要帮助干活的地方干简单的手工活。笔者一行去调查那天贺 SW 正在他哥哥带领下到石柱县冷水镇为种植户扯黄莲草。主要是因为智力问题，贺 SW 干活不像正常人那样快、那样好。贺 SW 干活得到的报酬一般是 30 元、40 元一天，有时候主人给 10 元、20 元一天。现在的人普遍宽容有爱心，有时候主人给贺

SW 工资带有关心、照顾的意思。而贺 SW 的哥哥是一个正常劳动力，干活自然比贺 SW 快得多，他一般能够得到 80~100 元一天工钱。

贺 SW 的侄子说，这里有规定，贺 SW 的房子不准翻修以用来搞旅游接待，开垦的荒地都不准修，因为这里是生态保护区。况且贺 SW 现在房子的地基是别人的土地，让他临时在上面修建房子。

笔者在返回之后的 2017 年 8 月 18 日，就贺 SW 与旅游扶贫之间的关系问题，对贺 SW 的哥哥进行了电话访谈。贺 SW 的哥哥说，贺 SW 的家庭与旅游业之间没有直接的关系，贺 SW 在黄水镇上没有房屋出租从事旅游接待，平时打工多在远处，与黄水的旅游业之间也无关系。

（三）贫困户与景区比邻型模式下因残致贫贫困户旅游扶贫存在的问题

贫困户与扶贫旅游景区比邻模式下的贫困户家庭，他们接受旅游扶贫存在哪些具体的困难和问题，归纳起来有如下主要内容。

第一，因残致贫的贫困户家庭如果处于深度贫困，则家庭的财产和资产较少，难于在旅游商业活动中获益，几乎不能够利用位于景区边缘这一难得的地理资本优势。比如家庭劳动力少，或则家里基本没有土地等原因，导致家庭的各种农副产品收成很少甚至没有，无法用于销售给旅游者而获益。比如，笔者到贺 SW 家调查的时候，跟他侄子提出，想在贺 SW 家购买些土特产品。贺 SW 侄子说，贺 SW 家格外没有啥子东西卖，因为现在都没有土地种了，很少有人种这些吃的东西。贺 SW 就没有哪样东西可以煮来吃，他哥哥嫂嫂在家，他就经常到他哥哥家吃饭。

第二，因残致贫的贫困户家庭，由于家庭环境等原因，导致其家庭的社会资本相对较少，因此不能够很好地利用位于景区边缘良好的地理资本条件，不能够很好地从旅游业中获益。根据布迪厄的资本理论体系，社会资本是资本的重要组成部分，通俗地讲它就是社会关系网络资源，它在一定的条件下可以转化为经济资本和象征资本。例如，贺 SW 的哥哥在电话访谈中还谈到，如果想在近处打工干活要有人、有关系，言外之意他家无人缘关系。贺 SW 的哥哥也说，他儿子也带贺 SW 到广东、四川等地打工，但贺 SW 不得行，回来了。这表明位于景区边缘的这种因残致贫家庭缺乏社会资本，当地没有为贺 SW 照顾性地提供合适的旅游扶贫类的工作岗位，导致其家庭较少从旅游业中获益，影响了旅游扶贫的效果。

（四）贫困户与景区比邻型模式下因残致贫贫困户旅游扶贫的对策

贫困户与扶贫旅游景区比邻型模式下，因残致贫的贫困户可充分利用位于旅游景区周边的地理资本优势，探寻出一系列比较新颖的旅游扶贫方式和对策。

第一，村社通过发展旅游壮大集体经济，实现对因残致贫贫困户的政策性资助。对于如何通过发展旅游业壮大村级集体经济，学界有诸多探索。研究者提出了"党支部 + 旅游合作社"的通过旅游业壮大村级集体经济的全新模式，旅游合作社的发展壮大了玉湖村集体经济实力，推动了全村的精神文明等建设①。在贫困户与扶贫旅游景区比邻的旅游扶贫模式下，村集体可以充分利用位于景区边缘的地理资本优势，以及距离景区较近与景区联系交往较多的社会资本优势，通过公共土地、设施出租或者出让以发展旅游业及其相关延伸产业和服务，通过提供旅游中介咨询服务等方式，壮大村级集体经济。这样村级集体组织就拥有更多的资源用以发展村级公共服务设施和基础设施，为包括贫困户在内的全体村民的发展致富营造更好的条件；村级集体组织拥有更多的资源用于对像贺 SW 这样的因残致贫的贫困户进行定向帮扶。

第二，增加因残致贫贫困户的社会资本。政府部门、公益组织和爱心人士，给予因残致贫的贫困户更多关心和帮助，牵线搭桥帮助他们发展产业，通过各种渠道提供更多的就业信息和就业机会，尤其是利用位于景区边缘的地理资本优势提供与旅游业相关的产业发展或者就业路子。例如，像贺 SW 这样由于家庭没有一个完整的劳动力，加上有一个未成年的小孩，其家庭在孩子成人之前将会一直长期处于贫困状态。他家目前能够自主增收的渠道主要有两项，一是贺 SW 在其哥哥带领下，可以勉强从事简单劳动，挣取一定的费用以补贴家用，管理部门、旅游类企业、爱心团体或个人，可以给贺 SW 及其哥哥介绍、提供更多的合适的就业机会和岗位，因为黄水镇乃至石柱县目前都在打造全域旅游，这些就业的机会和岗位都直接或者间接与旅游业有关联；二是贺 SW 在其哥哥的协助下，每年种植一亩左右的黄连，相关部门、团体或个人可以从种苗提供、薄膜等相关材料的采购资助、黄连销售等环节，利用与旅游相关的部门、团体或个人，为贺 SW 的黄连种植和销售提供帮助，以帮扶其家庭增收和缓解贫困。

---

① 路遥，赵鸭桥，宋丽华，彭成圆，张榆琴. 壮大集体经济实力 拉动社区文明建设——丽江玉湖村旅游合作社发展之路［J］. 湖北经济学院学报（人文社会科学版），2012，9（1）：38－39.

第三，发展和扶持非正规就业。非正规就业的"门槛"较低，就业方式灵活，适应的年龄层次和家庭状况的面比较广，比较适合因残致贫家庭就业以增加收入，缓解贫困。重庆武陵山片区的位于景区边缘的这类因残致贫的贫困户可以充分利用位于景区边缘的地理资本优势，向旅游交通线路靠近，开展灵活多样的非正规就业。如本案例中因残致贫的贫困户贺 SW 家，位于通往景区的公路旁边，可以开设临时摊点向过往游客销售各类农副产品、手工艺品等当地特产。如果自家出产且有多余的农副产品，则可以直接拿来销售，以获取更多的收益。如果自家出产的物品没有多余的供对外销售，则可以采用向附近农户廉价批发采购，然后以较高的价格销售给游客，以赚取差价获益。比如，当地的大米单产量低，总产量也少，但是黄水镇的大米口感好、营养高，颇受当地村民和游客的喜爱。如果能够在当地购买到正宗的大米以高价零售，则可以获利不少。

第四，利用旅游业乘数效应大的优点，帮助因残致贫的贫困户在旅游业的相关行业就业。根据旅游学界的已有研究定论，旅游业发展带动相关产业的就业和收入发展的乘数一般为 5 左右，旅游业对住宿业、交通运输业、餐饮业、社会组织和公共管理、房地产业、批发零售业的拉动效应明显。位于重庆武陵山片区的与景区比邻的贫困户，可以充分利用位于景区边缘的这种地理资本和社会资本优势，利用与旅游业直接或者间接相关的行业，带动因残致贫的贫困户家庭的就业人员就业，以实现间接通过旅游业增收、脱贫、致富的目标。如本案例的贺 SW 家庭，目前只有贺 SW 一个人具备部分的劳动能力，而目前石柱县黄水镇的避暑休闲旅游房地产发展非常繁荣，这是黄水镇旅游业乘数效应的最直接表现，贺 SW 可在其哥哥或者侄子的协助下，在当地房地产工地从事体力性、简单操作的劳动，以间接受益于旅游业，助力这一因残致贫的贫困户家庭增收脱贫。

第六章　贫困户与景区分离型旅游扶贫模式

第一节　概　　述

一、理论依据

本部分所探讨的贫困户与扶贫旅游景区分离型扶贫模式，主要运用现实学派区域发展理论予以阐释，还包括增长极理论和核心——外围理论。

（一）增长极理论

增长极理论最先是由法国经济学家弗朗索瓦·佩鲁（Perroux，Francois）于20世纪50年代提出来的。他认为增长并非同时出现在所有的地方，它以不同的强度首先出现于一些点或增长极上，然后通过不同的渠道向外扩散，并对整个经济产生不同的终极影响。佩鲁的原始增长极概念的出发点是抽象的经济空间而不是普通的地理空间，抽象的经济空间是存在于经济元素之间的经济关系。受力场的经济空间是经济空间的三种主要类型之一，与增长极概念关系最密切，它由若干中心（或极、焦点）所组成。各种离心力或向心力分别指向或发自这些中心。每一个中心的吸引力和排斥力都拥有一定的场，并与其他中心的场相互交汇，增长在受力场的中心出现并扩展到经济的其他部分中去。佩鲁的增长极理论是建立在熊彼特关于创新与大规模厂商作用的理论基础之上。企业家创新是经济进步中最主要的因素，最具创新性的活动发生于大经济单元中，它们能支配其环境，即通过其规模、谈判能力及运营性质等而对其他经济单元产生不可逆或部分不可逆影响。此外，产业间的相互关联和相互依存理论在佩鲁的增长极理论中也起着主要作用。

佩鲁的增长极理论出发点是抽象经济空间，主要关心增长极的结构特点，忽视增长的空间特征。许多学者为了弥补佩鲁增长极理论的缺陷，努力把佩鲁的增长极概念转换到地理空间。在这方面，法国经济学家雅克·布德维尔（Boudeville，Jacque，）做出贡献。他强调经济空间的区域特征，认为经济空间是经济变量在地理空间之中或之上的运用，并通过空间概念的转换，把增长极概念同城镇联系起来。区域增长极是配置在城市的一组扩张性产业，能通过其影响范围而引导经济活动的进一步发展。布德维尔认为推进型产业或企业可以对区域经济产生两种类型的增长效应：一是里昂惕夫乘数效应，主要通过经济中所存在的产业或企业之间的相互依存关系而发生；二是极化效应，即推进型产业或企业的建立或产出的增加会导致原区域中未曾配置的其他产业活动的出现。增长极战略在实施中的两个要点是：怎样保障区域中的推进型产业地方化；怎样保障配置推进型产业的地方不至于变成"飞地"。因此，如果在极化区域的节点或城市中心所配置的是推进型产业或企业，而且这些产业或企业所诱导的增长又包含在区域腹地之中，那么区域经济就可以通过推进型产业的扩张而增长。但是，布德维尔理论存在极大的局限性：推进型产业很难有地方效用，它的影响范围常常是数百里甚至上千里之外。

针对布德维尔等人的增长极机理上存在的缺陷，一些美英学者转而强调城市等地理单元在区域发展中的作用。例如艾伯特·赫希曼（Hirschman，Albert O.）认为经济进步并不同时在每一处出现，而一旦出现，巨大的动力将会使得经济增长围绕最初出发点集中。较高收入的经济必定而且将会在一个或几个区域实力中心首先发展。他认为城市中心对腹地具有一系列直接的有利经济影响称为涓滴效应（trickling—down effect），不利的影响称为极化效应（polarized effect）。

涓滴效应主要是通过中心对腹地的购买力或投资的增加而发生，或通过吸收腹地的隐蔽性失业人员而实现。引起极化效应的原因部分是由于中心效率高的生产者可以通过竞争来使腹地的经济萎缩；部分原因是由于选择性移民，掠走了腹地的关键技术人员、管理者以及更具有企业家精神的青年人。赫希曼认为，从长期来看，地理上的涓滴效应将足以缩小中心与腹地之间的差距。因为，一旦企业的增长在国家领土的一部分生根，它显然会产生一种力量来影响国家领土的其他部分。这种趋势的不可避免性部分是由于增长中的"极"会产生聚集不经济，从而促使工业的分散。并且，国家作为一只新型的"看不见的手"具有一种均衡机制，当极化效应超过涓滴效应而暂时占据优势时，周密的经济政策将试图纠正这种情况。

（二）核心—外围理论

赫希曼的区域发展理论可以归之为"核心—外围理论"的范畴。但是，美国学者约翰·弗里德曼（Friedmann，John）对核心—外围理论阐释最为系统、深入。他于1966年提出了核心—外围理论的学术思想，并在后续的著述中对此进行了进一步的论述。

弗里德曼认为，发展是一个断断续续而又累积的创新过程，并通过一系列体制改革而展现出一个社会的创造潜力。发展源于少数几个变革中心，这几个中心常常位于某信息场内具有最高的潜在相互作用的点上。而创新经过这几个中心扩散至具有较低一些潜在相互作用的地区。核心区是主要的创新变革中心，而其余所有的地区都构成外围区。外围区依赖核心区，其发展则取决于核心区的制度。核心区通常是通过支配效应、信息效应、心理效应、现代化效应、联动效应和生产效应六种主要反馈效应以巩固其对外围区的支配地位。空间系统是在核心能左右其他各地区所有人的重大决策时存在的，核心区位于一种从省级到世界的多层级空间系统内，外围区既由于行政管理组织、又由于供给和市场联系而依赖于核心区。创新从核心区到外围区的扩散，会使得核心区的增长促进相关空间系统的发展。然而，当核心区与外围区之间紧张关系加剧并最终阻滞核心区的发展时，只有加速核心区的扩展效应、并削减外围区对核心区的依赖才能得以缓和。总体而言，弗里德曼的理论涉及所有的空间，尤其是把文化和政治过程纳入到经济发展过程之中，并把各具体地区的变量看成是一个更大系统的组成部分，而不是一种孤立的现象①。

二、贫困户与景区分离型旅游扶贫模式的特征

贫困户与扶贫旅游景区分离型扶贫模式中，旅游业与贫困户之间产生直接或者间接影响和关系的情况下，此种模式存在以下几个方面的主要特征。

第一，贫困户在特定条件下能够从旅游业中获得间接收益。贫困户获益途径之一是创新扩散。贫困户远离旅游景区为核心的发展中心，而旅游景区的发展关键依赖于以创新为核心的文化创意，故旅游景区的发展具有创新的特质，以景区为核心区形成旅游发展斑块，旅游文创产业从旅游景区所在的旅游业核

---

① 李仁贵. 西方区域发展理论的主要流派及其演进［J］. 经济评论，2005（6）：57-62.

心区向贫困户所在区域的外围区扩散，使旅游景区核心区的增长促进辐射范围内的临近区域的相关空间系统发展，也能够带动辐射区域内的贫困户获益。贫困户获益途径之二是"涓滴效应"的推动。旅游景区为核心的旅游业对腹地产生一系列直接有利的经济影响称为旅游"涓滴效应"。"涓滴效应"在旅游扶贫中的具体表现在于，旅游景区为核心的旅游发展中心对旅游业辐射范围内的腹地的购买力或者是投资的增加而发生，如旅游业发展向辐射区域内购买各类旅游业发展所需的物资，或者是增加对旅游景区的投资数量而对区域发展产生拉动效应，使贫困户获益。

第二，贫困户能够以不同的方式从旅游业中获得直接收益。旅游业"涓滴效应"的另外一种方式是旅游业通过吸收腹地的以贫困户为主体的隐蔽性失业人员在旅游行业就业，获得工资收入，改善家庭经济状况，从而实现旅游扶贫。旅游业也可以通过向贫困户家庭采购蔬菜、水果、粮食、禽蛋、牲畜或肉类食品、手工艺品等方式直接作用于贫困户，助力贫困户脱贫致富，从而实现旅游扶贫。因为我国从上至下的社会各界一致认识到，就业是最大的民生，解决好贫困户的就业问题，也就解决好了扶贫的根本性问题。

第三，旅游业对于扶贫工作的直接影响带动作用减小。本模式与另外两种旅游扶贫模式比较而言，旅游业对扶贫工作的积极影响作用逐步减小。其中的原因是随着贫困户与旅游地距离的增加，旅游业的积极影响带动功能将会逐渐衰减。首先，从社会资本的角度分析其衰减规律。我国传统的农业社会里，民众是聚族而居，比邻而居的亲戚和邻里之间构成庞大复杂的人际关系网络，这些关系网络就形成大量的社会资本，社会资本中也隐含着大量的经济资本、文化资本和象征资本，而且社会资本也可以转化成经济资本、文化资本和象征资本。这些资本为贫困户从旅游业中以就业等形式获得收益提供帮助，也是上述各类资本的转化形式。当贫困户远离旅游区居住、生产和生活，其建立社会资本等资本类型的地点将比融合型和比邻型旅游扶贫模式中的贫困户距离景点更远，其各类资本与旅游业的相关性减小。这些资本转化为与旅游业相关的经济收益的机会将会更少，亦即此种类型中的贫困户从旅游业中获得的收益总体上将会少于另外两种模式下的贫困户。其次，从地理资本的角度分析其衰减规律。空间位置作为地理资本的主要因素之一，对旅游扶贫影响程度较大。贫困户与扶贫旅游景区分离型旅游扶贫模式中，贫困户与旅游景区的距离比另外两种模式下大得多，是地理位置劣势，这种较远的距离是地理资本禀赋较差的表现之一。地理因素是地理资本的重要组成要素之一，此种旅游扶贫模式下，贫困户与旅游景区之间较大的空间距离范围内分布着不宜进行旅游开发的各类地理单元,以是否适合发展旅游业为标准进行衡量,位于贫困户与旅游景区之间的这些非旅游性地理单元则是地理要素劣势。此种模式下,旅游业相关的地理资本禀赋较差。

第二节 贫困户与景区分离型旅游扶贫模式案例剖析

一般而言,主要的致贫原因有因学致贫、因病致贫和因灾致贫等几种类型。下面就笔者在重庆武陵山片区对旅游扶贫进行田野调查所获得的资料进行深度剖析,力争将面上的总结概括与点的深度分析相结合,既有深度又有广度。

一、因学致贫——秀山县宋农镇案例

本研究将会从相关概念的内涵阐释着手,然后从宏观、中观和微观的角度进行关照和剖析,选取典型案例进行深入分析,探寻规律、特点、问题及解决的举措。本研究选取的案例所在的秀山县,虽然在 2016 年整体脱贫,但在笔者进行考察的时候,秀山县还处于扶贫攻坚阶段。

(一) 因学致贫的内涵

我国教育的发展路径之一是由免费、低收费向高收费,由公费制向谁投资谁受益的方向发展,这就引发了一系列的社会问题,其中最为普遍的莫过于因学致贫问题,这在高等教育领域尤其明显,一方面高考是公认的人生转折点;另一方面许多学生及其家庭在金榜题名时,往往因巨额的学费而陷入困顿。从因学致贫的直接原因考察,因学致贫属于脆弱性贫困。所谓脆弱性贫困主要是指穷人由于缺乏抵抗风险的手段,而更容易遭受风险的伤害,这是一种动态的贫困范式。就因学致贫而言,大学生家庭一般有一定的资产,在子女接受某一阶段教育之前并不一定是贫困的,或者说贫困程度相对较低,但是子女进入大学这一风险却将这些家庭推向持续性贫困。这些家庭也许最初不贫困,却是脆弱的,而子女接受更高层次的教育则将这种脆弱性暴露无遗[①]。

---

① 杨在军. 脆弱性贫困、沉没成本、投资与受益主体分离——农民家庭"因学致贫"现象的理论阐释及对策 [J]. 调研世界,2009 (6):14－17.

（二）秀山县扶贫工作概况

就农村的因学致贫问题，笔者于 2016 年 1 月 30 日在秀山县选取典型案例进行了调查研究。该县扶贫管理部门谈了该县扶贫工作的总体情况。

一是秀山的具体做法。秀山领导重视，四大班子一把手任组长；层层会议落实责任；各级各部门形成共识，整合资源，向村倾斜；组织专门队伍，向村派驻第一书记和工作队，专抓此项工作，人、财、物的整合，项目资金向贫困村倾斜；宣传力度加大，方式灵活多样，利用各种媒体和各种方式进行宣传。

二是秀山扶贫工作的成功经验。精神扶贫与精神脱贫结合，大力抓基层设施和产业发展，红白喜事不准大操大办，搞好环境卫生，处理好白色垃圾和污水。通过精准扶贫，让群众物质和精神脱贫；让群众和领导满意；让组织认可；产生四个方面的改变，即基础设施大改善、特色产业大发展、人们生活水平大提高、农村精神面貌大改观。

三是 2015 年开展扶贫工作一年的情况及以后的相关建议。首先，各级各部门工作作风要大力改变。沉下去，转变工作作风是关键。每一个贫困人口要定脱贫规划、家庭情况，每户有帮扶责任人，坐在家里闭门造车不行。中央提出精准扶贫的六个精准，尤其是扶贫对象要精准。然后要因户施策，如学生多、重病、残疾、缺资金等原因。其次，政府有实实在在的举措。整合各部门资金，区县预算部分资金。四大家一把手各联系一个片区（共 4 个），副职各联系一个乡镇。每个部门联系一个村，10 人以下部门出资 3 万元，10 ~ 20 人部门出资 5 万元，20 人以上部门出资 10 万元，支持联系村脱贫攻坚。2015 年开始，财政筹集 2 000 万产业发展资金。各乡镇在每年的 10 月 17 日的扶贫日活动，以乡镇为单位筹资用于扶贫。重庆总体上是"一圈"扶"两翼"，山东支持重庆，有的部委帮扶重庆，整合资金用于扶贫，重点是基层设施建设和发展产业。中央、市里对扶贫重点区域、地区加大资金支持力度，但财政专项资金投入有限。最后，老百姓增收压力大。农村产业发展难，需要靠专业合作社和大户引领。老百姓增收主要靠外出务工，占 60% ~ 70%，这是全国和全市的共性问题。在农村发展产业周期长、见效慢，外出务工则天天、月月有收入。在农村投工投劳无法进行，因为乡镇主劳力外出务工，因而劳动力整合压力大。做好扶贫工作的关键是人、领导，下面要落实。要保持扶贫工作的可持续性，要做到长、中、短期项目结合，近期项目是养鸡；中长期项目是 3 年以上，种植水果等。每个大学生入学，县上给 3 000 元，覆盖全县。对于突发重病返贫者，扶贫措施包括新农合医保、扶贫大病补充保险、民政部门的大病支持资金。对于因残返贫者，帮助其维权和索赔，残联将残疾人纳入其系统。真正贫困的人群是大病、学生和智障者。正常人真正贫困的少，问题不是很大，因为秀山的气候、土壤、交通等与甘、青、藏地区不同，条件相对较好。秀山土地扶贫在重庆较早，约 30 亿元，包括高山生态扶贫。土地卖出，1 亩共 14 万，老百姓全得；村级集体分比例 2 万；乡镇也要分比例。重庆主城土地指标用完，将区县指标拿来卖。富裕的村级集体拥有上千万的资金，主要用以改善基础设施。现在秀山村村通水泥路，4.5 米宽。秀山实行村财乡管，用于基础设施建设和产业发展，近几年 30 亿元，道路状况比周边其他区县和重庆其他偏远县要好。秀山返贫的极少，比如有的父母双亡，有慈善机构和志愿人士资助，有些人还不留名。就秀山县内的学生而言，只要愿意读书就不存在辍学现象发生。在 2014 年和 2015 年的 10 月 17 日的扶贫日，共募集捐款分别为 2 600 余万元和 1 200 余万元。老百姓对贫困的认识问题存在共性，在重庆两翼地区乃至全国都类似。老百姓存在无论多有钱也不说自己有钱的现象，认为越穷越好，以前存在贫困县不愿意摘贫困帽子的现象。现在精神脱贫就是要立志，正面引导民众树立"贫困不可耻，也不光荣"的观念。秀山县 50 个贫困村，2015 年进行验收，还要做到精神面貌好，基础设施好。整体而言，扶贫是一个世界性的问题，扶贫工作具有阶段性，如以前的八七扶贫攻坚，到 2020 年以后又可能有新的贫困线标准。秀山县也存在以隔代抚养孙子辈的贫困问题，如父母双亡、母亲外出打工跑掉不归或父亲不回来、父亲死亡或者母亲改嫁留下子女给爷爷奶奶。隘口镇一女孩父母双亡，考上医学类学校，通过扶贫活动支持学习，毕业后到医院就业，爷爷奶奶脱贫。现在扶贫是一号工程，扶贫办以前不好整合资源，而现在比以前更好整合资源。

四是部分存在识别对象不精准问题。2014 年和 2015 年以前，无任何资金投入建卡贫困户，读中职学生享受 1 500 元每年的资助，其余无任何支持。后来初步登记，寨上的居民只要学生读书就登记为贫困户。2014 年二次登记，只要家庭人均收入为 2 736 元以下的家庭全部纳入贫困户范围，以上的不纳入，少数村、乡、镇存在把个别不符合要求的家庭纳入贫困范围的现象。2015 年再次识别，对建卡者认真筛查，对真贫困而未建卡者重新摸清情况，秀山县具有这种现象者为 1 500 人，虽然未把他们纳入扶贫数额，但享受同样政策。不准将买小车、当股东、吃财政饭的家庭纳入贫困户的范围，将这样的人剔除，将未纳入建卡者的真贫困者纳入。截至 2014 年 12 月底的指标，秀山县共有贫困户 1.615 3 万户，6.172 8 万人，这些贫困户的地域分布不均匀。

（三）秀山县宋农镇概况

据宋农镇主要领导介绍，该镇有 600 余年历史，是武陵地区 9 溪 18 峒之一峒：分为上宋农和下宋农。宋农在土家语里面是"捕鱼"之意。梅江河从宋农镇流过，为捕鱼提供便利。宋农镇以前抓工业，后来又抓农业。全镇现在有矿产、黄牛养殖等三个比较大的企业。该镇的交通以前是秀山最差的乡镇，现在是名列前茅的乡镇。宋农镇是一个有历史、有产业的好地方。

（四）因学致贫典型案例——秀山县宋农镇平地坝村彭 KJ

彭 KJ 家因学致贫概况。笔者随调查研究队伍一行，于 2016 年 1 月 30 日下午到了位于平地坝小学旁边因学致贫的贫困户彭 KJ 家（见图 6-1）。彭 KJ，男，土家族，1971 年生，小学文化。家有老母亲 81 岁，两个儿子以及他们夫妇二人，共 5 口人。两个儿子一人在重庆工业职业技术学院读书，一年学费 6 500 元，每个月生活费需要 1 000 元，一年的总共学习费用开支 2 万元左右；一个在读职高，一年学费 1 500 元，一年的学习费用总开支 1 万多元，读职高到了二年级就开始实习，就业前景不错。两个孩子上学每年需要 4 万元左右的花费。政府在扶贫方面主要是修路和自来水引入家里。家里每年养 7 头大肥猪，靠女主人养。养 1 头猪政府补贴 150 元，当时还没有到位；养 1 只羊补贴 40 元，养 1 头牛补贴 200 元，这在当时主要还是处于宣传阶段。母亲每个月可以得到国家养老金 90 元。彭 KJ 的老婆在家养猪，照顾老人，料理家务。彭 KJ 在附近打工，挣钱供两个孩子读书，还有人情消费，电话费等。一年省吃俭用，不抽烟，不喝酒，还不够开支。每年家里纯收入 3 万元左右，每年家里收入用以支出后仍然赤字 1 万元以上，主要原因是因学致贫。彭 KJ 在外打工，每个月除去下雨等的时间耽搁，最多只能干十几天的活，每天能够挣 140～150 元。之前养了六七头肥猪，用饲料喂养，催肥之后就卖了，现在家里只养了一头母猪和一个小猪崽。每年要贷款、借款 1 万多元，学费 6 000 多元就是贷款支付。助学金需要申请，如果人多的话要从中评选部分人，上次没有这次就会有；高职生助学金一年有 2 000 多元，职高生每年助学金有 3 000 多元。他们家在村里属于中等贫困。彭 KJ 觉得两个孩子一毕业他就轻松一点，甚至可以脱贫了。彭 KJ 觉得搞养殖需要投资比较大的资金，而且资金周转需要一年才能够到位。彭 KJ 就是平地坝小学毕业，以前家里 5 个姊妹，母亲经常害病,小学毕业干农活维持生活,就没有上初中。老母亲病比较多,冬季每天都要烤火,现在五个姊妹都赡养老母亲,大哥就在平地坝小学教书,有时候给母亲零用钱①。

图 6-1　彭 KJ 家的厨房

(五) 因学致贫贫困户具有的明显特征

因学致贫贫困户具有如下三个主要特征。一是阶段性。因学致贫的家庭在学生读书的几年可能会陷入贫困,当家庭的学生完成学业以后,就不再需要这一笔学杂费开支,家里的经济负担减小,家庭就能够很快还清债务脱离贫困。这样因为学生读书导致的阶段性贫困就结束了。笔者考察的一行人鼓励彭 KJ 一家人,说因学致贫是暂时的、阶段性的,两个孩子毕业以后,参加了工作,家庭的贫困就会缓解,甚至很快就会脱贫致富。彭 KJ 和家人都表示认同。二是脱贫预期性高,精神状态好。这样的家庭虽然处于暂时的贫困状态,但家人虽苦犹乐,因为孩子毕业就能够使家庭的环境大为改善甚至有质的提升,而且家里有孩子上中专、大学也是光耀门楣的喜事,全家人觉得越苦希望越大,越往后离希望越近,最终会苦尽甘来。这样的家庭战胜贫困的希望大、干劲儿足,是精神脱贫的模范带头户。笔者一行跟彭 KJ 交流,说两个孩子都很聪明能干,一个上大学一个上中专,这是家庭的骄傲也是家族的骄傲,他们一家人也都默默地表示赞同。而且自始至终他们一家人都比较开心,精神状态很好,看得出来在他们的潜意识里面对未来充满了美好的期望。三是这样的家庭,子女具备较好的潜在就业能力。子女在读书期间或者在毕业以后,具备了较好的

---

① 根据 2016 年 1 月 30 日访谈录音整理。

就业能力和社会适应能力，毕业后的学生就业还可以帮助和反哺家庭，使家庭很快脱贫，甚至迅速致富。

（六）贫困户与景区分离型模式下因学致贫贫困户旅游扶贫存在的问题

从上面贫困户与景区分离型模式下因学致贫贫困户的典型代表彭 KJ 案例中，可以概括出因学致贫贫困户旅游扶贫中存在的几类典型问题。

一是距离旅游景区空间距离较远，给就业和出售物品等经济社会活动带来不利影响。从平地坝村到宋农镇主要是山地和沟壑；从宋农镇到秀山县城的地形，前面小部分为低矮山地和丘陵，后面部分主要是比较平坦的盆地平坝区。地形为主的地理因素和空间距离导致宋农镇平地坝村的地理资本较差，对因学致贫贫困户的旅游扶贫帮扶和脱贫致富造成一些不利影响。首先，异地就业增加食宿等成本开支。秀山县宋农镇平地坝村，周边没有旅游景区，彭 KJ 家离场镇约 10 公里，场镇离县城 34 公里，离秀山县的其他旅游景区距离更远。学生在读书期间的假期如果参加旅游景区的短期就业，或者在毕业以后到旅游景区刚就业的初期，都得远离家庭而增加一些食宿等成本开支，使经济收益率降低，旅游扶贫脱贫的效率受到不利影响。其次，与景区分离的贫困户因为远离景区，希望通过出售旅游业所需的相关的各类食品、用品等物质，以增加收入助力脱贫致富十分困难，因为距离远而增加了双方的交易成本。彭 KJ 距离秀山县城 40 余公里，他家目前基本没有什么物品直接出售给旅游相关的企业，即旅游业通过对腹地的购买力的增加而产生的"涓滴效应"基本没有产生。最后，随着与景区的距离比另外两种模式下的距离增加，其受到旅游业带动整个区域发展的间接帮扶作用不明显。根据核心—外围理论，核心区到外围区的扩散，会使得核心区的增长促进相关空间系统的发展。秀山县的旅游业目前发展在重庆 5 个少数民族区县处于靠后的位置，以 2015 年为例，秀山县全年游客接待量 313.3 万人次，与上一年比较的同比增长率为 51%，位居 5 个民族区县第 5 位；全年旅游综合收入 12.9 亿元，与上一年比较的同比增长率为53.6%，也是位居 5 个民族区县第 5 位。因为整个县域的旅游业整体实力不佳，故对县域经济的整体带动作用与武隆区等旅游业较好区县比较差距非常大。故彭 KJ 一家作为因学致贫的贫困户，基本没有享受到旅游经济对县域经济的整体带动作用而带来的经济收益。

二是旅游行业的就业"门槛"导致因学致贫家庭的就业人员专业不对口或者难以适应就业的问题。首先，因学致贫家庭学生所学专业为非旅游专业，到旅游行业就业就存在专业不对口的困难。因学致贫的家庭中，在中专、大学学习的学生的专业可能是非旅游专业，给通过旅游帮扶这些家庭的学生在校期间或者毕业以后到旅游行业就业带来困难。其次，对于因学致贫家庭的非学生的就业人员而言，因为旅游业的部分工种有特殊的职业要求也使得他们就业存在一些困难，如迎宾、餐饮服务等岗位对性别、年龄、文化程度、身高、形象、气质等有较高的要求，这些贫困家庭的就业人员未必就能够满足这些要求。

三是贫困户与扶贫旅游景区分离型扶贫模式下的家庭比融合型和比邻型两类模式下的家庭的现代观念更落后。因为，旅游景区往往是外来人流、物流、信息流和资金流等的汇集和交流的节点，与旅游景区分离型因学致贫的家庭因为远离旅游景区，人员与信息等的交流比较迟缓，故接受到旅游景区的思想观念的影响比另外两种模式下的家庭要小，甚至没有受到旅游景区的现代观念的正面影响。例如，秀山洪安景区位于我国的以张家界和凤凰古城为核心的湘西旅游热线上，作为沈从文笔下《边城》的原型，洪安边城景区已成为当地最为知名的乡村旅游景点，2015年共接待游客100余万人次。"将渡船弄漂亮点，游客坐着也舒心！"2016年11月记者采访时，在秀山县洪安镇边城景区著名的"拉拉渡"码头旁，船工张生宏正趁着空闲整理自己的小渡船。张生宏曾是贫困户，对现今的日子颇为满意，他说："现在游客多了，我的小渡船也忙起来了。今年国庆期间，每天收入都在千元以上。[①]"可见相比之下，同样位于秀山县范围内，洪安景区的贫困户的旅游意识、服务观念、经济意识等现代意识比位于远离旅游景区的宋农镇平地坝村的贫困户彭 KJ 要强得多。

（七）贫困户与景区分离型扶贫模式下因学致贫贫困户旅游扶贫的对策

基于精准扶贫的指导思想，对因学致贫的贫困户的特征进行精准归类识别，对相关问题进行分类精准处理。

一是针对因学致贫的贫困户距离旅游景区较远，导致旅游扶贫产生的困难的对策。首先，学生寒暑假或者贫困户家庭的其他成员到旅游景区就业，可采取异地就业的方式，寻找免食宿费用的岗位。如餐饮、住宿行业的服务员岗位；或者针对类似贫困户的家庭就业，可经过相关部分协调，由就业单位的给予减少或者免除食宿费用的特殊照顾；或者由政府或公益组织对贫困户的就业

---

① 王翔，罗成友.秀山洪安镇："拉拉渡"聚起八方宾客 贫困户搭上旅游"快船"［EB/OL］. http：//cq.cqnews.net/cqqx/html/2016-11/28/content_ 39648338. htm，2017-8-10.

食宿费用予以买单，以降低因学致贫家庭的就业成本，提高旅游扶贫的效率。如宋农镇平地坝村彭 KJ 家的两个孩子假期到秀山县城西街就业，即可采用上述的帮扶模式。其次，针对因学致贫贫困户距离旅游景区远，出售农副产品和手工艺品等物资困难的现实，可采取政府引导下的定点帮扶模式，如组织秀山百年老街——西街的旅游商户定点到彭 KJ 家采购物资，同等条件下给予这些贫困户照顾，或者距离较远由政府为商户提供交通补贴的方式，采购他家的猪肉、羊肉等绿色食品。或者采取政府＋公司＋农户、政府＋行业协会＋农户等发展模式，发展农户的种养殖业，为旅游企业提供相关的物资，其中应该包含尽量多的贫困户，并且重点向贫困户倾斜。最后，针对贫困户远离旅游景区而产生的经济拉动效应的衰减规律，政府可采取区域平衡战略和措施。如政府在税收、财政转移支付、项目安排、产业发展、宏观政策等方面给予非旅游地区以支持和倾斜，尤其是旅游业占主导地位的地区更应该重视和推行此项战略和措施。尤其是针对因学致贫的家庭予以相关的照顾，因为这些家庭的非学生成年人有较强的就业能力，学生毕业后具备很强的就业能力，这样的家庭贫困阶段性特征明显，家庭整体上具有很强的脱贫致富能力。如彭 KJ 的两个上中专、大学的孩子，政府在安排他家所在区域的非旅游性相关项目时，可选择适合他家的两个学生的岗位，在假期短期就业，每个学生每年有 3 个月寒暑假假期，3 年总共有 9 个月的假期，可以挣几万元以部分减轻学费、生活费用的负担。

二是针对因学致贫家庭学生所学专业为非旅游专业的问题，可选取旅游专业性不强的工种让因学致贫家庭的学生就业，针对因学致贫家庭的非学生的就业人员也可以采取类似的办法。因为高职或中职类学生具备相关的就业理论知识，具备相应的职场应变素质、专业创新素质、社会人文素质等多方面的素质，如果学习的是非旅游专业，经过一定的学习和培训能够从事一些旅游专业性不太强的工作，如客房服务、内务管理等工种；如希望长期、全面在旅游行业就业，则需要逐渐深入学习旅游专业知识和技能，从而从事专业性较强的旅游工种，如前厅服务、餐饮服务、导游服务、旅游规划与策划等。有学者也主张经济条件不太好的家庭对子女进行高职、中职教育类的教育投资，因为农民家庭的学生及家长更需要根据家庭经济状况与子女综合素质考虑教育投资方式，选择投资少、投资周期较短的中等和高等职业技术教育可能比选择普通高等教育明智得多，进而缓解甚至直接避免部分经济相对脆弱家庭的"因学致贫"是完全可能的①。因学致贫家庭的家庭成员，也可以采用上述方法，即让他们参与专业性

---

① 杨在军. 脆弱性贫困、沉没成本、投资与受益主体分离——农民家庭"因学致贫"现象的理论阐释及对策 [J]. 调研世界，2009 (6)：14-17.

和技术性不强的工种，且根据就业人员的个人性别、年龄、文化程度等条件，更多地考虑后勤保障等类型的工种，选择适合他们的工作岗位。

三是通过"引进来"和"走出去"的方式提高因学致贫家庭成员的旅游服务等现代观念认知。三种主要的致贫原因下的家庭比较而言，因学致贫家庭比同样远离旅游景区的因病、因残等致贫的家庭有更多的学习现代服务知识、增长现代服务意识的能力，因为这样的家庭的学生能够很快学习和传播这些现代知识和意识，增加家庭的文化知识，使家庭有更多的文化资本，此即将外面先进的旅游服务等现代观念"引进来"。例如彭 KJ 的正在上大学和中专的两个孩子，能够非常顺畅、愉快地与调查组人员进行交流沟通，很多观点上有共识。他们也很快吸纳了调查组的一些新观点，如自立自强、感恩情怀、乐观自信等，相信这些观念很快也会变为他们全家人的共识。如果让因学致贫的家庭成员外出到旅游景区景点就业，尤其是接受过高等教育的学生到旅游景区就业，则他们对新知识和新技能学习、消化、吸收比较快，对一些现代的观念的学习、吸收和传播更快，包括传播给家人。这比另外的因病、因残两种类型的贫困户更容易进行信息的沟通、交流和传递，以更好地实现信息扁平化，此即"走出去"。通过与彭 KJ 的两个孩子交流，可知他俩都十分聪明能干，跟他们俩的交谈中了解到，他们的现代知识观念比较强，如果到旅游行业就业，相信他们俩一定能够很快适应新的工作环境，很快学习和传播旅游行业的现代知识、服务理念。

二、因病致贫——彭水县善感乡案例

从已有的文献来看，较少涉及因病致贫的贫困户与旅游业扶贫的关系研究，笔者拟对此进行一些探索。笔者带领两个学生于 2016 年 8 月 2～3 日，对彭水县善感乡场镇所在的农纲村进行旅游扶贫田野调查，了解到该村村民郑 DQ 家属于因病致贫的贫困户，而且远离旅游景区。

（一）我国西部地区的因病致贫特征剖析

学者们通过研究指出，基于我国西部 9 个省市 1214 个因病致贫户的问卷调查数据，对农村地区因病致贫的总体情况进行了深入分析。结果发现，因病致贫是导致农村居民贫困的重要原因。其中，患慢性病比重最高，危重病次之，地方病和意外伤害比重较低。因病丧失劳动力和自付医疗费用过高、报销比例低是因病致贫的主要原因。患者自付费用的解决途径主要来自于家庭积蓄和亲朋好友的借款，还有少量的银行贷款以及上述多种途径的组合。新农合医疗保险主要存在报销比例低、报销范围小和报销程序复杂等问题，政府救助政策也存在救助申请困难和政策宣传不到位等现象。据此，研究者提出的建议包括，以因病致贫家庭政策受益最大化为切入点，精准识别需要保障的贫困群众，提升基层医疗卫生服务能力，提高新农合保障水平，探索和完善农村大病救助体系①。

（二）你怎么看？——基层领导对旅游等产业扶贫的看法

笔者于 2016 年 8 月 2 日下午对善感乡分管扶贫的领导进行了访谈，他介绍了善感乡的一些情况，坦诚他对旅游扶贫等问题的看法。第一，精神扶贫。他认为真正精神上扶不起的是少数，而且这些人的子女或者家人并不一定精神贫困。关键是物质上脱贫。第二，精准扶贫。以前的贫困户标准：家有大学生、中职生的为贫困户。他建议将贫困户组成不同的规模集团。产业的规模发展、标准化与精准扶贫相矛盾。扶贫的贫困线标准很低，越过这个线没问题。但他认为有的省市提出在 2017～2018 年结束扶贫是不现实的。第三，旅游扶贫。他认为现在搞乡村旅游类似于"大跃进"似的。彭水 30 多个乡镇，每个乡镇都搞乡村旅游，实际上多数没有旅游效益。但对改善乡、镇、村基础设施有好处。有些乡村旅游项目投入上千万、上亿元，但没有什么经济效益，是不计成本似的政府投入。他认为彭水县把乌江、郁江两岸乡村旅游打造好了已经很不错。善感乡主要打造乌江电站岸边，如钓鱼台、休息健身步道等。现在外事办为县里引进投资上千万元、上亿元用于打造乌江沿岸旅游。第四，搬迁扶贫。他说，许多高山上生活条件艰苦的村民已经搬迁下来，到村社集中居住点、场镇旁边、县城。但有些农户搬迁后离土地太远，后续产业发展、就业及收入成问题。可以让高山移民到比较平坦的几个地方集中安置，应该由基层干部组织。但目前没有基层干部这样做。农村土地撂荒比较严重。重庆只是出了个股权改革的文件，没有具体实施细则，现在也无人具体落实。但要集中流转农民土地，农民又不愿意，阻力大。第五，产业扶贫。发展产业要有基础，要长时间积累。当地种烤烟有几十年的基础，现在只有几十户种。发展产业的长期性和精准脱贫的短期性之间存在矛盾。第六，农村扶贫。首先，农村只剩下

① 汪辉平，王增涛，马鹏程. 农村地区因病致贫情况分析与思考——基于西部 9 省市 1 214 个因病致贫户的调查数据 [J]. 经济学家，2016（10）：71 - 81.

老年人。彭水农村年轻人外出打工，或者年轻丈夫外出打工，妻子在县城陪小孩读书。家中老年人无体力、精力、能力，包括扶贫在内的许多事情，老年人均无法做，老年人只勤劳种庄稼。其次，发展产业。发展产业才能解决其他所有问题，但山区发展产业难度较大。第七，农村空心化。他说，这里偏僻，留不住人才，干部和人才都留不住。中青年人和精英往外流，吸引中青年人返回农村很难。

（三）萧条的场镇和农村

一条小溪从善感乡场镇穿流而过，小溪一直流到乌江。场镇公路沿着小溪边约几公里就与西彭二级公路相连，这条支路安装了太阳能路灯。乡政府前面即为小溪，小溪对面是一家小旅馆。笔者与两位一同考察的学生当天食宿即在此小旅馆。当天晚上既打雷又下雨，然后停电。房东女老板说，这里只要打雷下雨就停电。

场镇有几十户人家，但人气不旺。房东女老板说，善感乡场镇是个"死角"，不赶场，倒是上面一个较大的村寨有人赶场。她说，民国时就有善感乡，位于现在乡政府所在的山的背面。场镇搬迁到现在的地址有20多年。

据彭水县志记载，善感乡位于彭水县东南部，南部和酉阳县沿岩乡接壤，西部隔河和贵州省沿河县塘坝乡相望，清朝置丰溪乡，民国21年（1932年）更改为现名，新中国成立后仍置善感乡。乡人民政府驻地原为罗兴场，1962年迁至石槽坝即现址，海拔480米，距离县城47公里。善感乡西南角的周家寨是乌江入彭水县境的地方①。

（四）善感乡农纲村概况

在善感乡分管扶贫的领导介绍下，调研组一行对场镇所在的农纲村进行了旅游扶贫及精准扶贫的田野调查。笔者一行到了村长家，即村长在场镇上修建的用于做生意和居住的房屋。村长家房屋位于场镇上半部分的三岔路口的节点。房屋第二层横跨街道两边，据说以前场镇上面村民发生比较大的火灾，消防车因为村长家房屋高度低而进不去，造成了额外的损失，政府即将在赔偿过后将村长家二楼横跨街道的房屋拆除。

笔者在村长家与农纲村村支书、村长进行了交流。他们介绍，该村1 700多人，男的外出打工的300多人，妇女送小孩到县城陪读的共700多人，留下

---

① 彭水县志编撰委员会. 彭水县志［M］. 成都：四川人民出版社，1998：135－136.

700 人左右。对于精神扶贫，他们认为村里真正有劳动能力而又自己好吃懒做、等、靠、要的人极少。

他们介绍说，村里有 7 个社，7 个社长中年龄最小的 50 多岁（只有 1 人），其余为 60~70 岁及以上的年龄。社长中，60 岁是年轻人。其余的年轻人都外出打工，留下的年轻人除非是在附近能够做生意。

（五）因病致贫的贫困户——善感乡农纲村郑 DQ

8 月 3 日上午，村支书和村长就派一个农民骑摩托车送笔者一行 3 人到村里的典型贫困户进行调查。沿着穿过场镇的小溪边的公路，往上游方向行走约 3 公里的公路下边，就是贫困户郑 DQ 家。她是家里的女主人，也是家里唯一一位比较健全的劳动力，74 岁。她的儿子 38 岁，身高约 1 米 7，身体比较壮实，要是没有患精神病的话肯定是一表人才。她儿子在 20 世纪 90 年代是她家的骄傲，也是村里和乡里的骄傲，以优异的成绩考上县城的中师，如果顺利毕业后可以分配到事业编制的学校当老师。可惜她儿子在读中师的最后一学期因为赌博被学校开除，精神受到刺激，成了精神病患者，基本不具备劳动能力。她的丈夫 78 岁，当时已经是病入膏肓。她丈夫从里屋出来，走路左右摇晃，驼背，非常瘦弱，他看到笔者一行非常生气，还用基本听不清的话语骂，赶我们几个走。住在隔壁的他的弟弟及其家人以及女主人郑 DQ 不停地劝他，他也就不再骂我们几个。

通过田野调查得知，郑 DQ 女士的个人及家庭情况如下：她本人是苗族，未接受过教育；她是普通群众；家庭年总收入为 6 000 元；家庭 2015 年收入的主要来源为种植收入和政府补贴收入；家庭 2015 年的主要日常经济支出最高的三项依次为医疗支出、食品支出、生产性投资支出。她一周的时间安排如下：睡觉休息 70 小时，种庄稼 35 小时，做家务 21 小时，看电视 14 小时，不打麻将，不外出打零工，不闲聊。从对她的"精神贫困"状况调查来看，她不认同"我不想去劳动"和"过好现在就好"这两项。说明她人穷志不穷，精神上是自立自强，保持了勤劳本色，有信心和决心战胜困难，把日子过下去，把日子过好，而不是依赖思想，不是等、靠、要的思想，不是怨天尤人等消极的思想。总之，精神上是积极的、富足的、充满正能量的。

他家的劳动主要靠年老的女主人郑 DQ，收入来源是种庄稼和饲养鸡、猪等家禽家畜，政府也给予化肥、农药、低保等各种补贴和帮扶的资金、物资。一家人能够维持基本生活。他家属于深度贫困户。在调查结束，笔者自己给郑

DQ 女士 100 元，尽微薄之力帮助她们家。她和她丈夫的弟弟一家人把我们送到公路边，说了一些表示非常感谢、好人平安之类感激的话。

（六）周家寨景区概况

周家寨位于重庆市彭水县善感乡境内，乌江画廊精品段上，与龚滩古镇相邻，与贵州省沿河县洪渡镇一江之隔，所以周家寨向来有"一脚踏两省（三县）"之美誉，说明其地理位置之重要，交通之发达。现在的周家寨水陆交通便利，酉彭二级公路早就从周家寨贯通，与彭水、龚滩、酉阳等繁华城镇相连，与渝湘高速公路、渝怀铁路等交通大动脉相通，距彭水县城 40 分钟车程，距龚滩古镇 10 公里。周家寨又位于彭水乌江电站水库边缘，是著名的千里乌江画廊精品段的重要景观节点。周家寨所在的库区河段有 $10km^2$ 左右的水域面积，水流缓慢，江面宽阔，极目远眺景色宜人，是旅游观光的绝佳去处，也是开展大规模多样化的水体旅游项目难得的旅游资源。

周家寨景区面积 20 平方公里，森林覆盖率达 80% 以上。周家寨的主要旅游景观有石林——怪石迷宫、"天下第一剑"——玉龙神剑、10 余公里长的天然溶洞——水月洞天、天下第一乌杨树、10 公里长的森林登山健身步道、30 万平方米钓鱼基地等休闲娱乐场所。周家寨景区境内碧水怀抱，奇峰异景，怪石林立，古树参天，苗乡风情，形成了以山水石林为一体的天然画卷。

周家寨湖光山色美不胜收，位于阿依河—鞍子苗寨—龚滩古镇—桃花源黄金旅游线上，发展初期可以走依附型模式，与上述黄金线的旅游景点组合以形成精品旅游线路，推出特色旅游产品。周家寨景区适宜进行避暑休闲、运动休闲、度假康养、科学探秘等类型的旅游活动。也可通过大型主题旅游活动进行宣传造势，如在 2015 年 7 月 24 ~ 8 月 31 日举办了"2015·爱在彭水·多情善感开心游"大型主题旅游活动。活动的主要内容有 2015·爱在彭水·多情善感开心游启动仪式与文艺演出、"情侣西瓜"趣味比赛活动、"鱼水情深"趣味活动、千人野钓与野营篝火活动、100 对情侣登山接力宣誓活动、2015·爱在彭水·多情善感开心游文艺演出、重庆佐伊教育苗乡风情双语夏令营活动、周家寨边区农副产品与特色美食展销等。此次活动聚集了人气，鼓舞了发展旅游的士气，达到了很好的宣传促销效果。

（七）贫困户与景区分离型模式下因病致贫贫困户旅游扶贫存在的问题

在讨论此种类型的旅游扶贫时，宜先将相关情况进行界定。如果贫困户家庭没有任何完整的劳动力，则显然属于政府兜底扶贫的范围，不在本研究讨论范围之内；如果家庭有一位或几位健全的劳动力，他可以在家一边劳动一边照顾家里的病人，如果有富余劳动力也可以到景区就业的方式进行旅游扶贫，属于本研究的探讨范畴。

善感乡的周家寨是彭水县重点打造的乡村旅游景区之一。善感乡农纲村因病致贫的贫困户郑 DQ 家距离善感乡场镇约 3 公里，从善感乡场镇到西彭二级公路岔路口约 5 公里，从此岔路口到周家寨约 10 公里，所以从郑 DQ 家到周家寨约 17 公里，符合距离景区 5 公里以上的分离型旅游扶贫模式的空间距离标准。诸如此类的因病致贫贫困户与旅游景区分离型旅游扶贫模式下，旅游扶贫存在以下一些主要问题。

第一，直接旅游扶贫很难实现。这里主要存在几个限制性因素。首先，距离较远。距离较远则增加了贫困户获取经济收益的难度，也增加了交易成本。像郑 DQ 家，距离周家寨景区 17 公里左右，无论是到她家采购旅游所需物资，或者是进行帮扶、慰问，或者是提供相应的就业岗位等，都有相当大的空间距离成本，即地理资本的正向效应较小，地理资本的负面效应较大。其次，地理因素的影响。从善感乡农纲村到周家寨景区的地理地貌元素主要是山地、丘陵、沟谷等渝东南民族地区的典型地理因素，地表起伏较大，土地贫瘠，种植业和养殖业的收益率都比较低，对于因病致贫的家庭而言希望向土地要效益的难度很大。像郑 DQ 家庭的人均耕地在 1 亩左右，土地都是喀斯特地貌上的坡耕地，土地贫瘠，粮食产量低；水田总量少，每年种的水稻除了自己食用，基本没有剩余的粮食。而且，这些地区水源缺乏，基本靠天吃饭，遇到旱涝灾害则基本的生活难以保障。所以，如果打算向分离型因病致贫贫困户直接收购物资的方式进行直接旅游扶贫存在诸多不利因素。再次，家庭成员的劳动能力较弱。因病致贫家庭成员的劳动能力总体上比较弱，主要表现为生病者本人部分丧失或者完全丧失劳动能力。如郑 DQ 的患精神病的儿子，基本没有劳动能力。有的病人还需要家庭其他成员半职或者全职陪伴、照顾。这样，就对家庭造成较大的拖累。这就影响了家庭参与旅游业直接帮扶的机会和能力。这就致使旅游景区或公司通过中心对辐射区域即腹地的购买力或投资的增加，或通过吸收腹地的隐蔽性失业人员的涓滴效应难于实现。最后，因病致贫家庭的社会交往能力较弱。这样的家庭通常贫病交加，家庭成员的精神面貌和自信心较差，长期因病贫困的家庭也影响了家庭子女的受教育水平的提高。这些因素综合影响了因病致贫家庭的总体社会交往能力，也影响了这些家庭获得直接旅游扶贫的机会和能力。如郑 DQ 家，病入膏肓的丈夫和患精神病的儿子基本没有语言表达能力和社会交往能力，她自己也年老体衰，身体行动缓慢，语言表达很迟缓，她们家的社会交往能力总体上比较差。

第二，间接旅游扶贫效率低下。首先，旅游乘数效应减弱。旅游业是第三产业，它的大力发展可以带动相关产业的发展，从而产生乘数效应。贫困户与景区分离型旅游扶贫模式下，贫困户距离旅游景区的空间距离更远，导致旅游业产生的乘数效应减弱；而因病致贫家庭主要从事小农生产，社会化程度低，受到旅游乘数效应的影响也就更小。像距离郑 DQ 家最近的周家寨景区，其发展虽处于上升时期，但其带动能力本身较小，景区发展虽然一定程度带动了交通、餐饮、工艺品销售等相关产业发展，但郑 DQ 家距离景区 10 多公里外的山沟里面，基本不会受到周家寨景区发展产生的乘数效应的正面影响。其次，乡村旅游的极化效应减弱。我国农村目前正在实行农业产业转型，发展乡村旅游业是其重要转型方向之一。乡村旅游即为推进型产业，这一产业的建立会导致原区域中未曾配置的其他产业活动的出现，如农民以摆摊的方式进行农产品销售。因病致贫家庭生产能力较弱，加上这种模式下此类家庭距离景区较远，旅游产生的极化效应很弱。郑 DQ 家处于远离旅游线路所经过的交通干线的大山坳里面，没有剩余的农产品可供销售，也没有多余的劳动力从事农产品销售。最后，因病致贫的贫困户承接的从旅游景区向外围的非旅游景区的扩散效应变小。旅游是典型的文化创意类产业，旅游文化创意从核心区到外围区的扩散，会使得旅游创意产业核心区的增长促进相关空间系统的发展。贫困户与景区分离型旅游扶贫模式下，贫困户因为疾病而致贫，其家庭本身的发展能力弱，加上与景区距离遥远，故能够承接到的旅游景区从核心向外围扩散的文化创意产业的影响和带动作用将随着距离的不断增加而变得越来越小。

（八）贫困户与景区分离型模式下因病致贫贫困户旅游扶贫的对策

对于因病致贫的家庭而言，可以运用精准扶贫的思想为指导，根据因病致贫家庭的情况，进行分类性、针对性旅游帮扶。

第一，政府、企业或者旅游者通过采购物资的旅游扶贫模式进行直接旅游扶贫。针对部分因病致贫的贫困户，根据其家庭的农业、林业、牧业、副业、渔业等的生产情况，其劳动生产产品具有剩余的情况下，就其所剩余的农业等各类产品与旅游业的产业发展资源需求对应情况，由政府组织或者由相关旅游企业、旅游者直接到这些因病致贫的贫困户家庭以不低于市场价格进行物资采购，从而实现旅游直接定点扶贫。当然，这样的采购活动要对空间距离控制在适当的范围之内，如果贫困户距离景区太遥远，运输成本和人的时间成本太高，则没有实现的可能性和现实意义。如郑 DQ 家是十足的因病致贫贫困户，其家庭如果有生活消费后剩余的部分生活物资，而旅游企业或者旅游者又恰好需要这样的物资，这里距离周家寨景区也不是太远，旅游企业或者旅游者可以用不低于市场价格或者略高于市场价格的方式来采购这些物资，以实现旅游扶贫的功效。

第二，公益捐赠模式进行直接旅游扶贫。以旅游景区为募集捐赠物资、资金的范围，向旅游企业及其职工、旅游者募集物资和资金进行旅游扶贫；或者由旅游企业或者政府组织爱心旅游者前往因病致贫的贫困户进行考察旅游，在实地与贫困户接触、感受之后，进行物资和资金的捐赠以进行旅游扶贫；或者由公益组织牵头，组织专门的扶贫旅游，组织单位或者个人进行针对性的扶贫旅游，然后进行物资和资金捐赠性质的旅游扶贫。如郑 DQ 家距离景区十几公里，可以组织旅游企业或者个人在景区为郑 DQ 家进行爱心捐赠；也可以组织旅游者到周家寨景区较远的郑 DQ 家进行爱心专题考察旅游，让游客在现场考察、感受和了解，在心灵受到深刻触动以后，产生关爱之心，而后进行爱心捐赠，以实现旅游扶贫。这种爱心旅游方式可视为文化生态旅游和民族、民风、民俗旅游的重要范式之一。

第三，政府或者企业通过提供针对性的就业岗位进行旅游扶贫。这种模式下，主要针对家庭具备就业能力的情况。即在精准扶贫的思想指导下，根据因病致贫的家庭中具备就业能力的人员的性别、年龄、文化程度、身高、体形、相貌等特征，选择旅游景区适合的工作岗位，供贫困家庭的就业人员选择就业。如果因病致贫家庭中有一个正常劳动力，可以外出，也可能留下照看家庭；有两个或多个劳动力，则可以安排至少一个人外出打工。这需要根据疾病性质而定。如郑 DQ 家庭没有可以外出就业的人员，则这种旅游帮扶方式对她们家庭是不适用的。

第四，旅游业帮助治病以求得脱贫。这是针对能够治愈的部分疾病，旅游业以直接或间接针对贫困户疾病进行帮助治疗。一旦患病者的疾病治愈以后，如果患病者本人恢复了劳动能力，患者就成为具有正常劳动能力的人，则帮扶就成功。除了政府部门的医疗系列救助、保险之外，旅游业可以对患者针对性提供药品或者医用物资，联系旅游者中的爱心旅游者进行诊疗等帮扶活动。

第五，分离型旅游扶贫模式下针对因病致贫的贫困户的间接旅游扶贫方式之一是政府区域平衡与倾斜政策。这是一个问题的两面，从整个区域的协调、公平发展的角度看，需要从旅游产业发展收益中提取一部分向因病致贫的贫困户及其所在的地区实施财政、税收、社会保障等适度倾斜、照顾的政策，以及旅游等产业项目的照顾性安排，以求得整个区域的平衡发展。如郑 DQ 所在的大山坳里的农纲村，政府应该给予更多面上的照顾、倾斜政策，以实现该深度贫困区域与相对发达区域的平衡发展。这也有助于郑 DQ 家间接获益，实现早日脱贫致富。

第六，分离型旅游扶贫模式下针对因病致贫贫困户的间接旅游扶贫方式之二是旅游企业肩负起社会责任，在因病致贫贫困户附近挖掘、开发、建设旅游经济效益相对一般，但社会效益更大的旅游项目，助力贫困户所在区域实现整体发展，间接帮助贫困户减轻或者摆脱贫困。如郑 DQ 家附近的小溪、山地公路皆可以与周家寨景区进行某种组合开发或者另外选择主题进行旅游开发。

三、因残致贫——酉阳县黑水镇案例

笔者于 2016 年 8 月对重庆武陵山片区的民族地区乡村扶贫尤其是旅游扶贫进行详细、深入的田野调查。对酉阳县的乡村旅游扶贫关注较多，对酉阳县毛坝乡、木叶乡、黑水镇等的贫困户进行广泛的问卷调查、深入访谈，并且与县、乡镇、村社的干部就扶贫问题进行了深入的探讨、交流。我们的具体调查方式是村领导将贫困户召集到领导家所在的院坝进行问卷调查和访谈。对黑水镇大涵村的具体调查时间是 2016 年 8 月 7 日。本次调查中，酉阳县黑水镇大涵村的村民张 Y，是一位典型的因残致贫的贫困户。下面就以从宏观到微观、从外围到核心的思路对因残致贫贫困户的旅游扶贫问题进行探讨。

（一）酉阳县扶贫工作整体推进情况

笔者于 2017 年 3 月到酉阳县调查，获悉该县的扶贫工作成绩斐然。自2013 年国家提出精准扶贫的政策来，重庆市和酉阳县都非常重视精准扶贫和精准脱贫工作。尤其是酉阳县不仅把此项工作视为一项重大的民生工作来抓，突出其经济属性；更把此项工作当做政治任务来抓，把此项工作视为全心全意为人民服务的重要体现和抓手，视为两个一百年奋斗目标的重要基石，实现全国人民小康和现代化奋斗目标的前提和条件。全县上下把包括残疾人扶贫在内的整个扶贫工作抓出了成效，抓出了经验。其中也强调了通过旅游等产业扶贫，帮助贫困户脱贫致富。

1. 截至 2016 年 4 月，酉阳县的精准扶贫工作开展情况

经过 2014 年精准识别统计，酉阳县有贫困人口 130 286 人，130 个贫困村，是全市面积最大，贫困程度最深的县。新一轮脱贫攻坚启动以来，该县坚持以扶贫开发统揽全局，以贫困家庭为基本工作单元，点面结合，因地制宜，全员动员，全力攻坚，2015 年 50 628 人成功越线脱贫，38 个村实现整村脱贫。打赢了脱贫攻坚第一战，具体工作开展如下。

第一，构建了"三大体系"。一是构建了有力的指挥体系。组建由县委书记任组长的扶贫开发工作领导小组，对全县脱贫攻坚进行统一指挥。精心制定脱贫攻坚作战图，按年度分解细化目标任务，统一指挥，挂图作战。二是构建了有序的推进体系。研究制定全县脱贫攻坚总体规划，量身定制贫困村、贫困户脱贫方案，精心编制"10 个精准"扶贫工作方案，落实扶贫攻坚抓手。以乡镇（街道）为单位，组建 39 个脱贫攻坚前线作战单元，分块分片推进。三是构建了科学的考核体系。出台《酉阳县脱贫攻坚考核办法》和《考核细则》，7 个督查组常态化开展督查检查。落实县级部门与乡镇捆绑考核制度。脱贫任务未完成，联系贫困群众未越线、不满意的，年度考核"一票否决"。

第二，强化了"三大保障"。一是强化人力保障。建立县级领导包乡、部门包村、干部包户责任制，组建 130 个驻村工作队。优选 2 546 名扶贫干部对应帮扶 32 377 户贫困户。公开选聘村级挂职扶贫专干 270 名，进行定点驻村扶贫。抽调 21 名工作人员充实领导小组办公室力量，分组分线分片运行，强化对全县扶贫攻坚的统筹管理指导。二是强化财力保障，全年共整合政府性、金融性、社会性资金 17.487 7 亿元保障脱贫攻坚，为历年之最。三是强化政策保障。狠抓教育、产业、搬迁、医疗卫生、培训就业、低保兜底、保险"七个到户"。共发放教育补助资金 2 101.25 万元，实现因学致贫家庭教育扶持全覆盖。完成高山生态扶贫搬迁 1.2 万人，整合资金 2 500 万元，分"正在治疗"和"因病负债"两类情况精准统计，给予分类救济。按照"两线合一"要求，将全县因残、部分因病等缺少劳动力的 14 169 人纳入低保兜底，保障其基本生活。

第三，创新了"三大举措"。一是创新实施"借款启动—奖补巩固—信贷提升"产业到户工程，采取"三步走、全程扶"方式，引导贫困群众干事创业。全年累计发放借款基金 3 500 万元，奖补资金 4 000 万元，涉农涉贫贷款 1.137 6 亿元（其中小额到户创业贷款 1 748 万元，560 户），13 000 个贫困户获得资金支持，成功发展起产业增收项目，带动全县形成特色效益农业基地100 万亩。二是创新实施"民办公助"方式，引导农村群众大干基础建设。全年群众投工投劳达 40 多万人次，共启动村通畅公路建设 400 公里，竣工 380公里；启动组通达公路建设 420 公里，竣工 400 公里；修建产业路 200 公里、村社人行便道 120 公里。新建供水点 820 处，新增解决 288 00 人安全饮水问题。实现乡镇（街道）4G 通信网络全覆盖、去年验收的 38 个贫困村光纤到村。三是创新实施"互联网＋扶贫"精细化管理。开发并投用了 APP 精准扶贫管理平台，全县扶贫干部加载安装。帮扶干部到没到村，干没干事？扶贫政策到没到户，何时到户？贫困群众增没增收，怎么增收？通过精准扶贫 APP管理平台都可以精准掌握。

第四，奠定了"三大基础"。一是建立了相对完备的组织架构、政策框架和管理办法，厘清了责任体系，明晰了干部与群众、政府与市场、整体与个体的关系，扶贫工作组织化、制度化、规范化程度不断提高，奠定了全面打赢脱贫攻坚战的制度基础。二是坚持以贫困家庭为基本工作单元，全县人力、物力、财力高度向贫困村、贫困家庭有效聚合，全年到户资金达 3.8 亿元，农村基础设施建设也是力度最大、效果最好的一年。奠定了全面打赢脱贫攻坚战的保障基础。三是坚持正确的扶贫导向，强调扶贫不是养懒汉，要致富必须自力更生、发奋图强。建立了"借款启动—奖补巩固—信贷提升"产业的到户激励机制，积极开展"双创""双带"活动，让勤者获益，让懒者思变，激发了贫困内生动力，奠定了全面打赢脱贫攻坚的动力基础。

未来两年，我们将进一步强化扶贫攻坚的政治意识、大局意识、岗位意识、责任意识和廉洁意识"五个意识"，始终秉承强烈的为民情怀，牢牢抓住"群众增收致富"这个关键点。把脱贫攻坚作为重大战略机遇，放在县域经济发展大局中去思考，放在统筹城乡发展中去谋划，确保到 2017 脱贫摘帽之时，顺利完成 130 个贫困村、130 286 名贫困人口脱贫越线基本任务；"三大目标"取得实质性成果：一是农村环境大改善：村村新农村，组组路通畅，户户便道连，家家水到缸；二是特色产业大发展：全县有主导，乡镇有主业，村组见规模，户户见项目；三是群众生活大保障：上得好学看得起病，住有好房，都能上网。

2016 年，该县已召开全县脱贫攻坚会议进行了安排部署。2016 年是该县脱贫攻坚决战年，围绕 63 403 人越线，65 个贫困村销号、"三大目标"取得阶段成果工作任务，重点打好"三大战役"，落实好"三大行动"。

第一，打好"三大战役"：一是面上打好总体战。制定脱贫攻坚项目表、资金表、责任表，明确各级各部门扶贫职能职责和具体任务，集中整合资源，加强督查检查，强化组织保障，形成攻坚合力。二是分线打好阵地战。以乡镇为主阵地，实施好包括基础设施、特色产业、公共服务三大领域的 12 大工程，全面激活扶贫内生动力，真正将扶贫政策转化为老百姓的实际收入和共享成果。三是盯户打好歼灭战。就是要继续坚持以贫困家庭为基本工作单元，以贫困户稳定增收为第一任务，突出精准，重点重抓产业、搬迁、教育、保险保障、转移就业"五个到户"。

第二，落实"三大行动"：一是落实春夏到村到户项目大启动行动，时间为 3～4 月。二是落实夏秋到点到面资金大落实行动，时间为 5～8 月。三是落实秋冬到户到人增收大查验行动，时间为 9～11 月。确保脱贫攻坚全年有任务、阶段有重点、过程有把控、结果有保障。

2. 截至 2017 年年初酉阳县脱贫攻坚工作情况

第一，目标任务完成情况。2016 年，全县规划贫困人口脱贫 63 403 人，整村脱贫验收贫困村 65 个，实际完成 65 721 名贫困人口脱贫，完成计划的 103%；65 个贫困村实现整村脱贫完成计划的 100%。

第二，主要工作措施。

其一，面上打好总体战。

A. 制定"四张表"，统筹指导到位。一是高标准制定脱贫攻坚指标表。将贫困村"解八难""建八有""四个全面覆盖"，贫困群众实现"两不愁、三保障"两大定性指标，细化量化固化为 120 多项子指标，编入《脱贫攻坚工作手册》发放到村组以上干部，让工作有参照、干部有压力、验收有依据。二是精准制定脱贫攻坚项目表。在精心制定到村到户脱贫方案的基础上坚持以项目为支撑，围绕总体目标和 2017 年预脱贫对象再逐村逐户调研，科学制定扶贫项目清单并照单实施，2016 年共计实施项目达 2 600 余个。三是统筹制定脱贫攻坚资金表。开展涉农资金整合试点，对所有农业村以基础设施、公共服务为主的项目建设需求进行了摸排统计，端出项目总盘子，规划实施项目是 4 248 个，涉及中市涉农资金 14 项，总投资 51.6 亿元。通过财政投资、银行融资、社会引资，全年统筹下达了各类扶贫项目资金近 13 亿元，并严格加强审计监管和过程监管。四是严格制定脱贫攻坚责任表。将到村到户的任务和责任逐级分解到部门、到乡镇（街道）、到个人、到具体时间节点，做到责任清，任务明，按时序推进。同时，实行脱贫攻坚季度检查考核排名，排名后 5

位的乡镇在全县每季度的脱贫攻坚推进大会上作整改发言。

B. 安排"五支队伍",责任落实到位。进一步深化落实"三包"责任体系(即县领导包乡,部门包村,干部包户),抓好用好"五支扶贫队伍",切实"下沉"真帮实扶。一是36名县领导包乡包户,坚持一线指挥督战,发现问题、研究问题、解决问题。二是102个县级部门单位对应帮扶联系贫困村的整村脱贫各项工作,既要巩固脱贫成果,又要完成年度脱贫任务,包干吃尽。三是调整充实130名"扶贫第一书记",每月驻村开展工作20天以上;进一步优化帮扶体系,调优帮扶结构,提高帮扶质量。按照每名干部帮扶5户贫困户标准,新增帮扶干部3 929名。四是实施乡镇辖区扶贫负总责制,全体干部职工工作到户,责任到人。五是落实村组干部"双带"行动,建立以脱贫攻坚为主业的村组干部责任考核体系。

C. 推行"三项制度",保障监督到位。县委研究出台《酉阳县党员干部联系基层群众服务有关规定》,建立"五支扶贫队伍"进村入户服务群众的会议制度、走访制度和监督制度。一是会议制度。定期开好村民会、村民小组会,重点解决党的路线、方针、政策,以及扶贫政策宣传问题,凝聚扶贫正能量。二是工作制度。县—乡—村三级干部常态入户走访上门听取民意,共同研究解决农村群众关心的共性和个案问题;同步建立惠农政策、扶贫政策村组公示公开制度,倒逼干部自觉践行群众路线。三是监督制度。创新民意调查助推脱贫攻坚,精细罗列55项脱贫民调访问事项,实行扶贫民调考核,干部作风实不实、工作到不到位,群众说了算;并将扶贫民调作为乡镇(街道)、部门扶贫工作考核的重要内容。

其二,分线打好阵地战。以贫困农村为主战场,聚焦基础设施、产业发展和公共服务,进一步夯实脱贫基础。

A. 重抓基础设施建设,优化发展环境。一是交通路网建设成效明显。外部着力构建大通道,加速通畅"主动脉"。酉沿高速建成通车,酉彭高速项目通过市级评审并签订投资建设框架协议。酉永高速进入项目可研阶段,渝怀铁路二线酉阳段全线动工,正积极争取渝怀高铁项目。内部以贫困农村为重点,全面伸展"毛细血管"。全年硬化通畅公路320公里,新建、维修及硬化通组公路1 390公里,产业路430公里,人行便道960公里,新安装农村公路护栏134公里,实现100%行政村通畅、100%撤并村通达。二是农村饮水工程提质增效。全年新建供水工程352处,完成中市级投资5 458万元,新增解决农村7.89万人饮水困难,2017年脱贫的1.5万户贫困群众全面解决了饮水困难。

三是"五改两建"工程同步实施。改路、改水、改厕、改厨、改圈、建污水垃圾收集系统等项目加快实施、推进顺利，极大地改善了农村生产、生活环境。

B. 重抓特色产业培育，拓宽增收渠道。一是重点抓好效益农业扶贫。全面启动六个十亿级和三个五亿级特色农业全产业链建设，建立了"以量定补、以奖代补"等产业精准扶持政策，创新实施精准扶贫产业到户工程；开展资产收益扶贫试点，按照农村资源变资产、财政资金变股金、贫困人口变股东的思路，增加贫困群众租金、薪金、股金"三金收入"。截至目前，全县扶贫产业到户工程新增特色产业面积14.78万亩。二是突出抓好生态旅游扶贫。将全县重点旅游乡镇和有条件的贫困村纳入"大桃花园景区"范畴进行统一规划，打造乡村旅游景区景点，引导贫困群众通过开办农家乐、参与农特旅游产品生产销售、从事乡村旅游服务的方式多渠道分享"旅游红利"。2016年，全县12个乡村旅游景区景点共接待游客85万人次，实现旅游综合收入2.5亿元。三是全力抓好绿色工业扶贫。以农特产品资源加工、精深加工为重点，推动现有企业转型升级，全力打造绿色生态工业集群。截至目前，新培育农民专业合作社310家，市县级农业龙头企业25家，茶叶、中药材等主要农特产品商品化率达到58%。

C. 重抓公共服务体系，提高生活水平。在全县278个行政村实施通讯网络、电商网点、便民超市、金融服务网点"四个全面覆盖"工程，以及便民服务中心、村卫生室、村级幼儿园、农家书屋、文化活动广场等提档升级工程，全方位、多角度提升农村公共服务水平。截至目前，累计开通行政村客运路线236条，建成215个农民体育健身工程，完成11.3151万套直播卫星户户通建设任务，"广播村村响、电视户户通"覆盖率达到98.8%（贫困村覆盖100%），2017年脱贫验收的65个贫困村光纤到村、卫生室建设、便民服务中心等全面完成。

其三，到户打好歼灭战。坚持以贫困家庭为基本工作单元，着力抓好政策到户、产业到户、监管到户，促进贫困群众精准脱贫、稳定脱贫。

A. 精准落实到户政策。继续加大到户政策宣传力度，全力推进高山生态扶贫搬迁、医疗卫生、教育资助、低保兜底、人口转移就业培训、保险保障等"六个到户"。一是扶贫搬迁到户，全年完成高山生态扶贫搬迁18 393人，精准甄别居住条件差的深度贫困户对象2 350户、8 185人，实行差异化补助，实施"兜底式"搬迁。二是医疗扶贫到户，对因病致贫户精准统计，建立档案，实施"新农合＋大病医疗保险＋大病医疗补充保险＋医疗救助"四项医疗扶贫叠加政策，并切块财政扶贫资金建立 1 000 万元县级医疗救助基金，累计实施精准医疗救助 14 622 人。三是教育扶贫到户，在统筹县扶贫办、教委、民委、团县委、人力社保局、民政局等部门的教育扶贫资源基础上，切块财政扶贫资金建立 1 000 万元县级教育扶贫基金，确保因学致贫家庭学生不因贫辍学。四是低保保障到户。做好农村低保制度与扶贫政策有效衔接，全面落实扶贫低保"两线合一"，落实"低保兜底"15 340 人。五是培训就业到户，在 2016 年的基础上扩大技能培训覆盖面，体现培训的实用性，累计开展养殖、驾驶、厨师、工程机械技能等培训 148 次，培训贫困人口 6 404 人，全年实现转移就业贫困人口 2.45 万人。六是保险保障到户。统筹县级财政扶贫资金，为贫困农户购买农村住房保险、扶贫小额贷款保险、大病医疗补充保险、人身意外伤害保险、农业产业保险等"五大保险"实现"应保尽保、应赔尽赔"。

B. 精准扶贫到户产业。全面实施"借款启动—奖补巩固—信贷提升"金融助推产业扶贫到户工程。切块财政扶贫资金建立 3 500 万元的扶贫产业到户借款基金池和 5 700 万元的贷款基金池，以政策扶持为牵引，金融扶贫为支撑，变生活性帮扶为生产性帮扶、资金性帮扶为资本性帮扶，采取"三步走、全程扶"方式，引导贫困群众干事创业。为贫困户及涉农涉贫企业贷款 2.14 亿元，为贫困户发放产业借款 3 200 万元，发放产业奖补资金 3 800 万元，1.8 万户贫困农户干起了以山羊、肉牛、青花椒、中药材、油茶、茶叶为主的特色到户产业，2017 年 1.5 万贫困农户实现更加有尊严的脱贫，贫困户内生动力明显增强。

C. 精准落实动态监管。新一轮脱贫攻坚以来，酉阳县在全市率先开通精准扶贫平台和手机 APP，对精准扶贫精准脱贫实行动态监管，2017 年酉阳县进一步优化升级了 APP 平台移动办公、信息采集、监督查询、动态数据分析、帮扶工作追溯、脱贫过程管理等六大功能，驻村工作队、帮扶干部进村入户，精准掌握贫困家庭的基本情况、生产生活状况，精准落实帮扶措施，精准记录帮扶成效，实现贫困户从建档立卡到实现脱贫，以及脱贫后的稳定扶持全过程动态监管，做到贫困户脱贫过程有记录、成效可评估。

（二）酉阳县黑水镇种养殖业扶贫工作的做法与经验[①]

笔者在 2017 年 3 月就扶贫工作与黑水镇领导进行了长时间深入交流，该

---

① 本部分资料数据由酉阳县黑水镇于 2017 年 3 月提供。

镇总结出种养殖业扶贫的典型经验,2016 年 8 月调查的一位位于黑水镇的因残致贫的贫困户也在发展种养殖业脱贫。故先将该镇的种养殖业典型经验介绍如下。

第一,"借羊还羊、种草养畜"助力贫困农户增收。

按照新一轮精准扶贫要求,黑水镇立足资源优势和贫困农户实际,充分发挥政府推动作用和市场引领作用,积极引进酉阳宗卫畜禽有限责任公司,推行"借羊还羊、种草养畜"两端带动模式,形成了龙头企业为引领、"四个统一"为核心、两端带动为载体的扶贫新模式。

一是依托资源,培育龙头,走出产业扶贫新路子。充分利用 209 098.4 亩森林草地资源,结合贫困农户实际,以市场为导向,引进酉阳宗卫畜禽有限责任公司发展山羊产业,在黑水镇马鹿村 2 组建成占地 8 000 平方米的生态养殖小区,其中标准化高床舍厂房 3 500 平方米,现存栏鲁比亚大耳羊、金堂黑羊 1 200 只,其中能繁母羊 500 只,计划 2 年内三羊总存栏 3 500 只以上,实现年产值 300 万元,公司凭借集山羊繁育、养殖、销售及技术咨询为一体的龙头优势,采取建基地、联农户的方式,通过"借羊还羊、种草养畜"两端带动模式助力贫困农户增收。目前,公司已与 58 户贫困农户签订种养订单合同,预计将为贫困农户实现增收 50 多万元。

二是突出龙头引领,实施两端带动,催生产业扶贫新模式。黑水镇在产业扶贫中,既注重发挥酉阳宗卫畜禽有限责任公司对贫困农户的龙头引领作用,又注重发挥"借羊还羊、种草养畜"两端对贫困农户的致富增收作用,从而拓展增收渠道,增强自我发展能力。

模式一:养殖端——"借羊还羊"助力贫困农户增收。"借羊还羊"就是公司与农户签订养殖与回购合同,由公司免费提供 30 斤左右羊羔给农户养殖,并在养殖中提供防疫和技术服务,回购时以借时的同等重量还给公司,超出重量按市场价减去 2 元/斤公司提取的防疫和技术服务费后补给农户。经调查,从公司领养一只 30 斤左右的羊羔,按照通常情况 1 年可长 70 斤左右计算,超出的 40 斤重量按市场价 2 元/斤补给农户,再减去 2 元/斤公司提取的防疫和技术服务费,养一只羊羔可为农户带来 720 元左右收益。

模式二:种植端——"种草养畜"助力贫困农户增收。"种草养畜"就是根据养殖山羊需要大量青贮饲料,公司与农户签订种植玉米桔梗合同,按照 500 元/吨的价格统一收购。通过实地查看种植基地和与农户座谈,1 亩土地 1 年可种植 2 季玉米桔梗,1 季可产出 3 ~ 4 吨,按照 500 元每吨的收购价格计算，1 亩地 1 年可产生收益 4 000 元左右，除去 2 季大约 280 元左右（即种子 80 元/亩 + 肥料 200 元/亩）种植成本，每亩土地可给农户带来 3 720 元左右的纯收入，比单纯种植玉米高 6 倍左右收益，是一项"低投入、低风险、高收益"的项目。

三是坚持"四个统一"，破解发展"瓶颈"，实现贫困农户"零投入、零风险"。"借羊还羊、种草养畜"发展模式最大特点是带动性强，核心是通过统一供应羊源、统一技术服务、统一购买保险、统一回购销售"四个统一"，切实解决了贫困农户投入无本钱、养殖无技术、销售无渠道等发展"瓶颈"，真正实现了"零投入、零风险"。"零投入"即公司统一免费供应羊源，从源头上保证羊的质量，解决贫困农户前期投入。"零风险"即养殖过程中公司统一技术服务，在一定程度降低农户的养殖风险，有利于养殖的标准化、科学化；统一购买保险，具体操作上讲，在养殖中发生疫病或意外死亡，农户仅负责及时通知公司，其他由公司自己负责，规避了农户风险；统一实施回购，解决了农户销售风险问题。

四是强化"两个统筹"，激发内生动力，产业扶贫取得新成效。充分发挥政府的主导作用，着力于对贫困户的引导和企业的培育两个产业端口，强化政策统筹和资金统筹，实现贫困户和企业双赢，促进产业链条循环健康发展。强化政府统筹，优先解决养殖区供水、道路等基础设施建设，帮助企业争取线上发展养殖配套资金，让企业能享受的政策做到应享尽享。强化资金统筹，为每户贫困户设立产业发展扶持资金 2 000 元，给每户养殖大户设立配套圈舍补助资金 12 000 元，引导贫困户大力发展山羊产业养殖。"两个统筹"激发了贫困户和企业发展养殖的动力，目前该公司已与 31 户贫困户签订养殖回购合同，带动 124 户从事山羊养殖，发放羊羔 1 287 只，预计 1 年以后可为贫困户增收 92 万余元，实现户均增收 2 252 元。同时，公司与 19 户贫困户签订种植玉米桔梗订单合同，面积达 387 亩，实现农民增收 143 万余元，让贫困户走上了脱贫致富的"快车道"。

第二，"借鸡下蛋，循环发展"农企互动发展，新型脱贫增收模式。

为切实推动脱贫攻坚工作，增强龙头企业引领带动效应。黑水镇结合贫困农户实际，以市场为导向，引进成芳养殖公司发展蛋鸡养殖产业。在旧堰村 2 组建成占地 40 亩的生态蛋鸡养殖小区，其中标准化鸡舍厂房 2 000 平方米，现存栏德国进口蛋鸡 2.5 万只，计划 2 年内蛋鸡总存栏 10 万只以上，覆盖贫困农户 100 户左右，实现年产值 1 000 万元以上。公司以养殖、销售及防疫技术咨询为一体的龙头优势，采取以基地为核心、农户为节点的方式，通过"借鸡下蛋，循环发展"农企互动模式实现蛋鸡养殖专业化、规模化发展，拓宽贫困户增收渠道，增强发展能力。

其一，开创产业发展新模式，坚决打赢脱贫攻坚战。在新一轮的脱贫攻坚工作新形势下，黑水镇党委政府立足当地资源优势，结合辖区实际，抢抓发展契机，大力开创新模式，积极开发新资源，引进酉阳县成芳畜禽养殖有限公司，以可持续发展战略思路，实行"借鸡下蛋，循环发展"助力脱贫攻坚新渠道，打造主导产业，形成以大带小、以强带弱、企业带散户的新模式，助推产业经济发展，提升产业经济量，加大贫困户增收幅度，致力全民共同富裕。

A. 成效明显，增收突出。例如，从公司借养 1 000 只 1.5 斤左右鸡苗，鸡苗 25 元/只，共需鸡苗款 2 500 元，100 只蛋鸡一个鸡舍，每个鸡舍 550 元，100 只鸡每天的饲料和防疫药物支出共需 30 元，一个月饲养成本为 30 元 × 30 天 = 900 元，因前 2 个月无蛋产量，前 2 个月的饲养成本为 1 800 元，产蛋前成本合计为 2 500 + 550 + 1 800 = 4 850 元。按照通常情况下 100 只蛋鸡每天产蛋 95 枚以上，当前公司回收保护价为每枚鸡蛋 0.65 元，1 个月的蛋产值 95 × 30 × 0.65 = 1 852.5 元，减去饲料和防疫药物成本 900 元，每个月纯收益 952.5 元，1 年可收益 952.5 × 12 = 11 430 元，再减去产蛋前 4 850 元成本，每 100 只鸡 1 年能为农户带来 11 430 - 4 850 = 6 580 元；所有签订合同的贫困户需养 500 只以上，那么 1 年就能净增加 6 580 × 5 = 32 900 元，让贫困户顺利实现脱贫致富梦。

B. 统购统销，循环发展。首先由公司为饲养户统一提供标准化鸡苗，并提供防疫技术和购买保险，农户将产出的鸡蛋按照合同价格卖给公司，由公司统一销售，切实解决饲养户销路，避免囤货滞销；此次引进德国蛋鸡以 20 个月为产蛋周期，从第 3 个月开始连续产蛋 20 个月后停止产蛋，进入淘汰期，农户又将自己养殖的蛋鸡以市场价格回收鸡肉到公司，再购进新蛋鸡进行下一轮饲养，形成购进与销售循环发展。

其二，产业发展有保障，脱贫致富有决心。此养殖模式针对性强，切实解决贫困户当前发展产业无资金、无技术、无劳动以及抗风险能力弱的发展困境。一是实现贫困农户"零投入"，即公司统一借供鸡苗，农户暂不支付鸡苗款，产蛋见效后再以合同价格向公司还款。二是实现贫困农户养殖"零风险"即养殖过程中由公司统一提供防疫和技术服务，并且按合同统购统销；同时公司统一购买保险，具体来讲，在养殖中发生疫病或意外死亡，农户仅负责及时通知公司，其他由公司自己负责，规避了农户风险。三是低劳动强度，即公司统一提供基础设施、鸡苗和技术服务，饲养人员每天的工作只是喂饲料、捡鸡蛋，没有多大的劳动强度，一定程度上解决了贫困户无劳动力问题。另外政府将整合产业扶持措施，为公司做大、做强、做优产业提供政策保障，帮助其扩大规模，提高产值，本着实事求是的原则，鼓励和支持这些企业或者合作社以产业发展带动贫困户脱贫，确保了贫困户有路径脱贫、有信心脱贫、有决心脱贫。

（三）黑水镇及大涵村概况

黑水镇位于酉阳县城正北方，距县城28公里，位于渝湘高速公路酉阳县城和黔江城的中间位置，国道319公路贯穿全境。大涵村位于渝湘高速公路黑水出入口处，距离黑水镇14公里，距离县城42公里。大涵村文书介绍，大涵村以前是大涵乡，因为离黑水镇太近，2001年撤销此乡，合并入黑水镇。

在大涵村所在的渝湘高速公路黑水出入口处，从黑水出入口到重庆主城只需要4个小时车程；国道319也从这里经过，具有区位优势。村文书介绍说，高速公路出入口处有一条小溪，2014年开始有老板在此投资，建有山泉水游泳池，还有CS真人秀战场、草坪、溪水、葡萄园、茶叶地等。游泳池与葡萄园分别位于小溪的两边。2016年8月7日调查的当天是葡萄园开园仪式。其葡萄园经营的亮点是游客等人认养生态葡萄树，400元~800元/株，葡萄园经营者为顾客提供收成保底。认养的人比较多，收成归个人所有，故当天前来参加葡萄园开园仪式的人很多，从当天开始采摘。村文书介绍，当天葡萄园开园仪式的另外一个亮点是下午3点钟，游泳池中的T台有乌克兰美女模特走秀表演。笔者一行考场组在村领导陪同下，从上午10点~12点完成了调查。

中午对村支书和村文书进行了深度访谈。村文书讲外来开发公司流转当地农民的田是1年500元一亩，土是1年400元一亩。老板觉得农民要价太高，压力大。老板初期开发投入2000多万元，压力较大，但游泳池生意很好。

（四）酉阳县黑水镇大涵村张Y贫困状况调查

调查地点是酉阳县黑水镇大涵村村支书家的院坝。张Y的基本情况为，男，42岁，土家族，小学文化，已婚，政治面貌为群众（见图6-2）。张Y家庭年人均收入为3000元，2015年家庭主要收入来源为种植收入和救济收入，2015年家庭的主要日常经济支出最高三项依次为教育支出、医疗支出、生产性投资支出。

调查张 Y 的"精神贫困的现状"一周情况：种庄稼 63 个小时，睡觉 49 个小时，做家务 14 个小时，聊天 3 个小时，不打麻将、看电视或外出打零工。张 Y 不属于精神贫困户，他勤劳朴实，不向困难低头，精神世界是阳光的、积极向上的。

张 Y 左手残疾，是 2005 年外出打工的时候受伤，当时赔偿了 3 万元。其妻子在家务农。大女儿 14 岁，在读初中，成绩好。小儿子 12 岁，在读小学。他家以前养 300 ~ 400 只鸡，没有销路赚不了钱。鸡和猪生病，这里牲畜的医疗条件不好，风险大也赚不了钱。养鸭子 3 ~ 4 个月可以长到 4 ~ 5 斤，有水源的地方就好喂养，但是也无销路。他现在喂养了四五头牛，想发展养牛这个产业，因为牛不生病，但牛生长慢，这个发展起来很慢。

图 6 - 2　大涵村旅游扶贫调查

虽然张 Y 左手的手指头都没有了，但是他的右手还能够劳动，残疾的左手和右手配合也能够完成部分农业相关的劳动。此外，他的妻子还是一个完全的劳动力。

（五）贫困户与景区分离型模式下因残致贫贫困户旅游扶贫存在的问题

酉阳县黑水镇大涵村因残致贫的贫困户张 Y，虽然他家就在渝湘高速公路黑水出入口附近，离正在开发的游泳池较近，但这一以游泳池为主体的游乐设施开发是以夏日游泳休闲为主，还不是真正意义上的旅游景区，加之它处于开发初期。故本研究将张 Y 这一因残致贫贫困户与景区的关系，确定为与酉阳桃花源的空间距离关系，在 40 公里以上，故属于贫困户与景区分离型扶贫模式。这种模式下贫困户的旅游扶贫主要存在以下一些特征及问题。

因残致贫贫困户家庭的贫困具有如下一些主要特征。首先，部分残疾者具有一定的劳动能力，残疾者本身的就业能力总体上弱于因学致贫家庭的学生，而强于因病致贫家庭的病人。其次，残疾者一般不需要持续地进行医疗救治，其医疗费用的负担较小甚至没有，这方面也对家庭造成的经济拖累较小。最后，因此根据致贫家庭的残疾人的残疾程度和拥有的劳动能力的大小分为三个类型：轻度残疾人即残疾人劳动能力接近正常人，能够从事正常人的绝大多数劳动，这种残疾人不需要家庭其他成员的照顾，还能够成为家庭的劳动力，如张 Y 失去了左手手指头，但在右手的辅助下，基本能够完成绝大多数农活；中度残疾人即残疾人生活勉强能自理，但不能从事生产、生活性劳动，比如不能够从事农业生产活动，不能够从事家务劳动，只能在顽强的毅力支撑下，自己完成吃饭、穿衣、上厕所等简单的生活任务；重度残疾人即残疾人生活完全不能自理，需要家里其他正常人的照顾才能完成基本的生活需求，如需要家人喂饭、穿衣等，这些活动致使家里一个正常的劳动力每天花费一定的时间照顾残疾人，而且至少一个正常的劳动力不能离家务工挣钱，给家庭造成较大的经济和精力的拖累。

根据因残致贫家庭中残疾人的残疾程度，可以归纳出其在旅游扶贫中存在的不同问题类型。

第一，重度残疾人自身完全无法参与旅游业致使参与旅游扶贫非常困难。首先，重度残疾人自身无法直接参与旅游业的相关就业活动，而且在其生活完全不能自理的情况下，至少需要一名健康的家庭成员照顾其生活起居，对家庭的劳动力造成一定的拖累，致使照顾其生活起居的家庭成员也无法完全地参与旅游就业活动，影响了旅游扶贫工作的开展和旅游扶贫的效果。

第二，中度残疾人所在的贫困家庭中，残疾人本身及其家人参与旅游业的扶贫活动也存在诸多困难。中度残疾人自身无法参与旅游扶贫中的旅游经营活动。这类贫困家庭中，残疾人的生活相对优势在于，其生活基本能够自理，无须专门的家庭健全成员对其进行生活照顾，可以将家庭的健全劳动力解放出来，从事各种各样的劳动包括旅游行业的就业以获得足够的收入来维持家庭的正常运转。在这样的家庭中非残疾人的家庭成员，至少有一位不能够长期离开家庭外出从事旅游行业的就业，亦即这样的家庭至少要留有一位健全的家庭成员在家庭附近就业，最好是每天都能够回家居住，这样有利于家庭的防火、防盗，以及家庭的对外交流交往，还可以适当照顾残疾人的日常生活起居。

第三，轻度残疾人的家庭参与旅游行业就业活动存在的困难。因为游客到旅游目的地旅游是以求美等为主要诉求，是以文化目标追求为核心的带有经济属性的文化活动。轻微残疾人不能够从事完全的旅游服务就业活动，如餐饮接待、导游活动等。因为外形的残疾，也不符合部分旅游就业活动对形体的高要求。旅游活动对各方面的美感要求极高，而且很多时候游客的美学要求是完美的，这也造成他们不健全的身体与旅游接待工作特点之间的矛盾，限制了这类残疾人本身参与旅游接待活动，也影响了其家庭成员参与旅游接待活动，总体上影响了旅游扶贫活动的开展以及旅游扶贫的效果。如大涵村的张 Y，因为其左手没有手指头，其参与某些旅游业的工作受到限制，如不能够成为宾馆的厨师切菜、炒菜等。

（六）贫困户与景区分离型扶贫模式下因残致贫贫困户旅游扶贫的对策

除了政府兜底的因残致贫贫困户以外，根据因残致贫家庭的不同类型情况，通过旅游业针对性地对上述贫困户进行扶贫，主要有以下几种模式。

第一，公益捐赠模式。这一模式由政府组织，或者由旅游业相关的企业、团体组织，由旅游景区、企业、行业、游客等与旅游业相关的组织和个人进行公益捐赠，帮助因残致贫的贫困户家庭渡过难关，捐赠内容包括物资、资金等。这是旅游类企业、团体的社会责任，也是游客人文生态旅游的内容和对游客进行生态教育、素质提升的方式。如菲律宾苏拔——峨兰哥岛生态合作社：合作社为前来荡舟的游客和导游员制定了生态旅游行为规范，并制定了受到普遍认同的环境最小影响操作指南。其生态旅游融合了自然风光观赏、环境低影响管理、环境教育和保护、社区扶贫等方面的优点，已发展成为在社区参与自然保护方面具有重大国际意义的生态旅游成功典范①。

第二，旅游生态搬迁扶贫模式。借助于生态搬迁扶贫的国家好政策，在有条件的地区和农户，优先照顾因残致贫的贫困户家庭进行旅游生态搬迁，搬迁到旅游景区或者旅游交通线路旁边，借助旅游发展的东风，享受旅游发展带来的红利。因为旅游业发展会有较大的乘数效应，一般为 5 左右。而且距离景区越近，则这种乘数效应的正面影响可能更大。如张 Y 家，如果有生态移民搬

---

① 李文明，钟永德. 国外生态旅游环境教育研究综述［J］. 旅游学刊，2009，24（11）：90－94.

迁扶贫政策的话，他家即可搬迁到渝湘高速公路黑水出入口至酉阳桃花源之间的公路旁边居住，以利于接受到旅游效应的影响，利于实现旅游扶贫。

第三，特设爱心旅游扶贫岗位和爱心旅游扶贫摊位。在旅游景区或者旅游交通沿线，为因残致贫的贫困户家庭的轻度残疾人或者他们家庭中的其他劳动力，特别设立相应的爱心工作岗位或者是爱心旅游商品销售摊位，助力因残致贫家庭脱贫致富。如在景区或者旅游交通沿线，可以为张 Y 本人设立爱心旅游商品销售摊位，张 Y 虽然一只手残疾，但他是轻度残疾人，完全可以从事一些旅游商品销售的强度较轻的劳动；张 Y 的妻子是一位健康的农村妇女，也是一个健全的劳动力，可以在旅游景区或者旅游沿线的宾馆、饭店为张 Y 的妻子特别留下厨房洗菜、洗碗、打扫清洁等技术含量较小的劳动岗位，助力这一因残致贫家庭的脱贫致富。或者在同等条件下，优先雇佣张 Y 的妻子参与旅游行业就业，从而实现旅游业助力扶贫。

第四，产业融合带动模式。实现旅游业与第一、第二、第三产业的融合，实现"旅游＋"的大旅游发展模式，从而带动区域的农林牧副渔等第一产业的发展，带动包括因残致贫的贫困户在内的区域农民的发展致富。从上述田野调查的资料分析可知，这当中出现了相互背离的现象，即政府总结的发展模式中，支持贫困户发展农村的种养殖业取得了巨大的经济效益和社会效益，并且上升到了理论推广的高度，即政府主导或支持下的公司＋农户的发展模式；而现实的调查中却发现，因残致贫的贫困户张 Y 发展规模化鸡、鸭、生猪等养殖业，牲畜生病后治病困难，没有销路等现实问题，导致其放弃了规模化牲畜养殖。这当中存在政府、企业、农户的沟通、交流问题，也存在利益相关者之间的利益分享与保障的法律、协议和诚信问题。说到底，需要政府进行主导或者引导，促进大旅游产业的经济效益和扶贫帮困社会效益的更好发挥。

因为在最近几年乃至未来的酉阳大旅游发展战略中，酉阳结合区域农业生产、加工生产和商贸流通等要素，开发并推广旅游服务和旅游产品，从而提升旅游业整体有效供给能力。目前，酉阳的中药材、山羊、青花椒、油茶、茶叶、高山蔬菜等特色产业蓬勃发展，形成了一批游客喜欢的旅游产品①。这也为农旅融合发展的产业带动扶贫模式开创了良好的外部环境，也为张 Y 这一类因残致贫的贫困户发展旅游相关的农业产业提供了思路，指明了发展方向。

第五，政府采购与定点购买模式。政府部门出于公务需要，购买因残致贫

① 全域旅游：酉阳，打造世人心中最美的桃花源［EB/OL］. http：//www. cnta. gov. cn/xxfb/xxfb_dfxw/zq/201701/t20170122_ 813002. shtml（国家旅游局网站），2017－8－21.

的贫困户家庭中可用于出售的农副产品、手工艺品、旅游服务等产品和服务。比如，政府部门由于公务活动，需要向外宾赠送具有民族特色的手工艺品，可以向具有民族手工艺品生产能力的因残致贫贫困户家庭采购。旅游类企业和团体、游客亦可以专门组织针对因残致贫的贫困户的产品与服务的爱心购买活动，以取得经济效益和社会效益的双赢。例如，我国当今的自驾游游客逐渐增多，游客中尤其是自驾游类的中产以上的游客非常注重饮食健康，可以组织游客到张 Y 家购买他家用纯粮食和野草喂养的鸡、鸭、鹅等活禽，或者是猪肉、羊肉、牛肉等绿色食品，可以使因残致贫的贫困户和游客各取所需，实现双赢的局面。

第六，全域旅游的贫困户帮扶模式。通过我国正在进行的全域旅游建设，带动建设区域内的贫困户脱贫致富。全域旅游是 2013 年我国学者首先正式提出的全新旅游发展理念，"全域旅游"是指各行业积极融入其中，各部门齐抓共管，全城居民共同参与，充分利用目的地全部的吸引物要素，为前来旅游的游客提供全过程、全时空的体验产品，从而全面地满足游客的全方位体验需求①。国家旅游局 2017 年 5 月颁布的《全域旅游示范区创建工作导则》将全域旅游定义为：将一定区域作为完整旅游目的地，以旅游业为优势产业，进行统一规划布局、公共服务优化、综合统筹管理、整体营销推广，促进旅游业从单一景点景区建设管理向综合目的地服务转变，从门票经济向产业经济转变，从粗放低效方式向精细高效方式转变，从封闭的旅游自循环向开放的"旅游＋"转变，从企业单打独享向社会共建共享转变，从围墙内民团式治安管理向全面依法治理转变，从部门行为向党政统筹推进转变，努力实现旅游业现代化、集约化、品质化、国际化，最大限度满足大众旅游时代人民群众消费需求的发展新模式②。在进行全域旅游建设和发展的过程中，有意向因残等原因致贫的贫困户进行倾斜、照顾，如公共设施和服务实施建设的时候，更多地向残疾人家庭倾斜，尽量建设在残疾人家庭的旁边或者尽量离残疾人家庭更近一些，以利于残疾人的生产和生活；全域旅游的全要素景观建设过程中，更多照顾性地将残疾人家庭的房屋、林地、耕地等资源纳入景观建设体系的范围予以优先规划和建设，力求更多地增加因残致贫贫困户的就业机会和经济收入。此外，在全域旅游建设的全行业、全过程、全时空、全方位、全部门、全社会、全游客等维度的发展建设过程中，更多地向因残致贫的贫困户倾斜和照顾。

---

① 厉新建，张凌云，崔莉．全域旅游：建设世界一流旅游目的地的理念创新——以北京为例[J]．人文地理，2013，131（3）：130－134．
② 国家旅游局．全域旅游大词汇［EB/OL］．http：//www.cnta.gov.cn/xxfb/jdxwnew2/201707/t20170706_830876.shtml，2017－8－23．

第七章　研究结论与研究展望

本章将着重对前述研究作一个宏观的概括，包括研究中取得的一些成果，存在的不足之处，并且对未来的旅游扶贫研究提供一些参考方向。

一、研究结论

本书在研究过程中，以地理资本理论、布迪厄的资本理论等多种理论作为指导，运用以民族学的田野调查方法为主的多样方法进行旅游扶贫研究，对案例点石柱县黄水镇、彭水县罗家坨苗寨等进行实地田野调查，通过重庆武陵山片区这一案例区域来研究旅游扶贫问题，尤其是处于深度贫困的少数民族地区的旅游扶贫问题。本书从多方面进行了创新尝试，主要的研究结论有如下几个方面。

第一，基于地理资本理论视角将旅游扶贫对象即贫困户划分为三个主要类型。

地理资本理论认为空间位置、地理因素、地域文化和地域人口对经济发展有重要影响。本书以贫困户距离扶贫旅游景区的距离等因素为依据，在学术界首次将贫困户分为贫困户与景区融合型、贫困户与景区比邻型、贫困户与景区分离型三种类型。融合型旅游扶贫模式是指贫困户位于景区范围之内；比邻型是指贫困户位于景区边缘至距离景区边缘5公里的空间范围之内，贫困户能够接受到旅游景区功能直接或者间接辐射；分离型旅游扶贫模式是指贫困户位于景区边缘5公里以外到贫困户能够接受到旅游景区功能间接辐射的范围为止，贫困户只能够接受到旅游景区的间接功能辐射。这种新颖的划分方法，为旅游扶贫提供了崭新的视阈，也为实施旅游扶贫工作提供了全新的思路，能够以此为据研究出许多新的旅游扶贫政策、对策。

第二，基于实证调查、分析的三种类型的贫困户现状与问题呈现。

在贫困户与景区融合型旅游扶贫模式中，贫困户的旅游扶贫能够获得诸多正向的地理资本，包括共享旅游景区的公共服务设施和基层设施，拥有相对而言更多的社会资本。景区内贫困户比景区以外的贫困户有更好的就业机会，位于景区的贫困户能够节省更多的时间成本。贫困户与景区融合型旅游扶贫模式中，各类利益的关联具有紧密性。一方面，表现为利益一致性，二者因为空间的重合性和利益的密切关联，具有利益一损俱损、一荣俱荣的相关性特征。另一方面，表现为贫困户与景区的利益冲突数量增多，程度加深，并且在特定的情况下可能形成猛烈爆发的态势。

贫困户与景区比邻型旅游扶贫模式中，旅游景区中的贫困户具有比较明显的地缘优势，贫困户能够很好地接受到旅游景区的旅游产业功能辐射，能够直接或者间接地以多种方式从旅游业中获益。贫困户与景区比邻型旅游扶贫模式中的贫困户接受旅游扶贫具有灵活性，一是这些区域的贫困户土地完整地保留，二是贫困户就业的灵活性，三是旅游扶贫的灵活性。

贫困户与景区分离型旅游扶贫模式中，贫困户能够获得正向的地理资本的影响。贫困户在特定条件下能够从旅游业中获得间接收益，贫困户获益途径之一是创新扩散；贫困户能够以不同的方式从旅游业中获得直接收益，旅游业"涓滴效应"的另外一种方式是旅游业通过吸收腹地的以贫困户为主体的隐蔽性失业人员在旅游行业就业；旅游业对于扶贫工作的直接影响带动作用减小。此种模式下的负向的地理资本影响也十分明显，即旅游业相关的地理资本禀赋较差。

第三，各种亚类的贫困户的具体旅游扶贫对策。

本书的研究结论紧密结合地理资本等相关理论，根据贫困户与旅游景区直接的地理资本为主要依据，总结归纳出一系列的旅游扶贫经验、提出一系列对策，包括直接或者间接就业类旅游扶贫，贫困户从事物品、食品等销售类旅游扶贫，公益捐助、资助类旅游扶贫，"涓滴效应"的间接带动性旅游扶贫，财政转移支付性旅游扶贫，生态性旅游补偿机制扶贫，贫困户与旅游企业或者旅游者一对一结对帮扶性旅游扶贫等。

二、研究不足

本书在研究过程中，做了多方面的研究尝试，但也存在一些不足之处，从理论创新到方法运用等都存在一些值得进一步深入研究的地方。

第一，田野调查研究方法的单一性。本书的研究主要运用了民族学的田野调查方法，在调查中具体运用了参与观察、深度访谈等方法，以定性研究为主。定性研究具有探索性、预测性等特征，研究者与被研究对象之间关系十分紧密，主观色彩浓厚。本书在研究旅游扶贫时，尤其在田野调查过程中，上述特征体现得比较明显，除了对旅游扶贫问题的关注，笔者在调查研究过程中也倾注了深深的人文关怀。

本书在研究过程中的不足之一是定量研究方法运用不足。定量研究强调研究对象的客观性，强调运用精确的数量来分析、衡量研究对象的规律和本质，既可以对研究对象各个组成部分进行定量分析研究，也可以通过对研究对象组成部分的分别研究来实现对研究对象整体上的规律和本质的把握。本书在数量资料的采集和运用方面，运用的面比较狭窄，运用的量上比较少，研究的质量方面有待提高。

第二，理论建构的缺失。本书在研究过程中，运用了布迪厄的资本理论，以及地理资本理论等众多国外研究者提出的理论体系，运用这些理论来解释我国的旅游扶贫问题。总体范式是国外理论与国内案例的结合。在本书后半部分中，针对相关问题提出了系列对策措施，在策论之外没有进行理论建构的更多尝试，没有与现有的相关理论进行对话，更没有尝试建立新的理论体系。这是本书的一个重要缺憾。

三、研究展望

对于我国的旅游扶贫研究，还有诸多需要进一步持续、深入研究的问题，主要表现为如下几个方面。

第一，多区域多案例的比较研究。在以后的研究过程中，需要选取不同区域、不同性质、不同特征的案例进行综合比较研究。这样的研究视野更加宏阔，研究过程更能够体现逻辑性。而且，比较才能见优劣，比较才能见真知，这样的研究结论才更加具有科学性和说服力。

第二，旅游扶贫理论的本土化建构。旅游扶贫与一般的旅游业发展和扶贫事业具有相同之处，也有相异之处。况且，我国的旅游扶贫与国外的旅游扶贫相比具有更多的本土特色。如在本书中所呈现的那样，扶贫工作的管理者已经认为我国缺乏自我特色的、高效的旅游扶贫理论。学界、业界等旅游扶贫工作相关的其他各界人士也意识到，我国缺乏中国特色和中国气派的旅游扶贫理论。这一任务的完成，需要在以后的研究工作中予以努力实现。

第三，如何让民族贫困地区的社区居民更多更好地参与旅游。旅游扶贫关注的焦点是贫困户，关键是贫困户如何从旅游产业发展中获得收益。而贫困户组成的贫困社区如何参与旅游业，并且从中获得收益，是实现旅游扶贫效益的核心所在。这方面需要实证研究，需要进一步的案例和数据进行论证，并且总结出时效性对策，进行理论提升。

第四，探索建立政府、贫困户、旅游企业、游客、公益组织与个人等利益相关者的关系协调机制、贫困户利益保障机制。旅游扶贫的过程，某种程度上也是旅游扶贫工作中各利益相关者的博弈过程，也是利益相关者利益的调整和再分配过程，更是利益相关者的关系调和的过程。需要建立一套既具有理论高度，又具有实践的可操作性和时效性的关系协调机制，尤其是贫困户在旅游扶贫过程中最佳收益的利益保障机制。

参考文献

一、专著

[1] 丁林主编. 旅游学概论 [M]. 北京：机械工业出版社，2013.

[2] 邓小海. 旅游精准扶贫理论与实践 [M]. 北京：知识产权出版社，2016.

[3] (法) 皮埃尔·布迪厄、(美) 华康德著；李猛、李康译，邓正来校. 实践与反思——反思社会学导引 [M]. 北京：中央编译出版社，1998.

[4] 高宣扬. 布迪厄的社会理论 [M]. 上海：同济大学出版社，2006.

[5] 刘汉成，夏亚华. 大别山旅游扶贫开发研究 [M]. 北京：中国经济出版社，2014.

[6] 李佳. 扶贫旅游理论与实践 [M]. 北京：首都经济贸易大学出版社，2010.

[7] 黄细嘉，陈志军等. 旅游扶贫：江西的构想与实现途径 [M]. 北京：人民出版社，2014.

[8] 皮埃尔·布迪厄著；包亚明译. 文化资本与社会炼金术——布尔迪厄访谈录 [M]. 上海：上海人民出版社，1997.

[9] 彭水县志编撰委员会. 彭水县志 [M]. 成都：四川人民出版社，1998.

[10] 瞿明安主编. 现代民族学 (下卷，第一册) [M]. 昆明：云南出版集团公司，云南出版社，2009.

[11] 孙九霞. 旅游人类学的社区旅游与社区参与 [M]. 北京：商务印书馆，2009.

[12] 涂经泽主编. 社会调查理论与方法 [M]. 北京：高等教育出版社，2006.

[13] 陶少华. 人类学视野下罗家坨苗寨旅游开发和实践研究 [M]. 北京：线装书局，2014.

[14] 吴晓东等. 民族地区旅游扶贫长效机制研究 [M]. 北京：北京理工大学出版社，2015.

[15] 袁方主编. 社会研究方法教程 [M]. 北京：北京大学出版社，2016.

二、期刊论文

[1] 陈保洪. 重庆武隆旅游 20 年三大启示 [J]. 新经济，2014 (31).

[2] 成家全，文卫，张旭. 贵州省旅游扶贫的可持续性研究 [J]. 老区建设，2010 (22).

[3] 蔡盛炽. 唐代黔中文化初探 [J]. 西华大学学报（哲学社会科学版），2010，29（3）.

[4] 曹务坤，辛纪元，吴大华. 民族村寨社区参与旅游扶贫的法律机制完善 [J]. 云南社会科学，2004（6）.

[5] 程肇基. 精神扶贫：一个亟待关注的精准扶贫新领域 [J]. 江西社会科学，2016（11）.

[6] 郭为，厉新建，许珂. 被忽视的真实力量：旅游非正规就业及其拉动效应 [J]. 旅游学刊，2014，29（8）.

[7] 龚艳，李如友. 有限政府主导型旅游扶贫开发模式研究 [J]. 云南民族大学学报（哲学社会科学版），2016，33（6）.

[8] 何景明，李立华. 关于"乡村旅游"概念的探讨 [J]. 西南师范大学学报（人文社会科学版），2002，28（5）.

[9] 黄葵. 重庆渝东南地区乡村旅游扶贫对策研究 [J]. 重庆第二师范学院学报，2014，27（6）.

[10] 李会琴等. 国外旅游扶贫研究进展 [J]. 人文地理，2015，141（1）.

[11] 刘娟. 我国农村扶贫开发的回顾、成效与创新 [J]. 探索，2009（4）.

[12] 李佳，钟林生，成升魁. 民族贫困地区居民对旅游扶贫效应的感知和参与行为研究——以青海省三江源地区为例 [J]. 旅游学刊，2009，24（8）.

[13] 卢丽娟，曹务坤，辛纪元. 民族村寨社区参与旅游扶贫开发的财产制度瓶颈与破解 [J]. 贵州民族研究，2014，35（5）.

[14] 李磊，王雅莉，张明斗. 辽宁省旅游产业集聚与扩散效应评价 [J]. 经济问题探索，2016（8）.

[15] 李仁贵. 西方区域发展理论的主要流派及其演进 [J]. 经济评论，2005（6）.

[16] 李文明，钟永德. 国外生态旅游环境教育研究综述 [J]. 旅游学刊，2009，24（11）.

[17] 李维舟. 重庆97扶贫攻坚记事 [J]. 农村经济，1998（3）.

[18] 厉新建，张凌云，崔莉. 全域旅游：建设世界一流旅游目的地的理念创新——以北京为例 [J]. 人文地理，2013，131（3）4.

[19] 路遥，赵鸭桥，宋丽华，彭成圆，张榆琴. 壮大集体经济实力 拉动社区文明建设——丽江玉湖村旅游合作社发展之路 [J]. 湖北经济学院学报（人文社会科学版），2012，9（1）.

[20] 潘维. 农村贫困的根源与新农村建设的主体 [J]. 开放时代，2006（4）.

[21] 邱云美. 社区参与是实现旅游扶贫目标的有效途径 [J]. 农村经济，2004（12）.

[22] 孙海法，朱莹楚. 案例研究法的理论与应用 [J]. 科学管理研究，2004，22（1）.

［23］舒小林. 新时期民族地区旅游引领产业群精准扶贫机制与政策研究［J］. 西南民族大学学报（人文社会科学版），2016（8）.

［24］田代贵，王定祥. 发展中贫困困局的成因与破解对策——来自新阶段重庆扶贫开发的调查与分析［J］. 西部论坛，2014，24（6）.

［25］陶少华. 论民族旅游档案的收集［J］. 兰台世界，2014（11）.

［26］陶少华. 重庆民族地区红色旅游创新发展研究［J］. 贵州民族研究，2014，35（4）.

［27］谭贤楚. "输血"与"造血"的协同——中国农村扶贫模式的演进趋势［J］. 甘肃社会科学，2011（3）.

［28］唐晓云. 中国旅游发展政策的历史演进（1949～2013）——一个量化研究的视角［J］. 旅游学刊，2014，29（8）.

［29］汪辉平，王增涛，马鹏程. 农村地区因病致贫情况分析与思考——基于西部9省市1 214个因病致贫户的调查数据［J］. 经济学家，2016（10）.

［30］吴建华，潘毅文. 重庆直辖：优势与围难并存［J］. 四川三峡学院学报（社会科学版），1998，14（2）.

［31］王名. NGO及其在扶贫开发中的作用［J］. 清华大学学报（哲学社会科学版），2001，16（1）.

［32］王文略，毛谦谦，余劲. 基于风险与机会视角的贫困再定义［J］. 中国人口·资源与环境，2015，25（12）.

［33］徐黎丽，孙秀君. 论民族志文本的中国价值［J］. 思想战线，2016，42（1）.

［34］杨阿莉，把多勋. 民族地区社区参与式旅游扶贫机制的构建——以甘肃省甘南藏族自治州为例［J］. 内蒙古社会科学（汉文版），2012，33（9）.

［35］杨德进，白长虹，牛会聪. 民族地区负责任旅游扶贫开发模式与实现路径［J］. 人文地理，2016，150（4）.

［36］杨萍，沈茂英. 地理资本视角下的四川藏区农户增收问题探讨［J］. 农村经济，2012（10）.

［37］杨在军. 脆弱性贫困、沉没成本、投资与受益主体分离——农民家庭"因学致贫"现象的理论阐释及对策［J］. 调研世界，2009（6）.

［38］李佳. 中国旅游扶贫研究综述［J］. 中国人口·资源与环境，2009，19（3）.

［39］重庆3年投入12亿元实施乡村旅游扶贫［J］. 南方农业，2017（7）.

［40］张春美，黄红娣，曾一. 乡村旅游精准扶贫运行机制、现实困境与破解路径［J］. 农林经济管理学报，2016，15（6）.

［41］赵昌文，郭晓鸣. 贫困地区扶贫模式：比较与选择［J］. 中国农村观察，2000（6）.

［42］张林洪，张超，胡德斌，曹建军. 生态移民与扶贫工作中存在的问题与对策［J］. 安徽农业科学，2016，44（36）.

［43］张遵东，章立峰. 贵州民族地区乡村旅游扶贫对农民收入的影响研究——以雷山县西江苗寨为例［J］. 贵州民族研究，2011，32（6）.

三、其他文献

［1］Schilcher D. Growth versus equity：The continuum of pro-poor-tourism and neoliberal governance［J］. Current Issues in Tourism，2007，10（2）：166-193.

［2］Murphy，P. E.. Tourism Management in Host Communities［J］. Canadian Geographer，1980，24：1-4.

［3］Mann，M.. The Community Tourism Guide：Exciting Holidays for Responsible Travelers［M］. London：Earthscan Publications Ltd.，2000：26.

［4］王军军. 漓江流域生态旅游扶贫开发研究［D］. 广西师范大学硕士学位论文，2008.

［5］2016 年重庆各区县经济大盘点　渝中区 GDP 首破千亿［EB/OL］. http：//app. chinacqsb. com/news/de47caaba7d74d678daf0688d9ed2b1c. html，2017-8-10.

［6］2016 年重庆经济"成绩单"公布 GDP 同比增长 10.7%［EB/OL］. http：//www. cq. xinhuanet. com/2017-01/20/c_ 1120353432. htm，2017-8-10.

［7］全球贫困问题依旧严峻：发达国家贫困人口逆势增加［EB/OL］. http：//finance. sina. com. cn/world/gjcj/2016-05-19/doc-ifxsktvr0947733. shtml，2017-9-27.

［8］国家旅游局. 全域旅游大词汇［EB/OL］. http：//www. cnta. gov. cn/xxfb/jdxwnew2/201707/t20170706_ 830876. shtml，2017-8-23.

［9］国务院新闻办公室. 精准扶贫脱贫的基本方略是六个精准和五个一批［EB/OL］. http：//www. scio. gov. cn/xwfbh/xwbfbh/wqfbh/2015/33909/zy33913/Document/1459277/1459277. htm，2017-6-13.

［10］华龙网. 武隆旅游发展 20 年的经验及启示［EB/OL］. http：//cq. cqnews. net/cqqx/html/2014-12/16/content_ 32923039. htm，2017-9-17.

［11］涟源市政府网站. 武陵山片区区域发展与扶贫攻坚规划 2011～2020 年［EB/OL］. http：//www. lianyuan. gov. cn/Item/17160. aspx，2017-9-27.

［12］全域旅游：酉阳，打造世人心中最美的桃花源［EB/OL］. http：//www. cnta. gov. cn/xxfb/xxfb_ dfxw/zq/201701/t20170122_ 813002. shtml（国家旅游局网站），2017-8-21.

［13］王翔，罗成友. 秀山洪安镇："拉拉渡"聚起八方宾客　贫困户搭上旅游"快船"［EB/OL］. http：//cq. cqnews. net/cqqx/html/2016-11/28/content_ 39648338. htm，2017-8-10.

［14］新华网，重庆市 A 级旅游景区名单［EB/OL］. http：//www. cq. xinhuanet. com/2016-12/07/c_ 1120070559. htm，2017-8-12.

［15］赵朝秀. 彭水：以旅游助力脱贫攻坚　让贫困户吃上"旅游饭"［EB/OL］. http：//www. cqps. gov. cn/ps_ content/2016-09/15/content_ 4187142. htm，2017-7-5.

［16］重庆市扶贫开发办公室. 彭水县集中资源，精准发力大力打造摩围山乡村旅游扶

贫产业［EB/OL］. http：//www. cqfp. gov. cn/contents/120/74780. html，2017 - 4 - 6.

［17］重庆市旅游政务网. 刘旗局长与石柱县主要领导共商石柱旅游发展［EB/OL］. http：//www. cqta. gov. cn/lyzx/ttxw/system/2016/05/25/000000418. html，2017 - 7 - 15.

［18］重庆市武隆区人民政府. 2016 年武隆县国民经济和社会发展统计公报［EB/OL］. http：//wl. cq. gov. cn/zwgk/news/2017 - 5/56_ 77054. shtml，2017 - 7 - 31.

［19］赵勇. 推行乡村旅游 + 扶贫新模式　罗家坨：把资源优势转化为发展优势［EB/OL］. http：//www. cqps. gov. cn/ps_ content/2017 - 07/05/content_ 4353466. htm（中国彭水网），2017 - 7 - 9.

后 记

本书是在我长期从事重庆武陵山片区的旅游扶贫调查研究的基础上写作而成，主要运用人类学田野调查方法进行调查，以"讲故事"为主要方式呈现出来。尝试运用地理资本等理论进行新的旅游扶贫类型划分和研究，但理论创建的高度或许难以达到，通过与旅游景区贫困户等旅游扶贫利益相关者深入访谈交流的旅游民族志来实现"接地气"，用后者弥补前者。同时本书是国家社科基金西部项目"西南民族地区文旅融合中的文化资源陷阱及应对策略研究"（17XMZ029）、重庆武陵山片区扶贫开发协同创新重大委托项目"重庆武陵山片区旅游扶贫模式及体制机制创新研究"（XTCX05）、重庆市教育委员会人文社会科学研究项目"武陵山区民族旅游就业人群就业力提升机制研究"（17SKJ057）的研究成果。

在考察过程中得到了重庆武陵山片区所在的酉阳、秀山、黔江、彭水、石柱、武隆、丰都7个区县的旅游局、扶贫办等部门的领导和工作人员的帮助，也得到了彭水县罗家坨苗寨、石柱县黄水景区、丰都县江池镇等乡镇、村社、景区的领导、工作人员、普通村民、贫困户的支持和关心；考察过程中很多朋友、同学等也给予我极大的帮助。在此一并致以诚挚的谢意！

本书的出版也要感谢我校领导、科技处领导、中心领导的支持！也要感谢出版社的王娟等老师的宽容和支持！

陶少华

2017 年 12 月